汉译电影大师传记

商务印书馆（成都）有限责任公司出品

我的最后叹息

电影大师布努埃尔回忆录

Mon dernier soupir

Luis Buñuel

〔西〕路易斯·布努埃尔 著

傅郁辰 孙海清 译

商务印书馆
The Commercial Press
SINCE 1897

中国电影艺术研究中心·北京电影学院人文社科研究院

“汉译电影学名著”

国际电影学术顾问

（英文字母为序）

ANDREW，DUDLEY 达德利·安德鲁

AUMONT，JACQUES 雅克·奥蒙

BELLOUR，RAYMOND 雷蒙·贝卢尔

BERGALA，ALAIN 阿兰·贝尔加拉

BERGSTROM，JANET 珍尼特·伯格斯特龙

BORDWELL，DAVID 大卫·波德韦尔

CASETTI，FRANCESCO 弗朗切斯科·卡塞蒂

CHION，MICHEL 米歇尔·琼

COMOLLI，JEAN-LOUIS 让－路易斯·科莫里

DOANE，MARY ANN 玛丽·安·多恩

HEATH，STEPHEN 斯迪芬·希思

KOCH，GERTRUD 格特鲁德·科赫

KRISTEVA，JULIA 朱丽娅·克里斯特娃

KAPLAN，E. ANN E. 安·卡普兰

LEUTRAT，JEAN-LOUIS 让－路易斯·勒特拉

LIANDRAT-GUIGUES，SUZANNE 苏珊娜·林德拉－吉格

MACCABE，COLIN 科林·迈凯布

MILLER，TOBY 托比·米勒

MULVEY，LAURA 劳拉·穆尔维

SCHATZ，THOMAS 托玛斯·沙兹

STAM，ROBERT 罗伯特·斯塔姆

WOLLEN，PETER 彼得·沃伦

献给让娜——我的妻子和伴侣

我不是作家，让－克洛德·卡里埃尔在和我多次长谈之后，他忠诚依照我同他的谈话，协助我写出该书。

——路易斯·布努埃尔

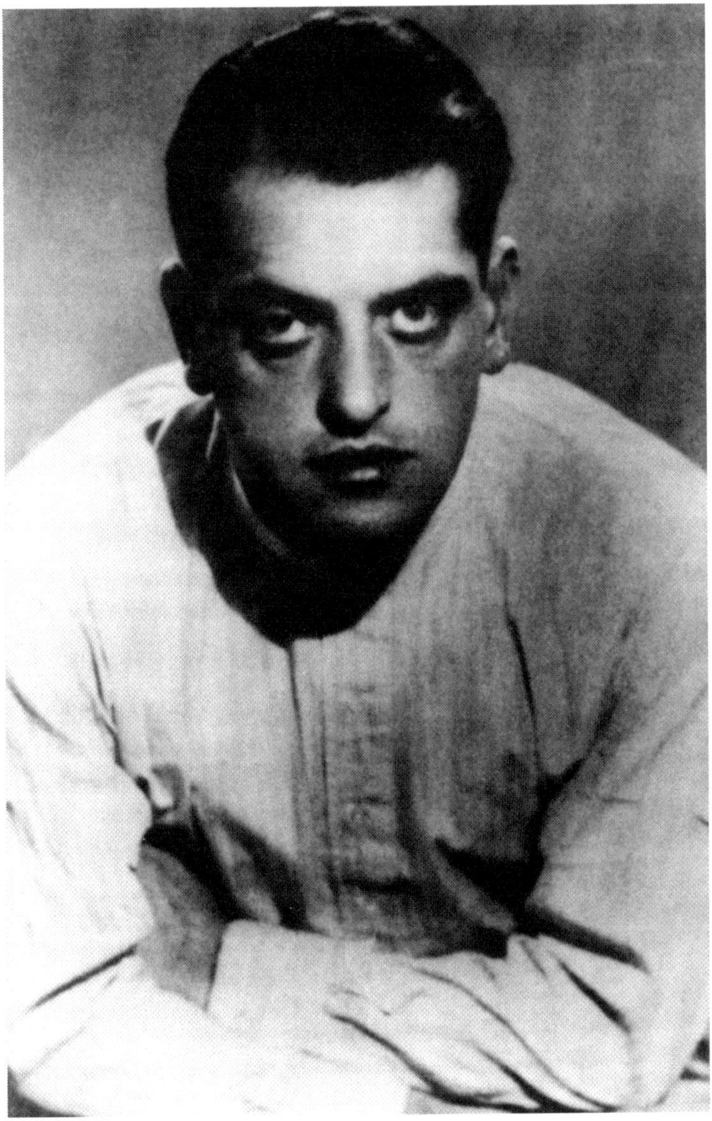

路易斯·布努埃尔

在家中

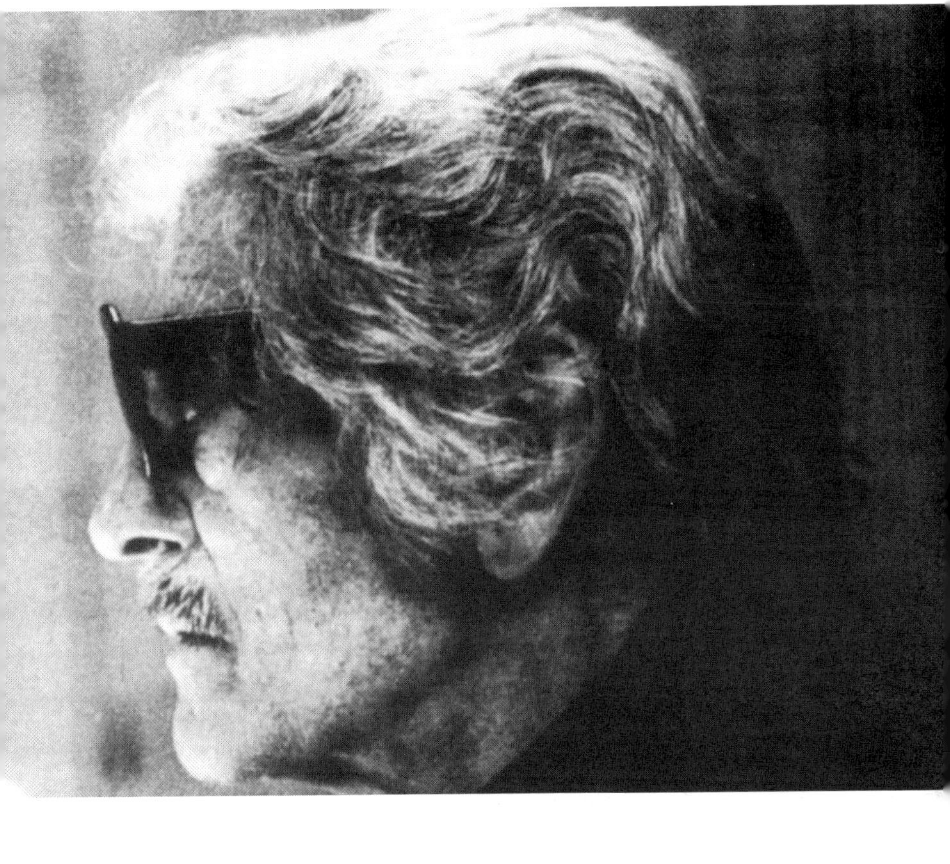

掩饰

目录

contents

附 录

01 记忆

没有记忆的生活不算生活，正如没有表达力的智慧不能称之为智慧一样。记忆是我们的内聚力，是我们的理性、我们的行动、我们的情感。失去它我们什么都不是。

我母亲在她生命的最后十年里，逐渐失去了记忆。有时，我去萨拉戈萨[1]看望和我的弟弟们居住在一起的母亲。我们给她一本杂志，她就专心看起来，从第一页看到最后一页。然后我们把这本杂志拿走，再给她一本，其实仍是同一本，而她依旧怀着同样的兴趣一页接一页翻下去。

她最终连自己的孩子都不认识了，她不知道我们是谁，也不知道自己是何许人。我走进房间吻她，在她身边坐一会儿——在体质上我母亲是相当健康的，到了她这把年纪，她的行动也算灵活——然后我又出去，再回来。她仍以同样的微笑迎接我，邀我就座，好像是第一次见到我，而且不知道我的姓名似的。

我在萨拉戈萨上中学的时候，能背出哥特诸王的名字，每个欧洲国家的面积和人口，还有一大堆琐碎杂事。一般说来，在学校里，大家对这种机械的记忆练习持轻视态度，把那些做这种练习的人蔑称为

[1] 萨拉戈萨是西班牙著名古城。

记忆力强者。我记忆力很好，但是由于这样轻易地显示自己，得到的只是轻蔑。

然而随着岁月推移，曾被我们轻视过的记忆力愈来愈显得珍贵。不知不觉中，许多记忆不复存在了。某一天，我们会骤然地回忆起一位朋友或亲属的姓名，但他却被遗忘了。有时我们会因为想不起一个我们曾熟知的词而感到极端痛苦，它就在嘴边，可就是抓不着它。

面对这种遗忘以及随后而来的更多的遗忘，我们开始明白并承认记忆力的重要性。健忘症——1970 年代以来我就一直遭受它的困扰——总是从忘记熟人的名字和刚刚经历过的事开始的："我把五分钟前还拿着的打火机放在哪里了？""开口之前，我想说的是什么呢？"这就是所谓的前期健忘症。接踵而来的是前期逆向健忘症，它会影响到对最近的几个月、几年的记忆。"1980 年 5 月我在马德里逗留期间住的那家旅馆叫什么？""六个月前我十分感兴趣的那本书的书名是什么？"我都记不起来了。我拼命地思索但都枉然。最后到来的是逆向健忘症，它可以抹去人一生的记忆，就像出现在我母亲身上的症状。

我尚未体验到第三种健忘症的袭扰。我仍保留着对遥远的过去，我的童年、青年时代的浩繁而清晰的记忆，还有众多的面孔和名字。如果有时我忘了某一个，我也不会为此过于担心，因为我知道通过冥冥中不停运转的潜意识的偶然作用，我会在某个意外时刻重新回忆起来。

与此相反，当我不能回忆起一件刚刚经历的事，或在最近几个月刚认识的某个人的名字，甚至一件物品的名称的时候，我会感到极度不安甚至痛苦。我整个人在瞬间垮了下来。我不能够去想其他的事情，哪怕倾尽全力，怒火中烧也无济于事。这就是（记忆力）完全丧失的开端吗？须借助一番比喻才能表达出“一张桌子”这个词，真是令人难以忍受。最大的痛苦莫过于活着却不认识你自己，忘记自己是谁。

只有当记忆开始丧失，哪怕只是一点一点地丧失的时候，我们才能意识到全部的生活都是由记忆构成的。没有记忆的生活不算生活，正如没有表达力的智慧不能称之为智慧一样。记忆是我们的内聚力，是我们的理性、我们的行动、我们的情感。失去它我们什么都不是。

我常常想在影片中加入这样一个场景，某个人想对朋友讲述一个故事，但他每说上几句就要忘记一句，而通常忘的都是最简单的词，如：汽车、街道、警察……这个人吞吞吐吐，含糊不清地说着，打着手势，搜肠刮肚地寻找着动听的同义词，直到那个朋友生气地给了他一巴掌并走开了。有时候为了用笑驱走自己对此的恐惧，我常讲一个故事。一个人去找心理医生，因为他记忆力丧失并出现了记忆空白。心理医生问了一些常规问题，然后对他说：“好了，那些空白是怎么回事？”

“什么空白？”那人反问道。

记性是不可缺少的，它非凡奇特又弱不禁风，威胁它的不仅有它的老对手——遗忘，还有日复一日不断侵扰的错误的记忆。例如，在很长一段时间里，我向朋友们说起（在本书中也提及了）1930年代的著名马克思主义学者保罗·尼桑的婚礼。每讲一次我都仿佛看到了圣－日耳曼－德－普莱斯教堂，看到了人群，我也在其中。圣餐台、牧师以及让－保罗·萨特[1]，新郎的证婚人。去

[1] 让－保罗·萨特（Jean-Paul Sartre，1905—1980）：法国存在主义代表人物，哲学家、文学家，1964年获诺贝尔文学奖。

年的一天，我忽然对自己说：这是绝不可能的！保罗·尼桑，著名的马克思主义者，而他的妻子，一个不可知论者家庭的女儿，绝不会在教堂举行婚礼。真是难以想象。这么说，是我把记忆转换了吗？这是一个编造出来的回忆吗？是一个错觉？是我把熟悉的教堂的框架安放到别人给我描述过的场面里了？我仍不清楚。

记忆不断被想象和梦幻侵扰，既然存在把想象误为现实的倾向，我们终难免把我们的假想制造成事实。从另一方面来说，这一点仅有相对的重要性，因为这二者同样都是活跃的属于个人的东西。

在这本半自传性的书中，我也时常步入歧途，像在流浪汉小说[1]中一样，任由一些意料之外的故事造成的难以抵制的诱惑牵着走，尽管我小心翼翼，可能仍有这样或那样的错误记忆存在。我重申，这一点是无关紧要的。我的错误和疑点同我所确信的东西一样，是我本身的构成部分。我不是历史学家，无书本笔记借以为考，不管怎样，我的叙述是我本人的，带有我的信念、我的踌躇，重复以及空缺，带有我的实话和谎言，总之，这就是我的记忆。

---

[1] 流浪汉小说是西班牙文学中最具特点的文学叙述类型之一，出现在称为“黄金世纪”的时期。

02 中世纪的回忆

我有幸在中世纪度过童年，如惠斯曼所言，那是个“痛苦而美妙”的时代。在物质方面很痛苦，精神方面则很美妙，这与今天正好相反。

我十三四岁的时候才第一次离开阿拉贡[1]。因为我们家的一些朋友邀请我到他们那里做客，他们当时正在靠近桑坦德的维加·德·巴斯度夏。在穿越巴斯克地区的时候，我惊奇地发现了一片崭新的、意想不到的、迷人的景色，与我在此之前所见过的风景完全不同。我看到了彩云、霏雨、雾气蒙蒙的森林，还有石上湿漉漉的苔藓……这种美妙悦人的印象一直延续不断。我则酷爱北方，是严寒冰雪和山中风暴的宠儿。下阿拉贡的土地十分肥沃，但是极为干燥，尘土飞扬。有时一两年里也看不到云团在冷漠的天空汇聚。偶尔，有一块大胆的积雨云从山背后探出身来，这时候开食品店的邻居就要来敲我家的门。我家屋顶上有个尖型的小瞭望台，他们爬上去观望云团缓慢地飘移达几个小时，然后摇头悲叹：

“刮的是南风，云要飘远了。”

他们说得有理，那块云彩果真一滴雨都没落就飘远了。

---

[1] 阿拉贡位于西班牙东北部地区，它包括三个省。

有一年苦旱，卡斯德塞拉邻村的居民们由神父带领，组织了一场祈雨降恩的仪式。那一天，乌云在村子上空点点滴滴地洒了点儿雨水，看来祈雨几乎毫无用处。

更糟糕的是，祈雨尚未结束，乌云已经消散，酷日当空普照。

几个村都有的那种鲁莽汉子拎起队伍前面的圣母像，在经过一座桥时，把圣母像扔到了瓜达卢佩河里。

可以说，我出生（1900 年 2 月 22 日）的村镇一直处于中世纪状态，这种情况延续到第一次世界大战期间。那是一个孤立静止的社会，阶级划分的标记明显。劳动者对于上层人士及地主的尊敬与驯服代代相传，扎根于传统的习俗之中，看起来是坚不可摧的。平缓单调的生活日复一日，比拉尔教堂的大钟具有组织和指导生活的绝对权威。大钟宣布宗教仪式开始（弥撒、夕祷、奉告祈祷），以死亡钟声和弥留钟声告知日常生活中的不幸事件。如果一位村民将要归天，大钟即为他发出沉重的哀鸣。为与死亡做最后抗争的成年人敲响的是大钟，声音深沉、肃穆；为弥留之际的孩子敲响的是一个比较轻的铜钟。不管是在田野里，还是在大路上、街道中，人们会驻足询问："谁要升天了？"

我还记得火灾发生时的警钟声，以及盛大节日期间做礼拜时的洪亮钟鸣。

卡兰达的居民人数不足五千。这座特鲁埃尔省的大村镇距阿尔卡尼斯十八公里，没有什么特别的东西供给匆匆过往的旅客。火车把我们从萨拉戈萨带到阿尔卡尼斯。车站上有三辆马车等着我们。最大的那辆马车叫"花园女工"，后面是"战船"，这是一种封闭式的马车，最后一辆是双轮的小马车。由于我们家人口多，还带着行李，并有用人跟随，所以虽是三辆马车也坐得满满当当。我们用了近三个小时走完十八公里的路程，到达卡兰达，头顶炎炎烈日，不过我不记得有哪一分钟让我感到索然无味。

除了在比拉尔节和九月节，卡兰达很少来外乡人。每天大约十二点半的时候会来一辆由两匹骡子拉着的从马甘来的驿车，车后尘土飞扬。这辆车带来邮件并不时地带来流动贩货的客商。直到1919年，这个村里才有了第一辆汽车。

这位买车的人叫堂·路易斯·冈萨雷斯，他开明、现代，甚至还是个反教权者。他的母亲堂娜·特立尼达德是一位将军的遗孀，来自塞维利亚一个贵族家庭。这位显赫的夫人由于仆人们的不慎轻言吃了些苦头。事情是这样的，夫人为了自己沐浴方便，使用了与众不同的洗浴设备，它呈吉他形，设计豪华。而卡兰达上流社会的名媛淑女认为特立尼达德夫人有伤风化，长久以来不和她讲话。

当葡萄蚜虫大肆侵袭葡萄园的时候，这位堂·路易斯采取了一个重大行动。当时，葡萄秧无望地死掉，而农民们拒绝像全欧洲做的那样，把葡萄秧拔掉，改栽美国的葡萄秧。一位专程从特鲁埃尔赶来的农艺师在镇办公大厅安放了一台显微镜，为的是能让人们观察到这种寄生虫。可结果还是毫无作用，农民们依旧拒绝改换秧苗。这时，堂·路易斯树立了榜样，下令把他地里的秧苗全拔光了。为此他受到死亡的恫吓，他去葡萄园散步的时候都得带着猎枪。阿拉贡人特有的群体的固执最终被克服了。

下阿拉贡地区出产西班牙甚至全世界最好的橄榄油。有几年收获丰硕，但也经常处于干旱的威胁下，旱情会使树叶全都落光。一些卡兰达的农民常年赶往安达露西亚[1]地区，到科尔多瓦和哈恩省学习修枝，那里的大行家们身怀绝技。初冬时节开始收获橄榄

[1] 安达露西亚：西班牙南方地区，包括八个省份。

果。劳动时，农民们高唱橄榄霍塔曲[1]。男人们登梯上树，用棍子敲打树枝，女人们则拾起落地的橄榄。橄榄霍塔曲是如此甜美，旋律悠扬、细腻。至少在我的记忆中是这样。这与阿拉贡民歌颤动而粗犷的音调形成鲜明的对比。

在我的记忆中，在恍惚与睡梦之间还保留着那时的另一支歌曲，恐怕眼下已经失传了，因为它的旋律只是代代传唱，没有人把它记录下来。这就是《曙光之歌》。天亮之前，一群孩子跑遍各条街巷，唤醒那些应该清早起来干活的摘葡萄工。也许有几个"唤醒人"仍然在世，还记得歌词和音乐。那美妙的歌声，既带宗教色彩，又带世俗情调，来自一个遥远的时代。在摘葡萄时节，歌声常常在深夜里把我唤醒，而后我又睡着了。

一年中的其余时间，由两个更夫手执木棍提着灯笼，为我们催眠：一个呼叫"赞美上帝"，另一个应答"永远赞美"，第一个人接着又说"十一点了，打更的"，或者，有时兴奋地喊"阴天了"，还有时候是（真是奇迹）"下雨了！"

卡兰达村有八个油坊。其中一个油磨是水力驱动的，其余的，仍像在罗马时代那样运转：一块锥形石头由马或骡子拉着，在另一扇石块上磨橄榄油。看起来一切都不会改变。同样的表情，同样的希望，父亲传给儿子，母亲传给女儿。难得听谁说起来的改进，长久以来总随浮云飘忽而过。

死亡，信仰，性

每个星期五的早晨，有十几个上了年纪的男人和女人靠着教

---

[1] 霍塔曲是西班牙一种民间舞曲。

堂的墙坐在我家门前对面。他们都一贫如洗。一个用人会出去给他们每人一块面包，他们恭敬地吻着面包，此外还给他们每人一个十生太伏的硬币，这种施舍比起村里其他富人“每人一生太伏”的施舍要慷慨些。

在卡兰达，我和死亡有了第一次接触，死亡连同一种深深的信仰以及性本能的觉醒构成了我的青春活力。一天，我和父亲路过一片橄榄园的时候，微风中传来一股甜腻腻、臭烘烘的气味。大约百米之外，一头死驴被残酷地啄食，它正成为十几只秃鹫和几条狗的一席盛宴。那景象既吸引我又令我厌恶。那些秃鹫吃得特别饱，甚至都飞不动了。由于农民们相信腐肉可肥沃土壤，故从来不掩埋动物。我被这幅景象迷住了，我在猜测着，不知那堆腐肉的奥秘是什么。父亲拽住我的胳膊，带我离开了那里。

还有一次，我家的羊倌在与别人的争斗中背上挨了一刀，死了。那时所有的男人腰间都插着短刀。

在公墓的灵堂里，村里的医生和他的助手在为死者做尸体解剖。这个助手还兼干理发师的职业。到场的还有四五个人，都是医生的朋友。我也溜了进去。

装烧酒的瓶子从一只手传到另一只手，我也贪婪地大喝起来，想以此壮胆，因为当我听到锯子锯开头颅的吱吱声和肋骨一根根断裂的噼啪声，我难以保持镇静了。我烂醉如泥，他们不得不送我回家。父亲因我酗酒兼有“虐待狂”倾向，狠狠地惩罚了我。

在本村人的葬礼上，棺材先开着，棺盖摆在教堂门前。神父们祈祷吟诵着，一位副主教在裹尸布掀起后的片刻，绕着肮脏的灵台洒几滴圣水，并把一小铲灰撒在死者的胸口上（在《呼啸山庄》的最后一个场景，我安排了缅怀过去的这种仪式）。大钟为死者敲响。男人们抬起棺材，要走着把它送到离村子百米之外的墓地里。这时传来了死者母亲的哭声："啊呀！我的儿啊！ 你抛下我走了，我多孤单呀！我再也见不到你了！"死者的姐妹，家里其他女人，有时甚至是邻居的大妈大嫂们、朋友们，也和着母亲的号哭，形成了一场哭丧妇的大合唱。

死亡就像中世纪一样，让人感到它的存在并构成了我们生活的一部分。

信仰也是如此，我们深深地置于罗马天主教的影响之中，无论何时，对任何教义都不能产生怀疑。我有一个当神父的叔叔，他十分英俊。我们叫他桑托斯叔叔。夏天，他教我拉丁语和法语，而我也帮他主持做弥撒。我还参加了卡门圣母的唱诗班。我们都是七八岁的孩子。我拉小提琴，一个朋友拉低音提琴，慈善学校的校长拉大提琴。我们和一些与我们年纪相仿的歌手一共演了二十多场。人们经常请我们去的是位于村口的卡门教派的修道院——而后它属于多明我派了。修道院是 19 世纪末由一个叫弗尔顿的人修建的，他是卡兰达镇人，是一位卡斯卡哈雷斯贵族妇女的丈夫。这对夫妇极为虔诚，从未误过任何一次做弥撒。后来，内战初期，那个修道院的多明我会修士全都被枪杀了。

卡兰达有两座教堂和七名神父，还有桑托斯叔叔。桑托斯叔叔在一次事故——他打猎时从山崖上跌了下去——之后，让我父亲代他经管事务。

当时宗教无处不在，渗透到所有生活细节里。比如，我和扮作教民的姐妹们在谷仓里玩做弥撒的游戏。我有几件铝制的礼拜装饰物、一件白袍和一个十字褡。

卡兰达的奇迹

我们的信仰确实很盲目——至少在14岁之前——大家都相信在1640年出现的著名的卡兰达奇迹是真的。奇迹被归于比拉尔圣母的名下。这样称呼她是因为早在罗马统治时期，她在萨拉戈萨的一根柱子上向使徒圣地亚哥显灵。比拉尔圣母是西班牙的守护神，是西班牙两位大圣母之一。另一位当然是瓜达卢佩圣母，我自然而然地把她看作是低一等级的（她是墨西哥的守护神）。

这件事发生在1640年，一个叫米格尔·胡安·佩伊塞尔的卡兰达居民，他的一条腿被大车轮子轧了，不得不截掉。于是，这个令人同情的人天天往教堂跑，把手指浸入圣母长明灯的油里并用油擦他的残肢。一天夜里，圣母带着天使从天而降，天使们给他安了条新腿。

像所有的奇迹一样——不这样就算不上什么奇迹——这件事得到了当时大量的教士和医学权威的认证，并为不少肖像画和许多书籍提供了素材。这是一个美妙的奇迹，相形之下路尔德斯圣母的奇迹就显得平淡无奇了。一个人，"腿已坏死并埋掉了"，但又得到一条完好的腿！我父亲献给教区一座精美的耶稣受难像，是每逢复活节抬出来游行的那种雕像，内战期间无政府主义者把它烧了。

村里——在没有人怀疑历史的村里——据说连费利佩四世都亲自来吻过天使重新恩赐给他的那条腿。

你们别以为我夸大了不同的圣母之间的争执。在同一时期，萨拉戈萨一位神父布道时谈到路尔德斯圣母，他承认她的业绩却又指出这不能与比拉尔圣母的业绩相提并论。听众中有十几个法国妇女，她们是在萨拉戈萨几户显贵家中当家庭教师的。她们被这位神父的话激怒了，跑去找红衣主教索尔德维亚·罗梅罗抱怨（此人几年后被无政府主义者杀害），她们不能容忍这样贬低法兰西圣母的说法。

1960年，我在墨西哥向一位法国多明我修士提到卡兰达奇迹。

他微笑着对我说："我的朋友，我觉得您有点言过其实了。"

死亡与信仰。生存和权力。

相对而言，生活的欢乐会因此更加强烈。人人向往的欢乐在人能够将其消解之时才更有味道。经历逆境才尽得其乐。

尽管我们信仰虔诚，但对性的急不可待的好奇感和不断产生并难以摆脱的欲望却是无法平息的。12岁时我依然相信婴儿都是从巴黎来的（即使没骑白鹤，也是简单地乘火车或汽车来的），直到一个比我大两岁的伙伴——他后来被共和派枪杀了——把我引向那个巨大的奥秘。他们那时已开始议论、怀疑并朦胧地进行解释，学手淫，换句话说就是性的不可抗拒的功能，总之那是所有的青年人都知晓的一个过程。我们被告知最崇高的美德是贞洁，是尊贵的生命中不可缺少的。冲动和贞操之间水火不相容，哪怕没经过什么思考，也会造成我们难以忍受的愧疚。比如，教士们对我们说："你们知道当希律王向基督问询时，基督为什么不回答吗？因为希律王是个淫荡之徒，我们的主对他的恶习深恶痛绝。"

在天主教中为什么会有一种对性的恐惧？我时常问自己。毫无疑问，原因是多种多样的，有神学的、历史的、道德的，也有社会的。

在一个组织完善、等级森严的社会中，性既不尊重界限也不尊重法律，随时会变为扰乱因素和真正的危险。无疑，正因为如此，一些教会的神父以及圣徒托马斯·德·阿奎诺谈及这一微妙的肉体问题时，表现出明显的严厉态度。圣徒托马斯甚至认为既然淫欲不可能被扑灭，那么夫妻做爱就属于一种几乎永远可宽恕的罪孽。淫欲天生就是邪恶的。欲望与享乐是必要的，上帝也希望如此，但是应该从肉体结合中抹去一切淫荡的形象（它只是爱的欲望），抹去所有杂念，只留下一个必要的想法：把上帝的一名新仆人带到世上。

很明显，我也常这样说，这种严酷的禁令造成了一种可能很微妙的负罪感。有几年我也遇到相同的情况。同样，由于我未曾触及的原因，我总是在性行为中遇到与死亡相似的东西，一种神秘却又永恒的关系。我甚至曾经试图将这一不可解释的情感注入一些形象中。在《一条安达鲁狗》中，当男子抚摸女人裸露的乳房时，突然转换成一幅死人面孔的场景。这难道是因为我的童年和青春成为最残酷的性压迫的牺牲品的缘故吗？

卡兰达那些放任自己的青年每年要到萨拉戈萨的妓院去两次。有一年——那是1917年——在比拉尔节的时候，卡兰达的一家咖啡馆雇了女招待。那两天，这些通常被认为轻浮的女孩子不得不忍受顾客粗鲁的掐拧（阿拉贡人说“啄”），直到他们吃饱喝足后离去。当然，顾客除了掐拧也再无过分之举。如果他们真想干别的，警察早来干涉了。

这种邪恶的快乐是作为滔天大罪摆在我们面前的，却无疑又具有更大的诱惑力，我们尽力想象，和女孩们玩看医生[1]的游戏并

[1] 看医生：类似“过家家”的一种西班牙儿童游戏。

观察动物。一个小伙伴甚至想看看一头母骡的性器官，其结果不过是从蹬着的凳子上摔了下来。幸运的是我们根本不知道存在性变态行为。

夏天，午睡时分天气闷热，苍蝇在空荡的街上嗡嗡乱飞。我们聚在一家织品店的阴影里，关着门，拉下百叶窗。店员借给我们“色情”杂志（天知道那些书是怎么到这里的），有《葡萄叶》，或《K.D.T》，它们的印刷极其逼真。今天看来，这些被禁的刊物犹如天使一般纯洁。几乎都看不清大腿根和乳房，但这些足以激起我们的欲望，燃起我们的信心。男女间完全的隔绝更加剧了我们卑俗的冲动。直到今天，当回想我最初的性欲情感时，我仿佛又感觉到了那些织品的气味。

在圣塞巴斯蒂安，我十三四岁的时候，浴池的更衣室为我们提供了另一个信息渠道。更衣室是由薄墙板分隔的，很容易钻进一间，通过小孔看那些在另一边脱衣服的女士。

那时正风行一种长长的帽子别针，一旦知道有人偷看自己，女士们就毫不客气地把别针扎入小孔，刺窥视者的眼睛（日后在《他》中我回顾了这一细节）。为了保护我们不受别针的伤害，我们在小孔里塞上玻璃片儿。

卡兰达最粗鲁的人之一是堂·莱昂西奥，他若听说我们的道德良心问题会捧腹大笑，他是两位医生之一，坚定的共和派，他的办公室都用《暴动》杂志的彩页裱糊，这是一本当时西班牙极为流行的无政府主义和极端反教权的刊物。我还记得其中一幅画，两名肥胖的教士坐在大车上，而被绑在棍子上的基督则汗流满面，喘不过气来。

为了能对这本杂志有印象，我们来看看它如何描述发生在马德里的一次游行，这次游行中一些工人野蛮地袭击了几个教士，打伤了过路行人，并砸碎了商店橱窗：

昨日下午，一群工人沿着蒙特拉街安静地走着，突然人行道对面走来两名教士。面对这种挑衅……

我经常引用这段文章作为精彩的“挑衅”的例子。

我们总是在复活节和夏季去卡兰达，直到我在1913年发现了北方和圣塞巴斯蒂安。我父亲刚刚让人修建的房子吸引了许多好奇者，连本镇的人也来看。它按照当时的品味装修布置，那种“糟糕的品味”现在又在艺术史上恢复了地位，它在西班牙的杰出代表就是加泰罗尼亚人高迪[1]。

打开房子大门让人出入的时候，就能看到一群八岁至十岁的孩子们坐着或站在台阶上，惊奇地朝“豪华”的屋内张望。他们当中的多数人都抱着还不会自己把苍蝇从眼角或嘴角赶走的小弟弟或小妹妹。他们的妈妈都在田里干活或在厨房做砂锅土豆加菜豆，这是乡下人长年的主食。

在离村子不到三公里靠近河流的地方，我父亲命人建造了一座我们称为“别墅”的房子。周围用果树建起一个花园，果树延伸到一个小池塘，那儿有一只小船，有些果树还延伸到河边。一条小灌渠横穿花园，看园人在那里种了蔬菜。

全家人——至少有十口——每天乘两辆“花园女工”去别墅。坐在车里的快乐的孩子们经常在中途遇见衣衫褴褛、食不果腹的孩子，他们拎着草筐拾粪，好帮助他们的父亲给菜田施肥。

---

[1] 高迪（Antonio Gaudí，1852—1926）：享有世界声誉的西班牙著名建筑师，他设计的教堂“神圣的家族”等作品主要集中在巴塞罗那市。

看来，当时我们对这些贫困的形象是完全无动于衷的。

我们时常借着几盏乙炔灯的微弱光线在“别墅”的花园中共进丰盛的晚餐，直到深夜才返回。这是一种清闲无忧的生活。如果我曾是拾粪并以汗水浇园的那些孩子中的一员，那么我今天对当时的回忆又会是什么样的呢？

我们那时肯定是陈旧制度的最后代表。缺乏商品流通，一味服从上苍，思想僵固。榨油业是国内唯一的工业。什么都是外来的，纺织品、金属制品及医药用品，更恰当地说，这些是药剂师用以处理医生处方的基本用品。

当地的手工匠人就能应付亟需：钉掌匠、铁匠、杂货商、皮匠、泥瓦匠、面包师、织工，就行了。

农业经济仍然是半封建式的。地主把田地租给佃户，后者要付给他一半的收成。

我保存着1904年到1905年间我家的一个朋友拍的二十几张照片。多亏现在的一种仪器，能让照片看得很清楚。我父亲身材魁梧，胡子花白，几乎总是戴着一顶古巴帽（只有一张他戴着窄沿草帽）。我母亲那时24岁，皮肤黝黑，微笑着站在做弥撒的出口处，镇里的头面人物都向她致意。我的父母在树荫下乘凉，还有我母亲骑在驴背上的照片（这一张名为“逃往埃及”）。有一张是我6岁时和其他孩子在玉米田里。还有的照片上有洗衣妇、剪羊毛的农夫，以及我的妹妹孔齐塔，那时她还很小，我父亲和堂·米卡里奥谈话时她就站在他的两膝之间，我的祖父在给爱犬喂食，一只美丽的鸟儿在它的巢里……

今日的卡兰达已经没有逢周五坐在教堂墙下乞讨面包的穷人了。这个村庄相对而言比较繁荣，人们生活得不错。那些典型的服饰，像腰带、缠头巾、紧身裤也早已消失了。

街道上柏油铺路，路灯照明；还有了自来水、下水道、影院和酒吧。像在世界其他地方一样，电视有效地促成观众的非人格化。汽车、摩托车、冰箱，我们这个社会精心挑选安排的物质利益应有尽有，而科技的进步也把道德和人性的感受远远搁置起来。能量的转换——混乱——已经以人口爆炸的形式日趋恐怖。

我有幸在中世纪度过童年，如惠斯曼所言，那是个“痛苦而美妙”的时代。在物质方面很痛苦，精神方面则很美妙，这与今天正好相反。

卡兰达的鼓

03 卡兰达的鼓

我的儿子让·路易斯拍了一部短片《卡兰达的鼓》，在我所拍的好几部影片中，特别是在《黄金时代》和《纳萨林》中都使用了这种深邃难忘的快节奏的鼓声。

在阿拉贡的一些村镇里有一种可能是世上绝无仅有的习俗，即圣周五[1]击鼓。在阿尔卡尼斯和伊哈尔也都敲鼓，但是没有一个地方会像卡兰达，是用一种神奇的不可抗拒的力量击鼓。

这一习俗可追溯到18世纪末，到1900年已经消失了。后来，卡兰达的一位叫穆绅比森特·阿连内纪的神父又使之重现。

卡兰达的鼓声几乎不间断地一直从圣周五中午响到星期六中午，以此来祭奠耶稣受难时笼罩大地的黑暗、地震、岩崩以及庙宇的毁灭。这是一种壮观的、令人刻骨铭心的仪式，这种仪式中含有一种奇妙的情感，我在才两个月大的时候，在摇篮里第一次听到了这声音。后来，我也参加过数次这项仪式。

就在不久之前，我还让不少朋友见识了这些鼓，他们和我一样，对此印象颇深。

1980年，在我最后一次回西班牙时，有人邀请了一些客人到马

[1] 圣周五为耶稣受难日。

德里附近的一座中世纪古堡中，请他们感受了专程来自卡兰达的、令人惊异的击鼓声。在这些客人中有胡里奥·亚利杭德罗、费尔南多·雷依[1]和何塞·巴罗斯等好友。所有的人都承认，他们难以明言地深受感动，有五个人甚至流下了眼泪。

我不清楚是什么引发了这种激动，它所唤起的感觉有时与音乐的作用可相提并论。这无疑是一种外来的神秘节奏对我们触动的结果，使我们的身体莫名其妙地震撼了。我的儿子让·路易斯拍了一部短片《卡兰达的鼓》，在我所拍的好几部影片中，特别是在《黄金时代》和《纳萨林》中都使用了这种深邃难忘的快节奏的鼓声。

我小的时候，参加这种活动的不过二三百人，如今已有上千人，共有六七百面鼓和四百多名鼓手。

到圣周五的正午时分，人群汇聚在教堂前的广场上，静静地等候。鼓手们把鼓系在皮带上，如果有哪个家伙沉不住气抢先敲响了鼓，大家就会羞辱他。

当十二点教堂大钟敲响第一下的时候，鼓声齐鸣，犹如响雷，以千钧之势震荡整个村庄。众鼓一声，一种难以名状的激情瞬间变成一种陶醉，感染了所有的人。鼓手们不停地击鼓，连续两个小时，随后又开始了被称为“鸣告”的游行（“鸣告”是政府的鼓，鸣以告人），从广场出发再绕回镇上。人流如潮，以至于队尾的还未走出广场，队首的已经从另一边走回来了。

游行队伍中有人戴假胡子化装成罗马士兵（他们被称为“扑

---

[1] 费尔南多·雷依（Fernando Rey）：享有世界盛誉的西班牙电影演员，曾在布努埃尔的《欲望的隐晦目的》等多部影片中扮演男主角。

咚咚”，这个称呼让人想起鼓点），有人扮成百人队队长，扮演将军的人中还有一名穿中世纪铠甲的，扮成名叫朗希诺斯的人。开始时，扮演朗希诺斯的人面对读神者全力保卫耶稣受难的躯体，到一定时间他要与罗马将军决斗。所有的鼓都围着两名格斗者一齐敲响。罗马将军就地一滚表示他被消灭了，于是，朗希诺斯封了墓，他将守卫陵墓。

基督是由一具躺在玻璃棺材中的模型代表的。

在整个过程中，人们吟诵基督受难文，其中多次出现了“叛逆的犹太人”的词句，胡安二十三世曾下令把这句话删去。

到五点钟这一仪式结束了，会有片刻的宁静，然后鼓声又响起来，鼓声延续到第二天中午才会停息。

鼓点儿由五六种不同节奏组成，鼓声至今在我耳边回响。当两支敲着不同节奏的鼓队在拐过街角相逢时，他们之间会展开一番真正的节奏大战，这一争斗会持续一小时或更长的时间。最后，较弱的一方会改敲较强的一方的节奏。

这些鼓声势不可当、惊心动魄，产生了触动芸芸众生的宇宙现象，它震撼了我们脚下的大地。如果把手放在墙上，可明显地感觉到这种震动。大自然似乎也融进了这种彻夜回荡的鼓声之中。如果有人被鼓点巨大的轰鸣声搅得昏昏欲睡，那么当鼓声消失时，他反而会惊恐地猛醒过来。

黎明时分，鼓皮染上了斑斑血迹，这是由于鼓手们不停地敲击，他们的手都渗出了血，那可是农民们的一双双粗壮的手啊！

星期六清晨，一部分人会集到村旁的一座小山上悼念耶稣的受难。那里有一个十字架，其余的人继续击鼓。七点钟，大家又重新聚集起来，举行送葬游行。当十二点的第一声钟声敲响时，所有的鼓都立即悄然无声，直到来年再响。然而，虽然恢复了往日宁静的生活，卡兰达的一些居民却依然按照那已消失的击鼓节奏来讲话。

04 萨拉戈萨

在萨拉戈萨除了火车和有轨电车已进入人们的生活之中，其他所谓的现代技术都未被利用。我记得到了 1908 年，整个城市里只有一辆汽车，还是电动的。电影标志着一种崭新的事物，向我们所处的中世纪般的环境进行挑战。

我的祖父是个“富裕的农民”，就是说他有三头骡子。他的两个儿子一个当了药剂师，另一个是我父亲。父亲和四个朋友一道离开卡兰达去古巴服兵役，古巴那时仍隶属西班牙。

父亲到古巴后，填了一张表格。感谢他的老师，教他写得一笔好字，因此他被分到办公室工作。而他的朋友却都死于疟疾。

服役期满后，我父亲决定留下。他到一家公司做代理人，为人正派又十分卖力。过了一段时间，他开了自己的五金店——是一家卖工具、武器、海绵制品和杂货的商店。一个每天早晨都光顾店里的擦皮鞋的人与他成了朋友，就像店里的伙计。父亲在古巴独立前夕把合股的买卖托付给他，自己带着为数不多的钱返回西班牙。(西班牙对于古巴的独立毫不介意，那时人们若无其事，去看斗牛。)

他返回卡兰达时已 43 岁，和一位 18 岁的姑娘，我的母亲结了婚，他购置了不少田产，并让人修建了住房和“别墅”。

我是长子，父母去巴黎旅行时，在靠近雷舍列－杜奥特的隆塞莱旅馆怀了我。我有四个妹妹，两个弟弟。我的大弟莱昂纳多是放射学家，住在萨拉戈萨，逝于1980年。另一个弟弟阿方索比我小15岁，是位建筑师，他在1961年就离开人世了，当时我正在拍摄《比里迪亚娜》。我的妹妹阿丽西娅死于1977年。我们现在还有兄妹四人。我的妹妹孔齐塔、玛格丽塔、玛丽亚都健在。

自伊比利亚人和罗马人——卡兰达是罗马人的一个村镇——到西哥特人和阿拉伯人时期[1]，西班牙的土地经历了无数次入侵，今天这里有着各种各样的混合血统。在15世纪，卡兰达只有一户老基督徒家庭，其余的都是摩尔人的。就是在同一家庭也会出现极不相同的外貌。比如我的妹妹孔齐塔看上去像一位北欧的美丽女子，她金发碧眼，而我妹妹玛丽亚却和她完全不同，像从伊斯兰后宫中逃出来的。

我父亲从古巴回国时，他的两个合伙人留在那个岛上。1912年，当他看到欧洲战事[2]在即，就决定再回古巴。我记得那时全家每夜祈祷，“愿父亲旅途平安”。他的两个合伙人却拒绝他参与生意，父亲只得痛心地返回西班牙。由于战争，他过去的合伙人赚了上百万美元。几年之后，其中一人驾着敞篷车在马德里的卡斯蒂亚娜大街兜风时和父亲不期而遇。他们未说一句话，甚至没打招呼。

我的父亲身高一米七四，体魄健壮，有一双碧眼。他为人严肃，待人诚恳，从不与他人结怨。

1900年，我降生后四个月，父亲在卡兰达住得厌倦了，决定举家迁至萨拉戈萨。父母亲在一座很宽敞的楼房里安顿下来，这

---

[1] 罗马人公元前218年入侵西班牙，公元前19年取得统治权；西哥特人公元5世纪至8世纪初占西班牙；阿拉伯人711年至1492年间统治西班牙。

[2] 指第一次世界大战。

父亲（照片提供：珀蒂）

是过去的最高司令部占用的一所中产阶级的楼房，如今，这里只能见到十座阳台了。除去在卡兰达及以后在圣塞巴斯蒂安度过的假期之外，我在那座楼里一直住到 1917 年，同年，即在我中学毕业后就搬到马德里去了。

萨拉戈萨旧城在拿破仑军队的两次围攻中几乎全部被毁。1900 年，萨拉戈萨作为阿拉贡省的首府，是一个拥有十万人口、安宁而秩序井然的城市，尽管这里有一家火车车厢制造厂，但还没有出现过哪怕是极小规模的、无政府主义者称之为“工团主义之珠”的工人运动。最早的罢工和示威活动是 1909 年在巴塞罗那爆发的，结果是无政府主义者费莱尔被枪杀（我不知道为什么在布鲁塞尔会有他的一座塑像）。萨拉戈萨后来才受到影响，特别值得一提的是 1917 年，在这里组织了西班牙社会主义者首次大罢工。

那时，这座平静朴实的城市除了马车之外已有了第一批有轨电车，中心大道也铺了柏油，但街道两侧一到阴雨天就泥泞难行。每个教堂里都有许多大钟，在死亡纪念日，所有的钟从晚八点一直响到第二天早晨八点。像“一位不幸的妇女被出租车撞昏后死亡”这类消息都以大标题出现在报上。到 1914 年世界大战爆发为止，世界对于这座城市而言似乎淡漠而遥远，虽然发生了一些对我们无影响的事，但这些事很少引起我们的兴趣，即使传到我们这里也会变得微不足道。比如我是从巧克力包装纸的彩印上知道 1905 年日俄战争的。我和许多与我同龄的孩子一样，有一本散发着巧克力香气的剪贴簿。我在十三四岁之前没见过一个黑人或亚洲人，要说见过也是在马戏团。我们的集体憎恨——孩子们的说法——都集中到新教徒派身上，这是由于耶稣会教徒恶意煽动的结果。有一次在比拉尔节期间，我们竟向一个以几个生太伏的价格卖《圣经》的倒霉家伙掷石块。

不过，这绝不是反犹太人主义。这种种族主义的形式我只是很久以后到了法国才见到。西班牙人会在祈祷词和耶稣受难的故事中，斥骂迫害耶稣的那些犹太人，但他们从未将古代犹太人同当代犹太人视为一体。

科瓦鲁维亚斯太太被认为是萨拉戈萨最富有的人，传闻她有六百万比塞塔的财产（与之相比，西班牙最富的男人罗曼诺奈斯伯爵的财产则高达一亿比塞塔[1]）。在萨拉戈萨，我父亲的财产占第三或第四位。有时，当“西班牙—美洲银行”的资金支出遇到困难时，父亲就将自己的财产置于该银行的支配权下，据家人讲，父亲的钱足以使银行避免破产。

---

[1] 比塞塔是西班牙旧货币。

我父亲说话坦率，但他没什么太多的事做。起床后用早餐，整理个人卫生，阅览当日的报刊（我也保留着这种习惯）。随后他去看看从古巴寄来的几盒雪茄烟到了没有，再送出几张便笺，有时也去买些葡萄酒、鱼子酱，喝点儿开胃酒。

父亲的手中至多也不过是拎一小盒细绳精心包捆的鱼子酱。这是社会礼仪所规定的：像他那样有地位的人是不应手提大件东西的，这些事自有仆人去干。同样，当我去音乐教师家里时，陪同我的保姆替我拎琴匣。下午，他在午饭和雷打不动的午睡之后，更衣去赌场和朋友们玩桥牌或三人牌，以待晚餐时刻的到来。

晚间，父母常去看戏。萨拉戈萨有四家剧院。“普林西帕尔”剧院，如今依然存在，几经装潢得十分漂亮。我父母长期租了剧院的一个包厢。剧院经常上演歌剧、巡回演出的戏剧及音乐会。“比格纳特伊”剧院也颇有气派，但已不复存在了。“帕里西纳”剧院比较小，演出也比较单一，以轻歌剧为主。此外，还有一个马戏场，那里有时也演出喜剧，他们常带我去看。

我最美好的记忆之一是轻歌剧《格兰特船长的女儿》中的壮观场景，那是儒勒·凡尔纳的作品，我为之所动，连看了五六遍，巨鹰坠到舞台上的情景每次都给我留下深刻的印象。

萨拉戈萨生活中的大事之一是法国飞行员贝德里奈的表演。这是人们首次目睹一个人飞起来。全城的人都聚集到一个叫“美景”的地方，山坡上站满了人。从那里人们看到贝德里奈的机器如何在人们的掌声中腾空飞起二十多米高。我对此并不十分热衷，我切下逮着的壁虎的尾巴，这条断尾还能在石缝中扭动一阵儿呢。

我很小的时候就特别喜欢武器。刚满 14 岁时，我就弄到了一把小勃朗宁手枪，并总把它带在身上，当然，是偷偷地带。一天，母亲对我有些怀疑，她让我举起双臂，她搜我的身，发现了藏枪之处。我拔腿就跑，冲下楼梯，奔到院子里，我把枪扔进垃圾桶中，想过后再取出来。

还有一次，我和朋友坐在一张长凳上，这时来了两个坏小子也坐在这张凳子上。随后，他们就挤我们，把我的同伴推倒在地上，我起身威胁着要教训他们。他们之中的一个人拿出一面血染的旗子（当时在斗牛场的出口能弄到这种旗子）吓唬我。我伸手拔枪，站在路中央把枪口对准他们，他们吓傻了。

我的火气很快平息了，在他们走的时候，我向他们道歉。

有时候，我拿着父亲的大手枪到野地里去练习瞄准。我曾让我的朋友佩拉约伸开双臂呈十字形，他手里托一只苹果或一听罐头，但愿我没记错，我从未射中苹果，也没打中他的手。

还有一件值得一提的事：有人送给我父母一套德式餐具（是托运过来的，我至今记忆犹新）。每件餐具上都绘有我母亲的肖像。后来在战争时期，这套餐具碎的碎，丢的丢。战争结束之后，我的弟媳偶然在萨拉戈萨一家旧货店里看到其中的一只盘子，她买下来赠送给我。我至今仍保存着。

教会学校

我的学习是从圣心教会学校开始的，老师大多是法国人，上层社会看来，它比拉撒路学校更胜一筹。老师们教我读书，指导我用法语读，因为我还记得一首诗歌：

河水流向何方

小溪为什么欢淌?
孩子问妈妈
在可爱的小河旁
我们看到流水远去
河水还会回来吗?[1]

第二年，我作为半寄宿生进入萨尔瓦多学院所属的教会学校，并在那里学习了七年。

如今，学院的大楼已荡然无存，像其他地方一样，那里已成为商业大厦。当时，每天早晨七点左右，一辆马车接我和其他半寄宿生一起去学校——我仿佛还能听到车窗上镶嵌不严的玻璃发出的震动声。除非我要自己步行，不然这辆马车下午还会送我回家。其实，学校离我家只有五分钟的路程。

每天的活动从早晨七点半的做弥撒开始，到傍晚颂《玫瑰经》结束。寄宿生们都穿统一的制服，半寄宿生则允许戴镶边儿的便帽。

我印象最深的是刺骨的寒风、宽大的围巾及耳朵、手指、脚趾上长的冻疮。学校所有的房间都没有暖气。除了严寒之外，还有古代传下来的戒律。学生只要犯一点儿错误，就得跪在课桌后面或教室当中，还要把两臂伸平，手上各托一本书。在教室里，学监站在一个两侧有扶手的高台上，他居高俯瞰，严密地监视着整个教室。

他们对我们一刻都不放松。比如：在上课时如果有学生想去

[1] 原文为法文。

厕所，学监会目不转睛地盯着他，直到他走出教室。而且一次只允许一个学生去厕所，所以这个过程要用很长时间。学生一到走廊马上又处于另一位神父的监视下，并一直盯着他到走廊深处。在厕所门口则又有一位神父守在那里。

学校想尽一切办法不让学生之间相互接触。我们总是两个人、两个人地走，而且双臂要交叉放在胸前（可能是防止我们传递纸条），两个人之间相距几乎有一米远。课间休息时，我们就这样到院子里去，排着队，一言不发。直到铃声打破沉默宣告我们的腿可以自由为止。

形影相随的学监，所有的危险，沉默的接触都不存在了。无论在教室、饭厅，还是小教堂，到处都鸦雀无声。

在这些必须严格遵守的规矩之下自然形成了一种以宗教占主导地位的教育。我们学习教义问答，圣徒生平和赞美词。我们也熟练地掌握了拉丁语。有些学习方式简直是经院式的争论。如：挑战。如果我想这么做，我可以就某堂课讲的内容向任何一位同学提出挑战。我叫他的名字，他起立，我向他发问，提出挑战。这种竞赛的用语仍是中世纪的："反对你！向你挑战！"还问："要一百分吗？"回答："想要。"❶

辩论之后，老师宣布谁是胜者，两名斗士各回原位。

我还记得上哲学课时，老师面带同情的微笑向我们讲可怜的康德教义，例如，说他在形而上学的推演中令人非常遗憾地出了错。我们快速地记笔记。第二堂课，老师会叫起一位学生："曼特贡，驳斥康德！"如果曼特贡对授课理解透了，他用不了两分钟就

❶ 原文使用的是西班牙古语。

可以批驳完毕。

14 岁时，我开始对炽热地包围着我们的宗教产生怀疑。这些怀疑主要是针对地狱问题，特别是有关最后审判，无论如何我也无法相信那种场面。我无法想象不论任何时代、任何国家，所有死去的男男女女，都会像中世纪绘画描述的那样，突然从地层深处升出来，在肉体上复活。在我看来这是绝对荒唐和不可信的，我自问什么地方可以容下十亿、百亿的尸体呢？假如真有最后审判，那么人死后的那次特殊审判是不是决定性的、不可改变的审判又有什么意义呢？

说真的，在我们那个时代确有许多教士既不相信有地狱、魔鬼，也不相信有什么最后审判。我的这些疑问肯定会使他们感到开心。

除了纪律、沉默和寒冷，我对萨尔瓦多学校也保留了不少美好的回忆。无论是学生之间还是在老师和学生之间，从未出现过任何破坏秩序的性丑闻。我的学习成绩相当不错，不过表现却是全校最糟的。在最后一年里，大部分课间休息时间我都在院子的角落里罚站。有一天，我还搞了一个出人意料的恶作剧。

大约在我 13 岁时，有一天是圣周二，因为第二天我就要到卡兰达去尽情地敲鼓。清晨，离做弥撒还有半小时的时候，我在上学的路上遇到两个朋友。学校前面有个自行车比赛场和一家小酒店。我这两个狐朋狗友怂恿我到酒店买了一瓶名叫玛塔拉塔的廉价烧酒。我们出了酒店，来到河沟边，这两个坏小子唆使我喝酒。要知道，盛情难却，我把酒一口气灌下了肚，他们却滴酒未沾。突然我的视线模糊了，并东摇西晃。

我的这两位至爱亲朋把我带到小教堂，我跪下来。在弥撒开始之时，我像其他人一样闭着眼跪在那里。到讲授福音的时候，我应当起立。我费了好大劲儿才站起来，于是，我的肠胃翻腾，我把早晨喝下去的酒全都吐在小教堂的花砖地上。

那天——也是我与我的朋友曼特贡相识的日子，人们把我送进医院，后来又送我回家。有人扬言学校要开除我。我父亲气坏了，想取消我的卡兰达之行。不过，到后来他出于仁慈，又放弃了这个打算。

15岁时，我们去中等教育学院考试的时候，我记不清为什么，教学负责人明显带有侮辱性地踢了我一脚，并叫我“小丑”。

我离开队列，一个人前去考试。晚上我告诉妈妈，教会学校把我开除了。我母亲去和校长讲理，校长表示愿意留下我，因为我获得了世界历史系的荣誉注册权。不过我拒绝再回到这所学校。我被学院录取了，在那里学习了两年，直到中学毕业。

在这两年期间，一个学法律的学生向我推荐了一套价格低廉的哲学、历史、文学丛书，以前在萨尔瓦多学校的学生很少谈论这方面的问题。我的阅读范围猛然拓宽了。我知道了斯宾塞、卢梭，还有马克思。我读了达尔文的《物种起源》之后感到十分茫然，它使我失掉了信仰。我的童贞丧失在萨拉戈萨的一家小妓院里。这时，随着欧洲战事的开始，所有的情况都在改变。我们周围的一切都在破碎、分裂。战争期间，西班牙出现了两种不可调和的倾向，二十年后，这两种不同政治态度的人们自相残杀了。所有的右派和国内保守势力都宣称信服日耳曼主义。所有的左派及那些被称为自由派、现代派的人则为法国和盟国辩护。节奏迟缓、单调、平静的乡村生活一去不复返了。一成不变的等级制度也破灭了。与此同时，19世纪也走到了终点。

我17岁了。

第一场电影

1908 年，当我还是个孩子的时候就看到了电影。电影院的名字叫“法鲁西尼”。从外面看，它的正面有两扇门，一扇是入口，另一扇是出口。一个手摇风琴上有 5 个小木头人，它们配有乐器，嘈杂的乐声招引着好奇的人。人们走进这个帆布遮盖的棚子中，坐在长凳上。当然，保姆总是陪着我去。我去任何地方，包括去我朋友贝拉约的家，保姆也要陪着我，哪怕他家就在马路对面。

我在银幕上第一次看到的活动的形象是一头猪，它使我惊奇不已，这是一部手绘的影片。那头猪裹着一条三色围巾，哼着歌。银幕后面放着一台留声机，为的是让观众听到歌声。这部影片是彩色的，我记得清清楚楚，这就说明影片是一个画面一个画面涂上颜色的。

那个时候，电影只不过是市场上的一项吸引人但并不复杂的技术发明。在萨拉戈萨除了火车和有轨电车已进入人们的生活之中，其他所谓的现代技术都未被利用。我记得到了 1908 年，整个城市里只有一辆汽车，还是电动的。电影标志着一种崭新的事物，向我们所处的中世纪般的环境进行挑战。

几年之后，萨拉戈萨有几家永久性的电影院落成了，按票价分座椅和木凳。到 1914 年，出现了三家像样的影院：“铎列沙龙”、“科伊内”（这是一位著名摄影师的名字）和“埃娜·维多利亚”。在洛斯·埃斯台大街还有一家影院，我想不起它的名字了。我的一位表姐就住在这条街上，我们可以从她家厨房的窗口看电影。后来人们在厨房换上了气窗遮住了视线，不过，我们在盖布上挖了个小洞，相互轮流观看里面放映的活动的无声影像。

我几乎记不清那时候看过的影片了，有时还把它们和后来在马德里看的影片混在一起。但，我仍记得有一部法国喜剧片，它总是断片。还有一部在西班牙被称为《托里维奥》的片子（也可能是《奥涅西梅》），那时还放映过马·林戴和梅里爱的片子，如《月球旅行记》。美国影片是后来才放映的，大多是一些喜剧片和惊险片。我记得一些催人泪下的意大利的浪漫情节片。我头脑中似乎还能呈现出弗兰西丝卡·贝尔蒂尼这位伟大的意大利明星的形象。那时代的葛丽泰·嘉宝哭着扭动一幅窗帘的情景还历历在目，令人伤感又有些讨厌。

《雨果伯爵》和《鲁西娅之爱》是那时最受欢迎的两部美国片，那些伤感和疲于奔命的冒险故事造就了这类影片。

在萨拉戈萨的影院里，除了传统的钢琴师伴奏之外，还有一位解说员站在银幕旁解说故事。

比如："就这样，雨果伯爵见到他妻子在另一个男人的怀抱里。现在，女士们、先生们，你们将要看到伯爵从写字台的抽屉中拿出一把手枪，他要杀了这个不忠的人。"

电影有如此新颖奇特的叙事方式，大多数观众不能准确理解在银幕上看到的故事，也无法把各种事件有机地联系起来。我们现在已经下意识地习惯了电影语言，习惯了蒙太奇、平行运动、连续运动、倒叙方式等。而对那时候的观众来说，弄懂一种新语言是很吃力的。因此，当时才出现了解说人。

我永远不会忘记我在银幕上第一次看到"移动镜头"时它的魅力，它给我，当然也给影院里所有的观众留下了深刻的印象。银幕上，一张脸向我们靠近，他越来越大，像要吞掉我们似的。在那一瞬间我们绝想不到这是摄影机在向那张脸推近——像梅里爱的一些影片——用特技摄影的结果，我们所见到的只是一张居高临下向我们逼近的扩大的面孔。犹如圣·托马斯，我们相信了自己所看到的东西。

我认为母亲是过了一段时间才去电影院的；我父亲在1923年去世，我几乎可以肯定他一生没看过一部影片。但是，1909年一位住在帕尔马·德·马约卡的朋友来找他，想请他出资在西班牙城市的主要地区盖电影棚。我父亲拒绝了，因为在他看来电影就像江湖杂耍，他不仅不感兴趣，而且蔑视它。如果当时他接受了那位朋友的建议，今天我也许会成为西班牙最重要的影片发行人了。

电影诞生后的二三十年里，它被视为集市上的一种娱乐活动，非常通俗，是属于下层社会的，没什么艺术可言。没有一位评论家对它感兴趣。1928年或1929年，当我告诉母亲我打算拍第一部影片时，她十分不悦，差一点落泪，好像我在对她说“妈妈，我要去当小丑”似的。幸好家里有位朋友，一位公证人，他十分严肃地向我母亲解释拍电影可以赚大钱，还能制作出有意思的作品，像那些在意大利拍摄的古希腊题材的大型影片一样。我母亲被说服了，然而她并没有去看她出资赞助拍摄的影片。

布努埃尔与妹妹孔齐塔在比利牛斯山

05 孔齐塔的回忆

二十多年前，我的妹妹孔齐塔为法国《正片》杂志写过一些回忆文章……

二十多年前，我的妹妹孔齐塔为法国《正片》杂志写过一些回忆文章，下面是她对我们童年的描述：

我们兄弟姐妹共七人。路易斯是大哥，接下来是三个姐妹，我是三人中最小的，也是最笨的。路易斯降生在卡兰达纯属偶然，他在萨拉戈萨长大并接受教育。

因为路易斯经常责备我在叙述中追溯到我出生之前的岁月，我想明确一下，我最早的记忆是在走廊里有一个橘子，还有一位漂亮的姑娘在门后面挠她的雪白的大腿。那时我5岁。

此时路易斯已经上教会学校了。一天清早，妈妈和他发生了一场小争执，因为他不想戴制服帽。虽然妈妈很少严厉地对待她心爱的儿子，不过，我不知为什么，在这一点上她表现得毫不让步。

当路易斯十四五岁的时候，妈妈还让一个女儿跟着他，想证实他是否像曾保证过的那样，不把帽子藏在外衣下面。实际上他藏了。

因为天资聪颖，路易斯没费什么劲就拿到了最高的分数。甚至到了这种程度，为避免发奖那天被当众称为天之骄子而受窘，他在学期结束前故意捣蛋。

吃晚饭的时候，全家人津津有味地听他讲学生的生活。一天晚上，路易斯肯定地对我们说，他在午饭的汤里发现了教徒的一只又黑又脏的袜子。原则上，爸爸总是维护学校和老师，因而不肯相信这种事。由于路易斯坚持己见，他被赶出了饭厅，他颇有尊严地走出去，一边走一边像伽利略那样说着："可是确实有一只袜子。"

13岁的时候，路易斯开始学小提琴，他高兴得简直要发疯；而且看来他也很有演奏乐器的天赋。他常常等我们上床后拿着琴走进我们姐妹的卧室。他先讲解"主题"，现在想起来，我觉得他挺有瓦格纳风格的，不过当时无论他还是我们，对瓦格纳都不太清楚。我不认为他的乐曲是真正的音乐，然而对我来说，它是一种丰富了我想象的冒险的梦幻。路易斯后来还组织了一支乐队，在盛大的宗教庆典中，乐队在高高的合唱台上向如痴如醉的人群挥洒柏辽兹的弥撒曲或舒伯特的《万福玛利亚》的音调。

我的父亲经常去巴黎，回来的时候带给我们的玩具不计其数。有一次他们旅行回来给我哥哥带回一只小型舞台玩具，大约有一平方米大，上面有背景幕和布景。我记得有两种布景：王室大厅和森林。人物是用硬纸板做的，一位国王、一位王后、一名丑角和一些侍从。他们还不到十公分高，虽然用铁丝牵引他们从两侧走动，但他们还是经常向对面移动。为了凑齐演员阵容，路易斯拿来一只做跳跃状的狮子像，当初它完好无损时，它的脚还在时，原本是一块纸板；他还用了一个金色的"埃菲尔铁塔"。这塔以前曾在客厅、厨房和杂物间里放过。我记不清"埃菲尔铁塔"是否代表某位恬不知耻的角色或一座城堡。不过我记得清清楚楚曾见它一跳一跳地上场，走进宝座大厅，被拴在可怕的狮子翘起的尾巴上。

演出前八天，路易斯开始做准备。他如同《圣经》里那样与为数不多的几个被选中的人[1]一起排练。他们在谷仓里安置一些座椅并邀请镇上12岁以上的男孩女孩来看演出。在最后一刻还准备了点心糖果和蛋白甜饼，饮料是醋和糖兑的水。由于我们相信这是来自外国的一种饮品，就带着虔诚和喜悦喝了下去。

为使路易斯让我们进去，让他的妹妹们能看演出，我父亲不得不以禁止他演出来威胁他。

几年之后，市长以一个无可置疑的理由在市立学校组织了一场会演。我哥哥穿着一套奇怪的服装上台，既像吉卜赛人又像路贼，挥舞着一把巨大的羊毛剪刀，还唱着歌。虽然过去了许多年，我仍记得歌词："带着剪刀和渴望修剪的心情，我去西班牙激发一场小小的革命。"看来这把剪刀就在今天的影片《比里迪亚娜》中出现了。观众简直要把手掌拍破了，他们纷纷向他掷香烟和雪茄。

此后，由于比腕力时他战胜了镇上最强的人，他以"卡兰达之狮"为名，开始组织拳击比赛。在马德里他是轻量级业余拳击冠军，不过中间的细节我不太清楚。

在家里，路易斯早就说过要学习并成为农艺技师。这个想法使父亲很高兴，因为他正在管理我们在下阿拉贡地区的田地。而我母亲则相反，她十分不悦，因为这项职业不能在萨拉戈萨学习。但这恰恰是路易斯学这门技术的原因：离开家庭，走出萨拉戈萨。

[1] "被选中的人"在《圣经》中意为"上帝的选民"。

他以优异成绩从中学毕业了。

那段时间我们经常在圣塞巴斯蒂安度过夏天。路易斯一般不回萨拉戈萨，但除了假期或出了某件不幸的事，比如父亲去世的时候他就要回萨拉戈萨。那时路易斯22岁。

路易斯在马德里新建不久的大学生公寓度过了几年学习时光。在那里住过的大多数人日后都成为文学、科学或艺术名家，他们的友谊一直是我哥哥生活中一种最美好的东西。他很快热衷于生物学，几年之间他协助玻利瓦尔工作。也许他就是在那个时期成为自然主义者的。

他的饮食和一只松鼠差不多，在零度以下的气候中，哪怕下雪，他也穿着教士的单薄的衣服和凉鞋，不穿袜子。父亲为此很生气，虽然他内心为儿子感到骄傲，但他不愿表露出来。每当他看到儿子在冰水中洗完一只脚又洗另一只时就要生气，看见儿子洗手时也是如此。那时候（或许更早些，日期我记不清了）我们养了一只老鼠，它就像我们家的一员。它长得挺大，几乎像一只兔子，脏兮兮的，尾巴也残缺不全。我们把它装在鹦鹉笼子里带着它旅行，很长一段时间它把我们的生活搅得乱糟糟的。这可怜的家伙圣徒似的死去了，带有极明显的中毒症状。我家有五个女仆，我们未能找出谁是凶手。不管怎样，老鼠的味儿还没消散，我们就已经把它遗忘了。

我们经常养一些小动物：猴子、鹦鹉、猎鹰、蟾蜍和青蛙，一两条蛇，还有一条非洲蜥蜴，厨娘出于恐惧，用拨火钳凶残地把它打死在小炉灶台上。

我还记得羊羔“格莱科里奥”，在我刚满10岁那年，它差点弄断我的股骨和骨盆。好像它还是小崽的时候被从意大利带给我们的。它总是很虚伪。我只喜欢名叫“奈奈”的马。

我们还有一只很大的帽盒，里面装满灰老鼠，它们是路易斯的，不过他允许我们每天看一次。他选出被喂养照料得很棒的老鼠配成对儿，它们不停地繁殖。离家之前，他把它们放到谷仓去，这是出于对谷仓主人的极度偏见，他给它们自由，祈求它们“生长繁衍”。

我们所有的人都喜爱、尊重那些生灵，包括植物。我相信所有的生灵也一样尊重和喜爱我们。我们可以自由穿过野兽出没的森林而不会遇到任何危险。只有一个例外：蜘蛛。它们是恐怖可怕的怪物，在任何时候都能使我们的生活遭受痛苦。一种布努埃尔家族的奇症，这使它们成了我们的一个主要话题。我们关于蜘蛛的故事是十分离奇的。

他们说我哥哥在托莱多[1]的一家客栈吃饭时看到一个有八只眼、嘴边围着钩状触须的怪物之后，吓得失去了知觉，到了马德里还没缓过劲来。

我的大姐未能找到一张大纸来画出曾在旅馆里窥视她的那只蜘蛛的头和胸。她拖着哭腔向我们讲述当那只恶虫向她射来八道目光的时候，一个侍者以令人无法理解的镇静拎着它的一只爪把它拿出房间。

我的姐姐用她秀美的手模仿着那些毛茸茸、满身灰尘的老蜘蛛摇摇晃晃的可怕步态，它们身后拖着一些肮脏的分泌物，拖着一只残爪，这些形象交叉出现在我们童年的回忆中。

最近一次意外发生在不久之前，当我下楼的时候，我身后响

[1] 托莱多位于首都马德里以南，是西班牙著名古城。

起一种软绵绵的、令人恶心的声音。我看清了那是什么。是的，布努埃尔家族之敌就在那里。我感到自己像死了一样，我永远不会忘记那个地狱般的囊状物让一名报童踩中时发出的可怕的声音。我几乎要对报童说："你救的不仅是我的生命。"我至今仍在自问，它以那种方式跟踪我究竟出于什么目的？

蜘蛛！在我们的噩梦中，在我们兄弟姐妹的交谈中，全是它们。

上面列举的那些动物几乎全是我哥哥路易斯的财产，我从未见过动物受过这样好的待遇，每个动物都根据自身的需要被精心照料。他至今仍喜爱动物，我猜想他甚至都不憎恨蜘蛛了。

在影片《比里迪亚娜》中有一只可怜的狗被拴在马车下，沿着漫长的路奔跑。当他为自己的电影寻找构思的时候，他亲眼看到了这一真实景象，并竭尽全力来阻止，然而这种习惯在西班牙农民中根深蒂固，想铲除它无异于和风车搏斗。在该片的拍摄期间，我受哥哥之托，每天给拍摄影片用的狗买一公斤肉，而且也分给经过那里的任何一条狗。

在卡兰达度过的某个夏天，我们经历了童年时代一次"大冒险"。路易斯那时有十三四岁。我们决定不经父母允许就去邻村。我们和几个年龄相仿的表兄弟同行，不知为什么，我们离家时打扮得像去参加聚会一样。去的那个村庄叫"福斯"，在5公里之外，我家在那里有些田产和佃户。我们拜访了他们所有的人，他们给我们红葡萄酒喝，还有饼干。酒使我们快活无比，鼓起了我们的勇气，我们打起精神去了墓地。记得路易斯躺在验尸台上恳求大家把他的内脏取出来，还记得我们费了九牛二虎之力帮一位姐姐把头从一个年久失修的墓穴里拔出来。她的头紧紧卡在洞里，路易斯不得不用指甲扒开石灰层，以便让她的头出来。

战后我又到那片墓地去了一次，追寻童年的回忆。我看到它变得又小又破。给我印象最深的是，在一个角落有一个无人管的白色小棺材，里面是一具残缺的儿童干尸，从原是腹部的位置长出一大丛红色康乃馨。

记得我们走过那片墓地之后，对此行的渎圣性质从未怀疑，后来我们走上被阳光烤灼的光秃秃的山丘再往回走。我们想找到一个神奇的山洞。酒的力量继续促进我们大胆行动。面对这种行动连大人都会退却：跳进又深又陡的山沟，钻过隧道，走出第一个洞，我们这个探险小队的装备只不过是在墓地捡的一小块蜡烛。烛光亮着的时候我们继续前进。随后，突然之间一切消失了，没有一丝光亮，我们失去勇气，也毫无兴致了。听到蝙蝠翅膀的拍打声，路易斯说这是史前的翼指龙，若是它们发起进攻，他会保护我们的。我们当中有人喊饿，路易斯英勇无畏，让他把自己吃掉。当时他是我的偶像，因此我大喊大叫，请求他们吃我而不要吃他，我是最小最脆弱的，是一群兄弟姐妹中最笨的一个。

我已忘记了那一时刻的恐惧，也忘记了所遭受的罪，但是我还记得当人们找到我们的时候我们那种既高兴又害怕受罚的心情。由于我们一副可怜相儿，所以没受到惩罚。我们乘着由“奈奈”拉的马车返回了“温暖的家”。我哥哥当时不省人事，不知是中暑、喝醉酒了还是耍花招儿。

此后的两三天内，父母对我们说话十分和气。父亲在以为我们听不到的时候，就向客人历数我们的冒险，夸大我们的困难并赞扬路易斯做出的牺牲。然而没有一个人提起我，至少当时我的举动也算比较勇敢。在家里总是这样，只有我哥哥路易斯承认并称赞我的优良品质。

数年过去。路易斯忙于他的学业，我们也在接受大家闺秀无用的教育，我们很少能见面。我的两个姐姐很年轻就结婚了。我哥哥喜欢和淑女们一起玩游戏牌。由于大家都想赢，总是弄得狼狈收场。他们虽不赌钱，但却有一种战争状态的紧张。如果我姐姐赢了，她就有权在路易斯可忍受的限度内卷曲或扯动他唇上的胡须。路易斯整小时地忍受着，然后就跳起来，扔掉牌和他够得着的所有东西。

如果路易斯赢了，他就把一根点燃的火柴凑到我姐姐的鼻子面前，直到逼她讲出一句我们听车夫说过的粗话。那个车夫在我们很小的时候曾对我们说过如果你烫了蝙蝠的嘴，它会喊“× 他妈”。我姐姐拒绝学蝙蝠的这种叫喊，最后也只好不欢而散。

06 欢乐之地

能够想象巴黎没有自己的咖啡馆，没有自己美丽的露台和杂货摊吗？那一定会令人感到自己像生活在一座被原子弹摧毁的城市里。

我常在酒吧间快活地度过几个小时。对我来说，那是一个可以凝神遐想的地方，若无这些遐想，生活就难以想象了。天长日久，这成为一个不可动摇的积习。就像“埃斯狄里斯塔”圣西门站在柱子顶端与他那看不见的上帝讲话一样，我曾在酒吧间一坐就是好久，沉湎于幻梦，不去理会侍者，我总是喃喃自语，还常被侍者的身影吓一大跳。如今，仿佛已过了一个世纪，我很少出门，不过喝开胃酒的时候我喜欢独自在存放酒的小屋缅怀我过去钟爱的那些酒吧。

我首先要说明，对我来说，酒吧和咖啡馆并不一样。比如在巴黎，我从未见过一家舒适的酒吧，但那座城市却四处遍布高级咖啡馆。从贝尔维尔到奥泰伊[1]，无论在何处都无须担心身边没有侍者，又找不到桌子坐下来记笔记。能够想象巴黎没有自己的咖啡馆，没有自己美丽的露台和杂货摊吗？那一定会令人感到自己像生活在一座被原子弹摧毁的城市里。

[1] 法国巴黎街区名。

超现实主义艺术活动大多是在布朗舍广场的“西哈诺”咖啡馆进行的。我还喜欢香榭丽舍的“塞莱吉特”；而且我还曾应邀参加了蒙巴纳斯的“法兰西学院”的开业典礼，我就是在那里受到曼·雷和阿拉贡[1]之约，商洽为《一条安达鲁狗》的首映式做准备的。

我不可能背出所有咖啡馆的名称，我只想说咖啡馆是交际、聊天，来来往往嘈杂纷乱，有时还是与女人约会的场所。

与之相反，酒吧是学会孤独的地方。

这种酒吧首先要安静，如果光线幽暗又舒适那就更佳。一切音乐，包括似有似无的乐声都不应该有（这与当今风靡世界的恶习正相反）。放置十几张桌子，若可能的话，来的全是老顾客，又都不太爱讲话。

比如，我喜欢马德里的“广场饭店”酒吧。它设在地下室里，这一点绝妙之极，反正不必理会外面的景色。店主和我很熟，我进来后，他马上把我领到我喜欢的靠墙的桌子旁。周围的灯光适度，而桌子能被照得足够亮了。

我还喜欢马德里的“奇科特”酒吧，对它充满了珍贵的回忆。但最好和朋友们一起去那里，而不是去独自沉思。

“波腊尔饭店”酒吧位于马德里北部一座哥特式修道院的院子里，我以前习惯于晚上到那里去，在由花岗岩石柱装饰的长长的大厅中喝开胃酒。但星期六和星期日除外，这种时候到处都是嘈杂喧闹的游客和小孩。实际上我总是独自一人，周围是我最喜欢的

---

[1] 路易·阿拉贡（Louis Aragon，1897—1982）：法国著名诗人和小说家。

画家苏巴朗[1]的作品的复制件。有时侍者的身影会从较远的地方悄然掠过，他不会打搅我喝酒时的沉思。

可以说，我非常喜欢这家酒吧，简直把它当作一位老朋友。有一次在工作完毕和散步之后，与我合作写剧本的让－克洛德·卡里埃尔让我独自一人留在这家酒吧，我足足待了45分钟，随后，他的脚步声准时地在瓷砖地上响起来，他坐到我面前，于是我就有义务了——“我们就是这样约定的，因为我认为想象犹如记忆，是可以训练和发展大脑功能”的——他说我必须给他讲述一段故事，不论长短，只要是在这45分钟的遐想中得到的，这个故事可以和我们编写的剧本毫无联系，可以是喜剧，也可以是情节剧，不论充满血腥还是安详平和的，重要的是讲出点什么。

我独自一人，周围是苏巴朗作品的复制品，还有卡斯蒂利亚[2]可爱的花岗岩石柱，品味着我喜爱的酒（我马上又回到这个话题），我很容易出神沉思，向各种形象敞开心扉，这些形象很快就排列在大厅里。有时当我在思考一些熟悉的事情或平淡无奇的打算时，会突然闪现出奇怪的东西，一些令人惊异的场景清晰地显现出来，出现了一些人物，述说着各自的问题。有一次，我独自坐在角落里笑起来。如果我觉得那种突然闪现的场面对剧本有用处，我就重新开始，努力将四处流动的思绪“顺理成章”。

我对纽约的“广场饭店”酒吧保留着美好的回忆。尽管那地方常有聚会（但禁止女人入内）。我经常对朋友们说：“要是你们

---

[1] 弗朗西斯科·德·苏巴朗（Francisco de Zurbaran, 1598—1664）：西班牙画家。

[2] 中世纪西班牙中部的王国。

路过纽约时想知道我在不在，那就请于中午十二点到‘广场饭店’去看看，只要我在纽约，你准能在那儿找到我。”这一点他们已多次证实了。不幸的是，这家面向中心公园的美妙酒吧已被一家饭馆吞并，确切地说，它只剩下两张桌子了。

在我经常去的墨西哥酒吧里，我很喜欢首都墨西哥城的“客栈”酒吧，不过它像“奇科特”一样，也适合与朋友们同去。有相当长一段时间，我在圣·何塞·普鲁阿饭店的酒吧里度过美好的时光，饭店坐落在密乔甘，我在过去的 30 年里常躲到那里写剧本。

饭店位于一个亚热带大峡谷的一侧，所以酒吧间窗临瑰丽壮观的景色，这景色起初会让人感到突兀，幸好窗前长着一棵仙人掌，这种热带植物枝条轻柔，像无数长蛇似的交织缠绕在一起，遮住了一小部分全景。我的目光在这一大团枝条间游移着，追索脉络，仿佛这是众多故事的蜿蜒曲折的线索，我好像看到上面时而停栖一只猫头鹰，时而出现一个赤裸的女人……

可惜这家酒吧毫无理由地关闭了。我仍记得 1980 年的情景，西尔贝曼、让 - 克洛德和我像幽灵似的在痛苦中四处寻找合适的地方。这是一个糟糕的回忆。我们这个破坏一切的毁灭性的时代连酒吧间也没放过。

现在我想谈谈酒，这是我一旦开始讲述就会滔滔不绝的一个话题——我们和制片人塞尔日·西尔贝曼能聊好几个小时——我尽量简而言之。对此不感兴趣的人——很遗憾，有这样的人——可以不看这几页。

我对葡萄酒评价很高，尤其是干红葡萄酒。法国既有最上乘的葡萄酒，也有低劣的（最不可靠的要算巴黎酒吧里的“一点红”

了）。西班牙的瓦德珀涅酒使我倍感亲切，这种酒装在羊皮酒袋里，冰凉之后饮用，叶佩斯白葡萄酒也一样，它产于托莱多。我觉得意大利酒不太可靠。

美国的佳酿有加利福尼亚的葡萄酒，如“卡伯耐特”等。偶尔我也喝点智利和墨西哥的葡萄酒。仅此而已。

当然，在酒吧里我从不喝葡萄酒，因为它只能使身体感觉舒畅，但丝毫不能激发想象。

在酒吧里，为了能进入持续的梦想，应该喝英国的杜松子酒。但我更喜爱的是干马提尼酒，鉴于干马提尼酒在我讲述的这段生活中所起的重要作用，因而我要多写上几页。干马提尼酒可能像所有的鸡尾酒一样，是美国人的发明，它由杜松子酒和几滴苦艾酒——最好是“诺里—普拉特”牌的，混合而成。那些喝纯干马提尼的高级品酒专家甚至断言，将“诺里—普拉特”酒兑入杜松子酒之前，只需让阳光射入酒瓶就足够了。有一个时期，美国人说，喝上等的马提尼酒应该感觉到像圣母受胎一样纯洁。实际上众所周知，根据圣徒托马斯·德·阿奎诺所说的，“上帝的生殖力量穿过了圣母的处女膜就像一束阳光透过水晶，没有毁坏它”。对于“诺里—普拉特”也一样。不过在我看来这是一种夸张。

还有个忠告：加入的冰块质地要特别坚硬，以免化出水来，没有什么比掺水的马提尼酒更糟糕了。

让我谈谈自己的饮法，这是长期经验的结晶，我用它总能获得极佳的效果——

在客人到来的前一天，把所需的一切都放进冰箱：杯子、杜松子酒、鸡尾酒调酒器。我有一个保温瓶，能把冰块的温度保持在零下二十度左右。

第二天当朋友们到来时，我把需要的东西都拿出来。首先我在冰块上洒几滴“诺里—普拉特”，加半勺咖啡和苦酒，搅匀后将液体倒出，只留下尚有混合液余香的冰块。然后在这些冰块上倒入纯杜松子酒，搅匀就能喝了。如此做法，味道绝妙无比。

1940 年代在纽约，现代艺术博物馆的馆长教给我一种稍有不同的方法，用佩诺茴香酒代替苦酒，我觉得这是离经叛道，再说也过时了。

尽管我偏爱马提尼酒，但我还发明了另一种鸡尾酒，叫作“布努艾洛尼”。实际上这不过是套用了赫赫有名的“内格洛尼”酒，但这种酒我是用“卡巴诺”代替了“康帕利”同杜松子酒和“辛萨诺”甜酒的混合。

我喜欢在晚餐之前喝这种鸡尾酒。在这种时候，我掺和的杜松子酒的分量大大多于其他成分，它也能激发我的想象。为什么会这样？我不清楚，但我相信这一点。

大家肯定知道，我不是个酒鬼。当然，在我的一生中的确有几次醉倒过，但大多是处于一种微醺的状态，不会把你带入酩酊大醉之中，而是进入一个美妙安详的境界，仿佛是用小剂量麻醉品所产生的效果。它能在生活和工作中给我以帮助。如果有人问我，一生中曾否不幸缺少过某种自己喜欢的酒，我会告诉他，我不记得有过这种情况。我一直有酒喝，因为我总是提前做好准备。

例如，1930 年，我在美国住了五个月，那是禁酒时期，如果没记错的话，我却从来没喝过那么多的酒。我在洛杉矶有位走私酒的朋友——我记得很清楚，他一只手上缺三个指头——是他教我如何区分杜松子酒的真伪：用一种特殊方式摇晃酒瓶，真杜松子酒会起泡沫。

用医生处方能在药店里买到威士忌，在某些特定的饭馆里供应盛在咖啡杯里的酒。我在纽约知道了一种很普遍的“暗语”，你得用特殊方式叫门，门会开一道缝，你赶快溜进去，里面是一个与其他地方一样的酒吧，一切应有尽有。

禁酒令实际上是 20 世纪最荒唐的法令之一。那时美国人确实醉得东倒西歪，像酒鬼一样，我认为他们此后才学会了喝酒。

我喝法国开胃酒也有些吃不消，比如格拉纳达—比贡啤酒（画家坦桂最喜爱的酒），特别是满洲—柑香啤酒，一喝就上头，比干马提尼酒的劲来得还快。可惜的是这几种上好的混合酒现在几乎没有了。我们眼见着开胃酒每况愈下，这是这个时代又一个让人伤心的标记。

当然，有时候我也吃着鱼子酱，喝伏特加，喝烧酒，吃熏鲑鱼。我喜欢墨西哥的烧酒，喜欢墨西哥龙舌兰酒；不过它们只是代用品。至于威士忌，我从不感兴趣，对这种酒我不在行。

有一天，我在法国《玛丽—法兰西》杂志——如果没记错的话——读到一篇医学文章，谈到杜松子酒是极好的镇静剂，可以有效地防止乘飞机时引起的焦躁。我立即决定验证一下这一论断的真实性。

乘飞机总令我感到恐惧，一种持续而无药可救的恐惧。如果某位飞行员神情严肃地从我们身边走过，我就会想：完了，我们要完蛋了，因为从他脸上就看得出来。如果相反，他笑容可掬地走过来，我会对自己说：大事不好，他是想稳住我们呢。而那一天，我决定按照《玛丽—法兰西》杂志的忠告行事，结果所有的恐惧像变魔术似的消失了。于是每次旅行我都准备一瓶杜松子酒，用报纸包好以免受热。当我在候机厅等待登机时，就趁人不备猛喝几口，立刻我会感到平静坦然，做好了应付千难万险的准备。

如果让我说酒的长处，那将数不胜数。1978 年在马德里，由于和一位女演员有些误会，我对能够继续拍完《欲望的隐晦目的》已经绝望了，制片人塞尔日·西尔贝曼决定停拍，这意味着损失巨大。一天夜里，我们垂头丧气地坐在酒吧里，忽然间（确实是在喝下第二杯干马提尼酒之后）我想出个主意，由两位女演员扮演同一角色，这是前所未有的事情。塞尔日热心地接受了我这个半开玩笑式的建议，影片得救了，多亏了一间酒吧。

1940 年代在纽约时，我和共和政府前总统的儿子胡安·内格林及其妻子——演员罗西达·迪亚斯是好朋友，我们三个人曾想开设一间名为“炮声”的酒吧，一间价格惊人、世上最昂贵的酒吧，那里只备有甘醇佳酿，从世界上五个地区运来的令人难以置信的绝美佳酿。

它将是一间最让人感到亲切的、十分舒适的酒吧，品味当然超凡脱俗，最多摆置十几张桌子。为了与吧名相符，门口要安放一门小炮，配有火绳和黑火药，无论白天黑夜，只要有人肯花一千美元光顾就鸣炮。

这个计划十分大胆却不太合乎民情，它没能付诸实施，就搁浅了。设想一下，隔壁房间的小雇员在凌晨四点钟被炮声惊起，他会对妻子说：“又有一个无耻的家伙花了一千美元！”这一定很有趣。

喝酒离不开吸烟。我 16 岁开始吸烟，到现在仍没戒。当然我每天吸烟很少超过 20 支。我吸什么烟呢？什么烟都吸，但主要是西班牙黑烟草。20 年前，我曾习惯于吸法国烟，特别爱吸“茨冈人”和“凯尔特人”这两个牌子的烟。

烟和酒是相映成趣的一对儿（如果酒是王后，那么烟就是国王），在一生中所有的事情面前，烟都是一个可亲的伙伴，无论幸运还是倒霉的时候，它都是一位朋友，为了表示高兴或克制痛苦都可以点上一支。无论是独自一人或有人相伴。

在任何意义上烟都是一种乐趣：从外观上（锡纸包装下的雪白的烟卷像接受检阅似的排列着，十分漂亮）、嗅觉上、味觉上……如果有人蒙上我的眼睛，往我嘴里塞一根点燃的香烟，我肯定会拒绝吸。因为我喜欢感觉到自己衣袋里有一包烟，把它拿出来，捏一捏，试试卷烟的牢固程度，体会烟卷在唇间摩擦的感觉，用舌尖品尝烟草的味道，盯着打火机冒出火苗，然后凑上去，这会让我全身都感到一股热流。

我在大学期间就认识了一位叫多隆梭罗的人，他是生于巴斯克地区的一名西班牙工程师，是流亡在墨西哥的共和派，他死于所谓“吸烟所致”的癌症。在墨西哥我曾去医院探望他。他全身各处都插满了管子，还戴着氧气罩，而他却不时把它取下来，只是为了偷偷吸口烟。他吸烟吸到生命的最后几个小时，对一直在害他性命的这种爱好至死不渝。

总之，亲爱的读者，在结束对于烟酒——坚固的友谊和丰富的幻想之父的议论之际，我愿向你们提出双重的忠告：既不要吸烟也不要喝酒，因为烟酒对身体健康有害。

我还要补充一下，吸烟和喝酒之后通常会伴随着令人愉快的性爱。按常规先酒后烟。可别指望我吐露什么色情秘密。我们这代人，特别是西班牙人，在女人面前显示出一种祖传的怯懦和一种先前提到过的，可能是世上最旺盛的情欲。

欲望，也是漫长岁月中阉割式的天主教带来的结果。对一切婚外性关系的禁止（如果容忍其他关系那要感谢他们），对可能与性行为哪怕有丝毫瓜葛的图像、言辞的摒除，都促进了欲望的反常的加剧。如果无视这些禁律，欲望得以满足，那么肉体上的快感是无比的，因为它总和罪恶的秘密享受相连。无疑，一个西班牙人体会到的性快乐比中国人或爱斯基摩人要高。

我年轻的时候，在西班牙除了极少的例外，人们只知道两种可能的性生活：妓院和婚姻。我 1925 年第一次到法国时，看到一男一女在街头接吻十分惊奇，甚至有些厌恶。一个女人和男人不结婚就住在一起同样令我吃惊。这真是前所未闻的事。这些习俗在我看来是猥亵的。

从那些久远的岁月开始，发生了许多事情。最近几年我奇特地感到了性欲在逐渐减退，甚至在梦中，直至完全消失。我很高兴，我觉得自己被从一个暴君的手下解放了。如果摩菲斯特出现在我面前，提议要帮我重获所谓的男子气概，我会对他说："不，谢谢，我不感兴趣了，不过请让我的肝和肺更强壮一些，以便我能继续喝酒和吸烟。"

我没有那种老年阳痿者所潜在的变态心理，我平静、毫无伤感地回忆起马德里的妓女、巴黎的妓院和纽约的"的士女郎"。我相信在巴黎除了几张塑料画之外，我只看过一部黄色影片，片名微妙地取为《凡士林修女》。一个小修女在修道院的花园中引诱园丁，而园丁却遭到一名修士的鸡奸，最后三个人纠缠在一起。

我好像还能看到那个修女长过膝盖的黑色长筒棉袜。第28摄影棚的让·莫克莱尔把这部片子送给了我，可我把它丢了。雷乃·夏尔和我一样是一个精力充沛的人，我们两个人曾计划潜入一家儿童影院，把放映员捆起来堵住嘴，然后给广大少年儿童放映《凡士林修女》，如此的时代，如此的习俗！[1]童年的堕落在我们看来是最有吸引力的反叛方式之一。当然，我们从未这么做过。

我还想讲讲几次失败的狂欢。那时我们热切希望参加一次这种狂欢聚会。有一次，查理·卓别林为我及另外两位西班牙朋友在好莱坞组织了一场聚会。从帕萨德那来了三位迷人的姑娘，可是不久三个人就开始打架了，因为她们都喜欢上了卓别林，以致最后全走了。

还有一次在洛杉矶，我的朋友乌加尔特和我邀请出演过《黄金时代》的丽娅·丽丝和她的一位女友到我家中。鲜花和香槟，一切都准备妥了，但又失败了。这两个女人待了不到一个小时就走了。

同一时期，有一名获准去巴黎的苏联导演，他的名字我记不清了，请求我为他办一场巴黎式的纵欲狂欢。我对阿拉贡讲了这事，他问我："这么说，我亲爱的朋友，你愿意你自己……？"这里阿拉贡以世上最微妙的方式用了一个读者可能猜到的词，而我却不能写出来。我认为，没有什么比这种难听的词汇的泛滥更可鄙了，而几年来，在我们作家们的口头和作品中常有这类词汇。这

[1] 原文为拉丁文。

种伪装的开化不过是自由的一种卑劣的冒牌货。这就是我拒斥一切无礼的性言行和言语上的风头主义的原因。

总之，对于阿拉贡的问题我断然答道："绝不。"阿拉贡于是建议我放弃这场狂欢，而那个苏联人没能亮相就回国了。

07 马德里 1917—1925

那时电影还只是一种消遣。我们当中没有一个人想过它是一种新的表现方式，更不要说是一门艺术了。人们只提诗歌、文学和绘画。那时我从未想过有朝一日我能成为电影工作者。

大学生公寓

以前，我和父亲一起只去过马德里一次，当时仅逗留了几天。1917 年当我为继续求学和父亲再次来到这里的时候，开始真为自己的一身乡土习气感到举步维艰。我仔细观察着人们怎么穿着、举止如何，以便模仿。我还记得父亲头戴草帽、挥动手杖在阿尔卡拉大街高谈阔论时，我却把手插进衣袋中，望着别处，好像我不是和他走在一起似的。

我们看过几处传统的马德里膳食公寓，那里每天吃马德里式的鹰嘴豆、土豆、板油和灌肠煮的菜，有时也加一片猪肉或鸡肉。我母亲甚至都不愿听人谈起把我留在马德里的事，更何况她担心那里存在一些自由放纵的习惯。

最后，多亏了参议员堂·巴尔多洛梅·埃斯台班先生的推荐，我得以登记住进大学生公寓，并在那里一住就是七年。那几年给我留下了极为丰富而有趣的记忆，我可以断定，如果没有在大学生公寓这几年的生活，我的一生将会截然不同。

公寓类似英国式的大学城，单人房间每天收七比塞塔，双人房间四比塞塔。我父母除了付房租外，每周还给我 20 比塞塔的零用钱，这笔钱已相当可观，而我却从不够花。每次假期回萨拉戈萨时，我都请求母亲托代理人偿付我一学期内所积的欠债，父亲对此事一无所知。

公寓的负责人是堂·阿尔贝托·希梅内斯，他是一位很有学识的马拉加人。在公寓里可以温习任何课程，这里有几间会议室，五个实验室，一个图书馆和几个体育场。学生们能随意留在这里，而且一学期中可以更换课程。

离开萨拉戈萨之前，父亲问我将来想做什么，我当时只想到国外去，我对他说，我最大的愿望是成为一名作曲家，并要去巴黎向索拉·冈多罗姆学习。父亲断然拒绝。他认为，一种严肃的职业对我来说才是合适的，而所有的人都知道作曲家是会饿死的。

于是我又对他说，我热衷于自然科学和昆虫学。“你做个农技师吧！”他劝我。这样我就开始学习农技师学了。不幸的是，我虽然在生物课上拿了第一，数学却一连三个学期不及格。我经常遁入抽象的思维中，尽管一些数学定律时常跃入眼帘，我却不能顺着思路重新解出一道复杂的习题。

我父亲被我这些丢人的分数弄得十分恼火，他让我在萨拉戈萨住了几个月，单独补课。三月份我返回马德里时，公寓已经没有空房间了，我接受了好友奥古斯多·森特诺的兄弟胡安·森特诺的邀请，在他的房间里加了张床，和他一起住了一个月。胡安·森特诺是学医学的，每天很早就出门，每次出去前，要在镜子面前耗不少时间梳头。不过他只梳前面的头发，并不顾脑后的头发乱成一团。这种荒唐的动作日复一日地重复着，两三个星期之后我开始讨厌他，尽管他帮过我的忙。这是一种非理性的憎恶，产生于隐蔽的潜意识之中，让人想起《毁灭天使》中的某个场景。

为了使父亲高兴，我换了专业，开始学习工程师课程，它包括所有技术、机械、电器科目，学制六年。我通过了工业制图和部分数学课程的考试（多亏了那次个别补课），那年夏天在圣塞巴斯蒂安，我向父亲的两位朋友讨教，一位是著名阿拉伯语专家阿辛·帕拉西奥斯，另一位是我在萨拉戈萨学院时的老师。我对他们讲了我对数学的反感以及对如此漫长的学制的厌倦和抵触。他们在父亲面前提到了这件事，父亲同意让我继续学习我喜欢的自然科学。

自然博物馆离公寓只有几十米远。我怀着极大的兴趣在杰出的伊格纳西奥·玻利瓦尔指导下工作了一年。他是当时世界著名的直翅目昆虫专家。至今我还能一眼认出许多昆虫并说出它们的拉丁文名称。

此后，在从埃纳雷斯到阿尔卡拉的一次远游中，领队亚美利哥·卡斯特罗是历史教学中心的老师，他告诉我有几个国家希望招聘西班牙教师。我很想出国，立刻就报名，但是他们不收学自然科学的学生。为了占据一个当教师的名额，必须学文学或哲学。

这就决定了我最后一次仓促的旅行。我着手准备哲学硕士学位考试，它包括三种学科：历史、文学和哲学本身。我选择了历史科。

我知道这些细节十分繁琐，但是为了一步步探求一个生命多舛多难的道路，认清从何处起步，走向何处，又怎么可能分清哪些细节无足轻重，哪些必不可少呢？

同样还是在大学生公寓的时候，我对体育产生了极大的热情。每天早晨我都穿着短裤，光着脚在骑警训练场上跑步，有时甚至踏着霜跑。我组织了学校的田径队，参加过几次校际比赛。我还参加了业余拳击比赛，总共打了两场，一场因对方弃权赢了，另一场由于缺乏拼搏精神，以五个点数告负。说真的，当时我只想着要保护好自己的脸。

我认为任何锻炼都有益，还曾去攀过公寓的正面楼壁。

我一生——也许离死还差点儿——都保持着那时练就的发达肌肉，腹肌尤其结实。有时我甚至还耍点儿杂技，我躺在地上，让朋友们跳到我肚皮上。我的另一个专长是比赛腕力，一直到岁数很大了，我还在酒吧或餐馆的桌上与人比试过无数次。

在大学生公寓，我面临着一个无法回避的选择。我的生活环境、当时马德里的文学活动以及我的几位杰出的朋友都对这一选择产生过影响。哪一刻决定了我的一生？今天来看也是难以确定的。

现在我回忆起那个时代的马德里——与后来的时期相比——是相对平静的。重大事件只有摩洛哥的阿布德·埃－克里姆的起义和 1921 年西班牙军队在安努亚尔遭受重创，这一年我正好该去服兵役。在此之前，我在公寓里认识了阿布德·埃－克里姆的兄弟，由于这个原因，有人曾想派我去摩洛哥执行一项使命，我拒绝了。

马德里的炮兵（照片提供：旺代尔）

因为爆发了摩洛哥战争[1]，原先允许富裕家庭交纳一定金额从而减免他们的孩子服兵役的法律，在那一年被终止了。我被分配到一个炮兵团，由于殖民地战争期间该团战绩显赫，才未被派往摩洛哥。然而没过多久，因形势所迫，上级通知我们："我们明天出发。"当天夜里，我十分认真地考虑过开小差。有两个朋友这样干了，其中一个后来在巴西当了工程师。

出发令最终取消了，我在马德里服满兵役，其间没有什么特别的事。我能继续与朋友们来往，除了站岗，允许我们夜间出去，可在家睡觉。就这样过了 14 个月。

当哨兵的那些夜晚我尝到了嫉妒的滋味。在哨兵队里，我们一边盼望别人来换岗，一边合衣而卧，甚至就躺在弹药箱旁边，还要

[1] 摩洛哥战争：1921 年西班牙为维护其在北非摩洛哥的"保护地"，同当地民族力量进行了战争。

忍受臭虫叮咬。而另一边，军曹们则待在炉火正旺的屋子里打牌，手里拿着斟满葡萄酒的精美酒杯。那时我最大的愿望就是当军曹。

在一生中有几个时期我仅记得一个形象，一种感情或者一个印象——我想别人也会有这种感觉——对胡安·森特诺和他不梳理后面头发的憎恶，对军曹们的炉火般的嫉妒。

和我的大多数朋友不同的是，除了令人不快的生活条件、寒冷和枯燥无味之外，我对教会和服兵役保留了一些美好的回忆，在军队里我看到并学到了一些在别处学不到的东西。

取得硕士学位之后，在一次音乐会上，我遇到了我的上尉，他只对我说：

“您是个很好的炮兵。”

西班牙有几年处于普里莫·里维拉家族的独裁下，他是长枪党[1]创始人的父亲。与此同时，工人运动、工会、无政府主义运动同时在发展，西班牙共产党也悄悄诞生了。一次，我从萨拉戈萨回来时，在火车站听说，就在前一天，无政府主义分子在光天化日之下杀害了部长委员会主席达托。我上了一辆马车，马车夫在阿尔卡拉大街指给我看枪弹的痕迹。

另一天，我们很高兴地得知几个无政府主义者——如果我没记错，是由阿斯卡索和杜鲁蒂领导的——暗杀了索尔德维亚·罗梅罗，他是萨拉戈萨的红衣主教，一个令人反感的人物。所有的人都憎恶他，包括我当牧师的叔叔。那天晚上，我们在大学生公

---

[1] 长枪党是西班牙右派政党。

寓里为他的灵魂受到审判干杯庆祝。

此外，我应该说明，那时候我们的政治觉悟还处于僵化状态，尚未开始觉醒。1927—1928 年，在宣布成立共和国前夕，我们当中除了三四个人之外，其他人都没感到要表明自己的政治立场的紧迫性。当时 —— 除了几个例外 —— 我们只是谨慎地注意到最初的几种无政府主义和共产主义的杂志，后者使我们读到了列宁和托洛茨基的文章。

我参加的仅有的几次政治性讨论 —— 也许是马德里当时仅有的 —— 是由马约尔大街“银器咖啡馆”俱乐部组织的。

这个团体不仅在文学生活中，还在马德里的社会生活中起了极其重要的作用。从下午 3 点开始到 5 点为止，或从晚上 9 点开始，不同专业的人们聚集在一起，一个团体可以有八至十五个成员，都是男性。直到 1930 年代初各团体中才出现了最早的妇女成员，而团体的名声也就此受到了一些影响。

在银器咖啡馆聚集了一个政治小团体，我常常能遇见萨姆・布兰卡特，他是阿拉贡人，无政府主义者，为诸如《新西班牙》一类的杂志撰稿。他的激进立场是众所周知的，只要发生什么暗杀事件，第二天警察准找上门把他拘捕，达托遇害后就是这样。

在塞维利亚负责一份无政府主义倾向报纸的桑托拉里亚来马德里时也去参加这个团体的聚会。欧赫尼奥・多尔斯也同样经常出席。

最后我在这里认识了一位怪诞的优秀诗人，名叫佩德罗・卡尔菲亚斯，他能一连五天搜寻一个形容词，我见到他就问：

“你找到那个形容词了吗？”

“没有，我还在找。”他回答道，随即又陷入沉思。

我还记得他的一首题为“朝圣者”的诗，收在他的《南方的翅膀下》一书中：

地平线在他眼前浮动
指间传来沙砾的响声
颤动的肩头
有一个破碎的梦
高山和大海是他的两只猎犬
对着他欢跳不停
高山隐去，海洋跃欲腾空……

卡尔菲亚斯和他的朋友欧赫尼奥·蒙德斯在乌米拉德街合住一间小屋。一天上午，大约11点，我去看他们。卡尔菲亚斯一边漫不经心地与我聊天，一边抓去几只在他胸口漫步的臭虫。

内战期间他发表了一些爱国诗篇，不过我现在已经不那么喜欢了。后来，他移民去了英国，但他对英文大字不识，一个对西班牙语目不识丁的英国人收留了他，可是，这两个人好像能热烈地聊上好几个小时。

和许多西班牙共和派一样，内战之后他去了墨西哥。他差不多成了乞丐，肮脏不堪，走进咖啡馆大声朗读诗歌。他在贫困中死去。

当时，作为行政和艺术之都的马德里还是个小城市。多走些路就能从这头走到那头。人们互相都认识，大家都可能不期而遇。

一天晚上，我和一个朋友来到“卡斯蒂利亚”咖啡馆。我看到咖啡馆内用屏风围起一部分，侍者告诉我们普里莫·德·里维拉[1]一会儿要和两三个朋友来用餐。他真的来了，立即吩咐撤掉屏风，他看到我们时说：

“你们好，小伙子们，来喝一杯吧！”

我还碰到过阿方索十三[2]。当时我刚巧从公寓房间的窗口探出头，我的头发精心上了定型剂，头戴草帽。忽然国王的车在我窗前停下，车里还有司机、助手和另外一个人（年轻时我曾爱上过美丽的维多利亚王后）。国王下车向我问路，他在找一个地址。那期间我虽自认为信奉无政府主义理论，却诚惶诚恐，恭敬地回答了他，还称他为“陛下”。等车开远之后我才意识到刚才我并没有脱帽。这样一来，我的荣誉就保住了。

我把这件事向公寓负责人说了。由于我以好开玩笑出名，他竟派人向宫廷秘书核实我所说的话。

有时在小团体聚会上，当咖啡馆里出现被大家视为不祥的人物时，人们马上低垂目光，沉默起来，表现得很不自然。

在马德里，许多人会不假思索地认为应该避开某些人，因为这些人会带来坏运气。我妹夫——孔齐塔的丈夫认识参谋部的一位上尉，他的出现令所有的同事感到害怕。如果是剧作家哈辛托·格劳——最好不要提他。坏运气似乎莫名其妙地紧紧跟随他。他参加的在布宜诺斯艾利斯举办的一个讲座上，灯具坠落，

[1] 普里莫·德·里维拉（Primo de Rivera）：19世纪末20世纪初任西班牙首相。

[2] 阿方索十三：当时的西班牙国王。

严重砸伤了几个人。

几个朋友看到有几位演员在和我拍完一部电影后死去，就指责我也是不祥之人。我竭力抗议，这是无稽之谈。如果需要的话，我的其他朋友可以来做证。

19世纪末20世纪初，西班牙涌现出一代杰出的作家，他们成为我们思想的宗师，我认识他们中的大多数人，其中包括奥尔特加和卡塞特，乌纳穆诺[1]、巴叶·因克兰及欧赫尼奥·多尔斯，我只列举几位吧。这些人都对我们产生过影响。我甚至还认识伟大的加尔多斯[2]——后来他的作品被改编成电影《纳萨林》和《特丽斯塔娜》，他比其他作家年长许多，属于另一学派。不过说真的，我只见过他一次，那是在他家里，他很苍老，几乎失明，由人搀扶着，膝上围着一条毛毯。

比奥·巴罗哈也是位著名的小说家，但我个人对他丝毫不感兴趣。还想提到安东尼奥·马恰多、大诗人胡安·拉蒙·希梅内斯、豪尔赫·纪廉和萨利纳斯。

声名显赫的另一代人，他们现在全都静静地、眼也不眨地待在西班牙蜡像馆里，人们称之为“二七年一代”[3]，我也是其中一员。这代人中有洛尔卡、阿尔贝蒂、诗人阿尔多拉吉莱、塞尔努达、何塞·贝尔加明和佩德罗·卡尔菲亚斯。

在这两代人之间还有两个我比较熟识的人：莫莱诺·比利亚

---

[1] 乌纳穆诺（Miguel de Unamuno，1864—1936）：西班牙作家，“九八年一代”作家的代表人物之一。

[2] 加尔多斯（Benito Pérez Galdós，1843—1920）：西班牙近代文学大师，被称为西班牙的“巴尔扎克”。

[3] “二七年一代”：指1920年代西班牙一批年青作家，他们以1927年集会提出的文学宣言为标志，探索新的表现形式。

和拉蒙·戈麦斯·德·拉·塞尔纳[1]。

莫莱诺·比利亚虽然比我大15岁（他和贝尔加明、毕加索都是马拉加人），但他和我们这群人在一起，常常和我们一同外出。有一阵子情况特殊，他就住进学生公寓。1919年爆发了流感，那场可怕的西班牙流感夺去了许多人的生命，在此期间，公寓里只剩下我们俩。莫莱诺是个颇有才气的画家和作家，借过我一些书，在流感盛行期间我就读着向他借来的《红与黑》。那时我还通过《腐朽的巫师》知道了阿波利奈尔。

在一起度过的那几年中，我们结下了深厚的友谊。1931年共和国宣布成立后，他们任命莫莱诺·比利亚管理王宫图书馆。后来内战期间他迁往巴伦西亚，像许多有些声望的知识分子一样，他也被撵走了。我们曾先在巴黎，后又在墨西哥相遇，1955年他在那里去世。他经常来看我，我还保存着1948年他在墨西哥为我画的肖像，当时我没有工作。

下面我借机谈谈拉蒙·戈麦斯·德·拉·塞尔纳，因为数年之后我差点和他一起开始我的电影生涯。

在大学生公寓的那几年，戈麦斯·德·拉·塞尔纳可是个大人物，或许是西班牙文学界的泰斗。他写过很多作品，为各种杂志撰稿。他曾应一些法国知识界人士之邀在巴黎的一个马戏场露面。弗拉特里尼一家也在那里表演。拉蒙骑在象背上，要朗诵几段他的杂感。第一句话还没说完，观众突然放声大笑。拉蒙被这种效果惊呆了。其实他没有注意到这是因为大象刚刚在舞台中央方便了一下。

---

[1] 拉蒙·戈麦斯·德·拉·塞尔纳（Ramón Gómez de La Serna, 1888—1963）：西班牙"1900一代"最年轻的作家，著有《马戏团》《香味女人》等。

每星期六从夜里9点到凌晨1点，戈麦斯·德·拉·塞尔纳都在离太阳门几步远的“鲍姆勃”咖啡馆召集他的聚会。我从不缺席。聚会上我能见到我的大多数朋友及其他人。有时豪尔赫·路易斯·博尔赫斯也来参加。

博尔赫斯的妹妹嫁给了吉耶尔莫·德·托雷。他是个诗人，尤其是一位批评家，他深深了解法国先锋派，并曾是西班牙“极端主义”流派的最重要的成员之一。他尊崇马里内蒂[1]，与他不谋而合地认为一辆火车机车比委拉斯凯兹[2]的一幅画更美，因而他写出以下诗句也就不足为怪了：

我希望给爱人
一架水上飞机的硕大的螺旋桨……

马德里最主要的文学咖啡座有“希洪”咖啡馆，它至今尚在，以及“格兰哈·德·埃纳尔”“卡斯蒂利亚”、“弗尔诺斯”、“库兹”、“山脉”咖啡馆——那里不得不经常更换小圆桌，因为画匠们把它们弄得很脏（每天下午课后，我都去那里继续学习），戈麦斯·德·拉·塞尔纳每星期都在鲍姆咖啡馆发表权威性讲话。我们来到咖啡馆，彼此寒暄，坐下点饮料——几乎总是点咖啡和水（侍者不停地送水），然后开始漫谈，评论最新出版的作品、讲座，以及政治新闻，相互借阅外国书刊并批评那些缺席者。有时一位作者高声朗诵一首诗或一篇文章，拉蒙就发表意见，他总是认真地听，有时也发表异议。时间过得飞快。我们几个朋友曾经多次漫

[1] 马里内蒂（Filippo Tommaso Marinetti，1876—1944）：意大利文艺理论家。
[2] 委拉斯凯兹（Diego Velázquez，1599—1660）：西班牙18世纪著名画家。

步街头并不停地谈论。

诺贝尔奖获得者、神经科专家圣地亚哥·拉蒙·伊·卡哈尔是他所处的那个时代最伟大的智者之一，每天下午他都到普拉多咖啡馆，独自坐在靠里面的一张桌子前。在隔开几张桌子远的地方，一群极端主义诗人正在聚会，我也是其中的一员。

我们的朋友，记者兼作家阿尔吉斯坦（后来在内战期间他是驻巴黎的大使）一次在街头撞见一个名叫何塞·玛丽亚·卡雷特洛的家伙，这是个拙劣的小说家，一个身高两米的巨人，常用“无畏的骑士”为笔名。卡雷特洛揪住阿尔吉斯坦的衣领大声咒骂，同时把我们这位朋友写的、对他十分不利的文章（写得极为有理）摔在他脸上。阿尔吉斯坦回敬他一记耳光，路上行人不得不把他们拉开。

这件事在文学圈子里引起相当的轰动。我们决定举行一次宴会，向阿尔吉斯坦表示敬意并征集签名支持他。一些极端主义派的朋友们知道我认识自然历史博物馆的卡哈尔（我在那里的昆虫部为他使用的显微镜准备血小板），他们就请我去向卡哈尔征求签名，因为这个签名将是最有影响力的。

我照办了。然而年事已高的卡哈尔拒绝签名，借口说他经常与“无畏的骑士”合作，而且 ABC 报将刊登他的《回忆录》，他担心如果签了名，这家报纸会取消合同。

我也曾同样地拒绝在别人拿给我的请愿书上签名，尽管我的理由不同。那些签名的纸张除了抚慰良心没有别的用处，我知道我这种态度会引起非议，因此如果我出了什么事，被投入监狱或失踪了，我不要任何人为我签名。

阿尔贝蒂[1]、洛尔卡[2]、达利[3]

拉法埃尔·阿尔贝蒂生于加迪斯附近的普埃多·德·桑塔·玛丽亚，是我们这群人中一位伟大的人物，他比我小——如果没记错的话，比我小两岁，一开始我们都把他看成是画家。他的一些金色调的绘画曾装饰过我卧室的墙壁。一次喝酒的时候，另一位朋友达玛索·阿隆索（西班牙皇家科学院现任院长）对我说：

“你知道谁是大诗人吗？阿尔贝蒂！”

看到我吃惊的样子，他递给我一张纸，我读了上面的诗，至今还记得诗的开头：

被判死刑的夜晚
伏在一棵树做的断头台上
欢乐跪倒在地
吻他，在他的凉鞋上涂圣油……

当时，西班牙的诗人们都绞尽脑汁寻找具有概括性的而且出乎意料的形容词，像《被判死刑的夜》以及令人惊奇的词，比如《夜晚的鞋》。我一看就非常喜欢这首诗，后来它刊登在《地平线》杂志上，这是标志着阿尔贝蒂崛起的诗歌。我们的友谊日益加深，在大学生公寓这几年，我们形影不离，后来在内战初期我们在马德里

---

[1] 拉法埃尔·阿尔贝蒂（Rafael Alberti）：西班牙著名诗人。

[2] 费德里科·加西亚·洛尔卡（Federico Garcia Lorca）：西班牙著名诗人，剧作家，西班牙内战期间被长枪党杀害。

[3] 萨尔瓦多·达利（Salvador Dali）：西班牙著名超现实主义画家。

又见过面。之后阿尔贝蒂曾住在莫斯科，受到斯大林的嘉奖，佛朗哥统治时代他居住在阿根廷和意大利，现在他又回到了西班牙。

贝宾·贝略[1]为人和善，难以捉摸，韦斯卡加的阿拉贡人，从来没及格过的医学专业学生，马德里自来水公司经理的儿子，既非画家也非诗人。他是我们难舍难分的朋友。对他没什么太多好说的，不过1936年战争开始的时候，他总是在马德里散布坏消息："佛朗哥来啦，他就要渡过曼萨娜雷斯河了。"他的兄弟马诺洛被共和派枪毙了，战争快结束时，他躲进了一个外国使馆。

诗人伊诺豪萨来自马拉加地区一个富裕的地主家庭（又一个安达露西亚人），他的诗歌既大胆又现代，但在信念和政治表现上他则是一个保守派，他与拉马米耶·德·克莱拉克的极右翼党派关系密切，后来他被共和派枪毙了。我们在大学生公寓相识的时候他已出版了两三本诗集。

费德里科·加西亚·洛尔卡是比我晚两年来到公寓的。他来自格拉纳达[2]，他是由社会学教师堂·费尔南多·德·洛斯·里奥斯推荐来公寓的。当时他已发表了一部散文集《印象与风景》，书中记述了他和费尔南多及其他安达露西亚学生的旅行。

他聪颖、和善，举止一向十分优雅，领结打得无可挑剔，目光深沉、明亮。洛尔卡有一种吸引力，一种无人能够抗拒的魅力。他比我大两岁，是一名乡间富绅的儿子。最初他到马德里学哲学，但不久就丢弃主课，投入文学生涯。不久他就认识了大家，而大家也都认识了他。他在大学生公寓的房间成为马德里最令人向往的一个聚会场所。

---

[1] 贝宾·贝略（Pepín Bello，1904—2008）：西班牙作家，"二七年一代"成员。

[2] 格拉纳达：西班牙南方历史名城。

我们从第一次相见时起，就结下了深厚的友谊。尽管我们之间形成绝对的反差，粗劣的阿拉贡人和优雅的安达露西亚人的反差——或许正因为有这种反差——我们总是走在一起。晚上，我们去公寓后面的一个空地（那时田野一直延伸到地平线处），坐在草地上，他给我读他写的诗，他念得庄重、严肃。在与他交往的过程中，在他日复一日向我展示的那个新天地面前，我渐渐地变了。

有人告诉我，一个叫马丁·多明戈斯的巴斯克来的家伙断言洛尔卡是个同性恋者。我无法接受这个说法，那时马德里只有两三个鸡奸者，绝没有什么理由猜测洛尔卡是这种人。

在饭厅里，我们并肩坐在校长餐桌前，那天乌纳慕诺、欧赫尼奥·多尔斯和我们的负责人阿尔贝托坐在我们前面的主桌上。喝过汤之后，我低声对洛尔卡说：

“我们出去一下，我必须对你讲一件严重的事情。”

他有点儿吃惊，同意了，我们就站起身。

长辈们同意我们提前离开，我们来到附近一家小酒店，一进门后我就告诉洛尔卡：“我要和巴斯克人马丁·多明戈斯打一场。”

“为什么？”洛尔卡问我。

我犹豫了一下，不知怎么表达我的意思，就唐突地、直截了当地问他：

“你真是个同性恋者吗？”

他被极度地伤害了，站起来说：

“你我的关系算完了。”

他就走了。

当然，当天晚上我们就和好了。洛尔卡既没有女人气，也没有女性的痕迹。他既不喜欢这种滑稽的模仿，也不喜欢这类玩笑，

费德里科·加西亚·洛尔卡（左）与布努埃尔 1924 年在马德里狂欢节（照片提供：乔治·萨杜尔档案馆）

就像阿拉贡曾讲过的那种话；那是几年之后，阿拉贡来到马德里在公寓开会，他想激怒负责人（他的目的完全达到了）便问负责人："您是否知道哪个感兴趣的小便池？"

我和洛尔卡，或者还有别的伙伴在一起，度过了难忘的时光。洛尔卡使我认识了诗歌，特别是西班牙诗歌，他对此深知熟解。当然还有其他的书籍，比如：他让我读过《金色神话》，这是我遇到的第一本关于"文体学家"圣西门的书，后来被拍成影片《沙漠中的西蒙》。洛尔卡并不信奉上帝，但是他保留着一种对宗教的伟大的艺术情感。

我保存着一张我们坐在一个摄影师的纸板摩托车里的照片，那是在 1924 年马德里圣·安东尼奥的露天舞会上拍的。凌晨 3 点（我们俩全喝醉了）洛尔卡在照片的背面用了不到三分钟即兴写下一首诗，然后把照片给了我。岁月在不断地、一点一点地抹掉这铅笔笔迹，我怕失去这首诗，就把它抄了下来。诗是这样写的：

在弗洛里达的圣·安东尼奥
上帝送来了第一场露天晚会
路易斯，在迷人的清晨
唱起我永不凋谢的友情
月亮的光芒
穿过高空中平静的云
转换着绿色和黄色的夜晚
使我的心闪闪发亮
路易斯，我满怀炽烈的友情
编织出一股股微风
孩子在悲哀地抚琴
没有一丝笑容
在层层弓弦下
握紧你友谊的手

后来在 1929 年，他又在赠给我的一本书上题了几行诗，也是没有发表过的，但我十分喜欢这首诗：

黄色的田野
蓝色的天

黄色的田野
蓝色的山

荒原上

一棵橄榄树在摇动

一棵孤独的

橄榄树

萨尔瓦多·达利是费格拉斯一位名门之后，比我晚三年到大学生公寓。他想专修美术，而我们不知为什么，称他为捷克斯洛伐克画家。

一天早晨，我路过他的房间，见门开着就往里扫了一眼。他正在给一幅巨大的肖像画添最后几笔，我很喜欢这幅画，立刻就告诉了洛尔卡和其他人：

“捷克斯洛伐克画家正在完成一幅非常美的肖像。”

大家都赶到他的房间，十分赞赏那幅画。于是，达利被我们接纳，加入了我们的小团体。说实话，达利和洛尔卡是我最好的朋友。我们三人总在一起。洛尔卡对达利确实热情，但达利却常常无动于衷。

达利是个胆怯的青年，声音浑厚，头发很长，后来剪短了。他是一个活生生的对生活常规的挑衅者，他身着奇装异服，戴一顶大帽子，长长的围巾，一件盖住膝盖的西装，下面还打着绑腿。他给人的印象是，他的这身打扮意在触犯众怒。其实事情很简单，他这样穿着就是因为他喜欢，而这就难免有几次在大街上遭人羞辱。

达利也写诗，而且他的诗还发表了。1926 年到 1927 年间，年纪尚小的达利就和贝那多·伊·比涅斯等画家一起参加了马德里的一次画展。6 月份，在他参加进入美术系的考试时，面对为他进行面试的考官，他突然喊起来：

“我不承认你们有权考我，我走了。”

他真的走了。他父亲从加泰罗尼亚[1]赶到马德里想尽力与学校领导把事情处理妥当，结果没用。达利被驱逐了。

我不能把受教育那些年中每一天的所见所闻都讲清，我们的神侃，我们的功课、散步、醉酒、逛马德里的妓院（无疑是世界上最好的），还有在公寓举办长时间的晚会。爵士乐使我着迷，我甚至开始弹六弦琴了。我买了一部电唱机和几张美国唱片，我们一边狂热地听唱片，一边喝我自己调制的朗姆酒（公寓里禁止饮酒）。我们经常演出话剧，而总是演索里亚的《唐·璜·特诺里奥》，我现在还记得台词。我保存了一张我演唐璜，洛尔卡演雕像的照片，这是第五场戏。

我还组织过我们称为“春天的沐浴”的活动，说来愚蠢，就是把一桶水浇到每个人头上。看到影片《欲望的隐晦目的》中费尔南多·雷依在车站站台上浇了卡洛里·布盖一身水，阿尔贝蒂可能会想起“春天的沐浴”。

聚众胡闹是西班牙特有的一种行为，包括冒犯他人，男人间言行无礼，自得其乐。我曾有几次卷入其中，主要是在公寓生活的时候，可我立刻就后悔不迭。举个例子，我曾很喜欢《冰宫》里的一个女舞蹈演员，她举止优雅可爱，因为不认识她，我就称她为“金发美人”，我经常去那个舞厅，只为了看她跳舞。她经常表演，但不是专业舞蹈家。一天，达利和贝宾·贝略听我不住地谈她，听得厌烦了，决定和我一同去看她。“金发美人”当时正和一

[1] 加泰罗尼亚为自治区，首府是巴塞罗那。

个神情严肃、留小胡子戴眼镜的家伙跳舞，我给他起了个绰号，叫“大夫”。

达利说他极度失望，问我为什么烦扰他。那个“金发美人”既不迷人，也不优雅。

“那是因为她的舞伴不是个东西。”我答道。

我起身走近那个姑娘和“大夫”刚坐下来的那张桌子，对他说：

“我和两位朋友专门赶来看这位小姐跳舞，可您使她跳得很糟。别再跟她跳了，就这样。”

我转身回我们的桌子，等待着头顶飞来一只酒瓶，这在当时是司空见惯的。可是什么事也没发生。那个“大夫”一声不吭地起身同别人跳舞去了。我感到羞愧和后悔，又走到“金发美人”面前说：

“我对刚才的事很抱歉。我跳得比他还糟。”

这是真话。当然我从没有和“金发美人”跳过舞。

夏季，当西班牙人出去度假的时候，一批批美国教师来到大学生公寓，他们还带着妻子，其中有的女人十分漂亮。她们进修西班牙语，校方为这些人安排了会议和参观，如：在门厅的布告牌上能看到“明日由亚美利哥·卡斯特罗带队参观托莱多”的字样。

有一天，牌上写着：“明日由路易斯·布努埃尔带队参观普拉多[1]。”一大群美国人跟着我去博物馆，他们丝毫不怀疑有人会骗他们，这使我第一次观察到美国式的无知。带领他们走过博物馆

[1] 普拉多：西班牙马德里“普拉多艺术博物馆”。

大厅的时候，我突发奇想信口开河，说戈雅曾做过斗牛士并与阿尔瓦公爵夫人保持着不正当的关系，说贝鲁盖特的《宗教法庭的判决》是大师之作，因为那上面有一百五十多个人物，众所周知，绘画作品的价值是由人物多少决定的。这帮美国人严肃认真地听着，有几个甚至在做笔记。

不过后来有些人去向负责人抱怨了。

催眠术

那时候，我自觉地练习起催眠术。我曾轻而易举地使不少人入睡，特别是对一个叫里兹卡诺的公寓会计助手，我能让他目不转睛地盯着我的手指。有一次我费了好大劲才把他叫醒。

后来我读了一些关于催眠术的比较严肃的书籍，并尝试过各种方法，但从来没碰到过像拉法埃拉那样奇怪的情况。

当时在王后大街一家相当不错的妓院，有两个十分迷人的姑娘，一个叫洛拉·马德里，另一个叫特莱西达。

特莱西达有一个“心爱的人”[1]，叫贝贝，是个粗壮但挺和气的巴斯克人，是学医的。一天下午，在阿尔卡拉街靠佩利格罗斯拐角的“弗尔诺斯咖啡店”，我正在一群医科学生的聚会上喝酒，突然有人赶来告诉我们，在莱昂诺尔家（这就是那家妓院的名字）刚有场好戏。以前，贝贝对特莱西达丢开他去照应别的顾客一向熟视无睹。但当他获悉特莱西达已彻底地投靠了另一个人时，他承受不了这个打击，变得像头野兽，他赶到妓院去揍水性杨花的特莱

[1] 原文为法文。

西达。

这些医科学生立即赶往莱昂诺尔家，我也跟着他们去了。我们看到特莱西达哭成个泪人，简直到了精神崩溃的边缘。我望着她，和她说话，握住她的双手，让她平静下来睡觉。她这样做了，立刻进入一种半睡眠状态，她除了我，任何人的话都不听，也不回答。我说着安慰她的话，缓缓地使她恢复镇静并醒来。这时有人进来并讲了一件令人吃惊的事：我给特莱西达施催眠术的时候，在厨房干活的洛拉·马德里的妹妹拉法埃拉突然也睡着了。

我赶到厨房，看见确实有一个姑娘正处于梦游状态。她有些发育不良，微微驼背还斜视。我坐到她面前，对她使用几种催眠手法，轻轻和她说话并把她唤醒。

拉法埃拉这件事实在奇特。有一天，正当我路过妓院门口时，她摔倒了。我能肯定这一切都是真的，并试验过各种可行的方法。我们一起做过许多试验，甚至用一边和她说话，一边用手轻抚腹部的方法治好了她的尿潴留。不过最惊人的是在弗尔诺斯咖啡馆舞台上做的实验。

认识拉法埃拉的医科学生并不信任我，就像我不信任他们一样。为了防止他们做手脚，我丝毫没讲准备做什么。我坐到他们的桌前——弗尔诺斯咖啡馆离妓院只有两分钟的路——我开始全神贯注地想着拉法埃拉，命令她——但没说出来——到我这儿来。十分钟后，拉法埃拉出现在店门口，目光游移不定，也不知道自己在哪里。我命令她坐在我身旁，她听从了。我同她说话，使她平静，她就慢慢苏醒了。

七或八个月之后，拉法埃拉死在医院里。我肯定这是真的。她的死使我深受震动，我不再练催眠术了。

但是我一生中常以让桌子跳舞为乐，并不探寻其中有什么超自然能力。我曾见过桌子遵从在场者的一种磁力，升起来并浮动。我还曾见过某些在场者，尽管未注意或怀疑一些反应，但只要他们感受到这些反应，桌子就能准确地做出来。这是一种轻微的自动运动，是潜意识作用的物理现象。

我还常常专心于猜谜游戏。例如谋杀游戏：在一个有十余人的房间里，我挑选一位特别敏感的女人（只要做两三次试探就能发现这种人）。我要其他人从他们当中选一个凶手和一个受害者，并把凶器藏在某个地方。他们选择时我离开房间，然后我返回来，他们蒙住我的眼睛，我拉住那位妇女的手在房间里缓缓走一圈，一般情况下——不总是这样——我很容易地就发现了被指定的两个人和藏起来的凶器；那位妇女不知道，我正是被她手上那些极细微的难以觉察的压力所引导才发现的。

还有一种更为困难的游戏：我离开一个与上述条件一样的房间。每个在场的人都应该选择并触摸在房间里的一件东西——家具、图画、书、饰品——要尽量找出与这件物品的切实的关联或类似之处，不要轻率选择。当我回来时，要猜出每个人选的是什么。这是思维和本能的结合，或许还有心灵感应。战争期间在纽约时，我经常和流亡美国的超现实主义团体的几位成员做这个实验，他们是安德烈·布勒东、马塞尔·杜尚、马克斯·恩斯特以及坦圭伊。有几次我全猜对了，而其余的都出了差错。

最后一个回忆：一天晚上，在巴黎塞莱克特酒吧，克洛德·雅杰尔和我十分粗暴地把顾客都赶跑了，只有一个女人留在那里，我已颇有醉意，坐到她面前，我立即对她说出她是俄国人，从莫斯科来的。我还补充了其他细节，都是准确的。那女人惊呆了，我也一样，因为我是第一次见到她。

我认为电影对观众也有某种催眠力量。只要看看那些刚看完电影，走到街上的人们就可证明这一点：他们沉默不语，垂着头，神思不定。而观看戏剧、斗牛和体育比赛的人则表现得精力充沛，热情十足。电影的催眠作用首先因为放映厅是黑暗的，另外镜头和光线的转换及摄影机的运动削弱了观众的判断力并使之为它特有的迷惑力所强制。

既然在回忆马德里的朋友们，那我也要提一提胡安·内格林。他后来任共和国部长会议主席。内格林曾留学德国，是位出色的哲学教授。有一天，我想在他面前为我的朋友、医学课总不及格的贝宾·贝略求情，但白费了劲。

我还想起伟大的欧赫尼奥·多尔斯，他是加泰罗尼亚的哲学家，巴罗克艺术的宣扬者（在他看来，这是生活和艺术的基本趋势，而不是一个转瞬即逝的历史现象），创作了那句我经常借以回答不惜一切追根究源者的名句：“一切不是来自传统那便是抄袭。”我一直认为这一悖论包含深刻的哲理。

多尔斯曾在巴塞罗那的一个工人学院授课，来到马德里后他感到有点不自在，于是他喜欢时常和公寓的大学生们来往，而且不时地参加希洪咖啡馆的小聚会。

那时马德里有一片荒废的墓地，我们伟大的浪漫主义诗人拉腊就葬于此，这里生长着百余棵世上最美的松柏，这就是圣·马丁圣礼墓地。我们这伙人决定在一天晚上和多尔斯一起去参观墓地，下午我就为参观做准备，给了看管人十个比塞塔。

夜幕降临，在皎洁的月光下，我们默默地走进荒弃的墓园。我看到在几级台阶之下一个半开的墓穴，借着一线微光看到一副棺材的顶盖微微翘起，一缕女人的脏乱干枯的头发从裂缝中耷拉出来。这场面使我震惊，我叫其他人一起来到这个墓穴前。

明月辉映的这缕头发曾在《自由的幽灵》中给我启迪，这是我一生所见的最令人毛骨悚然的形象之一。

何塞·贝尔加明是个瘦削机敏的马拉加人，是毕加索的朋友，后来也成为马尔霍的朋友，他比我大几岁，那时已是颇有名气的诗人和杂文作家，娶了前部长的公子、喜剧作家阿尔尼奇的一个女儿（阿尔尼奇的另一个女儿嫁给了我的朋友乌加尔特）。贝尔加明潜心雕琢，钻研文字游戏、悖理以及像唐·璜和斗牛活动这样的西班牙古老的神话传说。那个时期我们很少见面。后来在内战期间我们成了好朋友。而后的1961年当我返回西班牙拍摄《比里迪亚娜》时，他给我写了一封热情洋溢的信，把我比作安泰[1]，说一旦我接触故土就会重新获得力量。像许多人一样，他在外流亡很长时间。最近几年我们经常见面。他住在马德里，继续写作和斗争。

我同样很愿意回忆乌纳慕诺这位萨拉曼卡的哲学教授。像欧赫尼奥·多尔斯一样，他经常来马德里走访我们，这里当时发生了许多事情。他曾被普里莫·德·里维拉流放到加纳利群岛，后来，他流亡巴黎时我见过他。他是个杰出的人，但严肃庄重也相当学究气，没有一点幽默感。现在我想谈谈托莱多。

[1] 安泰：希腊神话中的大力士，从母亲大地身上吸取力量。

托莱多团[1]

大约是在 1921 年——由语言学家索拉林德陪着——我初次走访了托莱多城。我们从马德里乘火车去，在那里逗留了两三天。记得看了一场《唐·璜·特诺里奥》，还在妓院参加了一个晚会；由于我一点也不喜欢跟着我的那个姑娘，就给她施了点催眠术，让她去敲语文学家的房门。

从第一天起我就被托莱多迷住了，不仅因为城中有美景，而且因为它那难以防守的地势。我时常和公寓的朋友们一起回到那里，在 1923 年圣·何塞日那天我建立了"托莱多团"，自我委任为统帅。

这个"团"举行活动并不断吸收新成员，直到 1936 年。贝宾·贝略是秘书，该团的创建人有洛尔卡和他的弟弟巴奇多、桑切斯·本图拉、佩德罗·卡尔菲亚斯、奥古斯多·卡斯特诺、巴斯克画家何塞·乌兹拉伊和唯一的一名妇女，即备受称赞的恩内斯蒂娜·冈萨雷斯，她是在萨拉曼卡的乌纳慕诺的弟子，是一名图书馆管理员。

接下来是骑士们。那名单上都是老相识，有埃尔南多、伊·鲁路·比涅斯、阿尔贝蒂、乌加尔特、我妻子让娜、乌尔戈蒂、索拉林德、萨尔瓦多·达利（后面标注他"被贬级"）、伊诺豪萨（"被枪杀了"）、玛丽亚·特雷萨·莱昂——阿尔贝蒂的妻子以及法国人雷内·克莱维尔和皮埃尔·尤尼克。

更低一级是持盾侍从，其中有豪尔赫斯·萨多尔，罗赫尔·德索米雷斯和他妻子科莱特，摄影师埃利·洛泰尔，马德里法

[1] 托莱多团是借用了古代西班牙骑士等级编制的名称，当时是荣誉的象征。

兰西学院院长的女儿阿列特·莱亨德雷，画家奥蒂斯和阿娜·玛丽亚·古斯托迪奥。

“特邀盾牌侍从的首领”是莫莱诺·比利亚，后来他为“托莱多团”写了一篇了不起的文章。“特邀盾牌侍从”的成员有四个人，最后一级，方队的末尾是“特邀的特邀盾牌侍从”，胡安·彼森斯和马尔塞利诺·帕斯瓜。

要想晋升到骑士级必须毫无保留地热爱“托莱多团”，至少要在一整夜喝得酩酊大醉并满街游荡。那些喜欢早早就寝的人最多只能得到盾牌侍从头衔。至于“特邀”和“特邀的特邀”我就不用说了。

我就不像其他的创建人一样，我是在一次奇遇之后决定创建“骑士团”的。

两群朋友在托莱多偶然相遇，就跑遍酒店痛饮。我跟着一帮人，喝得醉醺醺的，在教堂的哥特回廊里游荡，忽然听到千百只鸟鸣，有声音告诉我，我应该即刻加入卡门教派，这样做不是为当教士而是要去偷修道院的宝匣。

我去了修道院，看门人打开门，走出一个修士。我对他讲了我想成为修士的急迫热烈的愿望，而他无疑已闻到了我的酒气，他把我送出大门。

第二天我就决定建立“托莱多团”。

团规很简单：每人向公共钱匣投十个比塞塔，就是说付给我十比塞塔的食宿费，然后必须尽可能经常去托莱多并准备好经历最难忘的事情。

我们落脚的地方大多是“血客栈”，它离常规的旅馆很远，塞万提斯笔下的“尊贵的女佣”就住在那里。客栈从那个时代起几

“托莱多团”，从左至右：萨尔瓦多·达利、玛丽亚·路易莎·冈萨雷斯、路易斯·布努埃尔、胡安·彼森斯以及伊诺豪萨；坐者：莫莱诺·比利亚（拍摄于战争期间）

乎没有什么变化：圈里的驴子、车把式、脏兮兮的床单，还有些学生。当然这里也有活水，而这一点相对而言也是重要的，因为“骑士团”的成员在圣城逗留期间是禁止沐浴的。

我们差不多总是在位于城外像“西北风”这样的小酒店吃饭，总是要夹猪肉的饼、一只石鸡和叶佩斯白葡萄酒。在步行返回的路上我们必定要在贝鲁克特雕刻的塔维拉主教墓前稍作停留。在主教的遗体雕像前沉吟片刻，雕像雪白，死者面颊苍白凹陷这一细节，在尸体腐烂前的一两个小时被雕塑家捕捉到了。这张面孔在《特丽斯塔娜》中出现过，卡特琳·德纳芙弯腰望着这个一动不动的死神形象。

然后我们来到城里，在街道的迷宫中丧失方向，寻求冒险。一天，一个盲人把我们领到他的家中，并向我们介绍了他的盲人家庭。房内没有一盏灯。但是四壁上贴着墓地风景的画，是用头发制成的，陵墓和松柏都是发丝做成的。

有时候，在朦胧醉意中，我们亲吻大地，登上教堂的钟楼；去唤醒一位上校的女儿，我们知道她住在哪里；在深夜聆听从圣·多明各修道院传出的修女和教士们的吟唱。我们沿街游荡，这座西班牙古都，伊比利亚、罗马、西哥特、犹太和天主教的城市的街墙间回荡着我们高声诵诗的声音。

一天深夜，大雪纷飞，乌加尔特和我正在街头乱转，忽然听见孩子们在唱弦板重唱，歌声不时中断，传来嬉笑和老师严厉的声音，随后歌声又响起来。

我踩住朋友的肩膀攀到了一扇窗前，可是声音突然消失，我眼前只见一片黑暗，什么也听不到。

我们还有其他一些不太离奇的经历。托莱多有一所士官生学院。如果一个士官生和一个平民发生纠纷，士官生的同志们就会同仇敌忾狠狠地报复那个胆敢同他们的人较量的无礼家伙。他们的确令人生畏。有一天，我们在街头碰到两个士官生，其中一个拉住阿尔贝蒂的妻子玛丽亚·特雷萨的胳膊说："你可太够味了！"她受了侮辱，怒斥他们。我上前保护她，挥拳把他们俩打翻在地，皮埃尔·尤尼克过来帮我，也不管他们已倒在地上，踹了其中一个人一脚。我们没什么可夸耀的，因为我们有七八个人，而他们只有两个。我们走开了，这时，两名刚才在远处看到这场打斗的警察赶上来，没有斥责我们，反而告诫我们说，要尽快离开托莱多，以免士官生们报复。我们没有听他们的，而且这一次也没发生什么事。

记得我和洛尔卡在"血客栈"有过以下这样的交谈。一天早晨，我突然用柔和的腔调对他说：

"费德里科，我绝对有必要对你说实话，是关于你的实情。"

他让我说了一会儿，然后问道：

"你说完了？"

"好吧，现在轮到我了。我要告诉你我是怎么看你的。比如：你说我懒散，绝不是这么回事，其实我并不懒，我……"

他谈论自己，讲了有十分钟。

自从 1936 年佛朗哥占领托莱多之后（那些战斗摧毁了"血客栈"），我就不再去这座城市了，直到 1961 年我返回西班牙，才故地重游。莫莱诺·比利亚在一篇文章中讲述了在内战初期，马德里的一个无政府主义者的支队在搜查时，在一个人的抽屉中翻出两份"托莱多团"的证书。保留着这一头衔的不幸家伙费了好大的劲儿才解释清楚它不是真正的贵族头衔。这件事差点要了他的命。

1963年，在俯临托莱多和塔霍河[1]的一座山上，我回答了安德烈·拉巴尔特和让尼奈·巴赞为法国电视台准备的一台节目所提出的问题，自然少不了这个经典的问题：

"您认为法国文化和西班牙文化之间有些什么关系？"

"回答很简单，"我说，"西班牙人，比如我，了解一切法国文化，而法国人，对西班牙文化则一概不知。例如这位卡里叶先生（他当时在场）。他曾是历史教授，可是直到来这里之前，直到昨天，他还以为托莱多是一种摩托车牌子。"

一天，洛尔卡在马德里邀我同刚从格拉纳达来的作曲家曼努埃尔·德·法亚[2]一起吃午饭。费德里科向他打听他们的一些朋友的情况，得知一位叫莫尔希略的安达露西亚画家十分出色。

"几天前我还去过他家。"法亚说。

于是他讲述了下面这件事，我认为这反映出我们这些人共有的某种倾向。

莫尔希略在画室里接待了法亚。作曲家观看了画家展示给他的所有的画，并对每一幅都毫无保留地夸赞一句。而后他看到地上有一些画布面朝墙搁着，就问能不能也看看。画家说不行。那是一些他不喜欢的画，不想拿给别人看。

法亚坚持要看，画家终于被说服了。他不太情愿地翻过其中一幅画，说：

"您看，一文不值。"

法亚表示反对。他觉得画很有意思。

"不，不，"莫尔希略答道，"我喜欢总体的构想，一些细处也

---

[1] 塔霍河是西班牙最长的河流。

[2] 曼努埃尔·德·法亚（Manuel de Falla）：西班牙音乐大师，作品有《着了魔的爱》等。

相当不错，不过背景不成功。”

“背景？”法亚问，一边凑近了看那幅画。

“是的，背景、天空、云彩。这些云彩一无是处，您不觉得吗？”

“确实这样。”作曲家最终同意道，“您可能有道理，也许这些云没有高出其他景物。”

“您这样认为吗？”

“是的。”

“那么您看好，”画家于是说道，“其实那些云彩正是我最喜欢的，是我近几年画得最好的。”

一生中，我见到过不少这种表现，但多少还有所掩饰的例子，我称之为“莫尔希略主义”。我们每个人多少都有点“莫尔希略式”。雷萨热在《吉尔·布拉斯》中通过格拉纳达主教这个奇妙的人物向我们展示了这种态度的典型状况。“莫尔希略主义”产生于对夸赞的贪婪的渴望。用尽所有可能的赞美，而后引起批评——一种用常规衡量的批评——不能说没有一点受虐狂的性质，以此作为掩饰，使不谨慎者理亏词穷。

那些年马德里新开了几家电影院，吸引着日趋热心的观众。有几次我们是带着女朋友去影院的，目的就是为了能在黑暗中靠近她们，这样一来，每部影片都变得精彩了，还有些影片是和大学生公寓的朋友们一起去看的。在这种情况下，我们比较爱看吸引人的美国喜剧片，喜欢如本·特平、哈罗德·劳埃德、巴斯特·基顿、麦克·塞纳特小组的所有喜剧演员。我们不太喜欢卓别林。

那时电影还只是一种消遣。我们当中没有一个人想过它是一种新的表现方式，更不要说是一门艺术了。人们只提诗歌、文学和绘画。那时我从未想过有朝一日我能成为电影工作者。

我和其他人一样也写诗。第一首诗刊登在《极端》(也许是《地平线》)杂志上，题目是“配乐曲”，表现了三十种乐器，每一种写了几行或几节诗。戈麦斯·德·拉·塞尔纳向我表示了热烈祝贺。当然他应该从诗中很容易地看出他的影响。

比较而言，我认同的艺术运动是“极端主义”，它力图做艺术表现的急先锋。我们知道达达和高克铎，也很崇拜马里内蒂。那时超现实主义尚未诞生。

我们合作创办的最重要的杂志叫《文学报》，主编是戈麦斯·卡瓦耶洛[1]，它登载过“二七年一代”所有作家的作品及老一辈作家的作品，也接受过一些我们不认识的加泰罗尼亚诗人的创作，还有葡萄牙的，感觉上这个国家离我们比印度还远。

我欠希梅内斯·卡瓦耶洛很多人情，他今天仍住在马德里。不过我们的友谊因政治问题受到损害。这位《文学报》主编不肯放弃重振西班牙大帝国的希望，服从于法西斯势力。十几年后在内战爆发前夕，当每个人都在选择阵营的时候，我在马德里北站的月台上看见了希梅内斯·卡瓦耶洛，我们擦肩而过没打招呼。

我曾在《文学报》上登过其他诗歌，后来又从巴黎寄去过几篇影评。

与此同时，我继续进行体育活动。一个叫洛伦萨那的业余拳击冠军把我介绍给伟大的约翰逊，这位黑人像老虎一样帅，曾经好几年夺得世界拳击冠军。据说，他的最后一场比赛有作弊，为

---

[1] 在下面的章节中，戈麦斯·卡瓦耶洛被称为希梅内斯·卡瓦耶洛。

了钱他让对手赢了。他已退役，和妻子露西亚住在马德里“宫殿”旅馆。看来他的习惯也不是无懈可击的。在许多日子里我清晨出去和约翰逊、洛伦萨那一起锻炼，从“宫殿”一直跑到三四公里以外的赛马场。掰腕子时，我总能赢这位拳击手。

1923年我的父亲去世了。

我收到萨拉戈萨来的电报："父病危，速归。"我总算赶上见他一面，他很虚弱（死于肺炎），我告诉他，我已去萨拉戈萨省进行这一地区的昆虫研究。他请求我一定好好照顾母亲，四个小时后他就去世了。

那一夜全家都聚在一起，地方不够用了，卡兰达来的花匠和厨师睡在客厅地板上铺的床垫上。一个女佣帮我给父亲的遗体更衣，为他打好领结。为了给他穿上靴子，我们不得不把靴筒从边上划开。

所有的人都睡了，我独自为父亲守灵。我的表弟何塞·阿莫罗斯从巴塞罗那乘火车要在凌晨1点钟赶到这里。我喝了不少白兰地，坐在床边，仿佛看到父亲在呼吸。我走到阳台上吸一支烟，一边等着去车站接我表弟的汽车回来——那时正值5月，空气中散发着金合欢花的香气——忽然我听到饭厅里有响动，好像是一把椅子撞在墙上。我转过头竟看到父亲站了起来，两手伸向我，脸上带有威胁的表情。这种幻觉——我一生中唯一的一次——持续了约10秒钟就消失了。我走进用人们睡的房间跟他们躺在一起。其实我并不是害怕，我知道那是幻觉，但我不想独自一个人待着。

第二天举行了葬礼。另一天，我就睡在父亲死去的那张床上。

出于提防，我把他的手枪放在枕下——枪很漂亮，柄上镶着黄金和珍珠——以备一旦有幽灵出现就开枪。不过幽灵没再出现。

父亲的死对我来说是一个决定性的时刻。我的老朋友曼特孔还记得当时没过几天我就穿上了父亲的靴子，我打开他的写字台并开始吸他的哈瓦那雪茄。我已担起一家之主的职责。我母亲当时不过 40 岁。不久我给自己买了辆“雷诺”车。

如果不是父亲去世，我可能还要在马德里多待些时间。我刚刚获哲学硕士学位，并不打算再读博士。我希望不惜一切走出去，只等待机会。

1925 年，机会来了。

08 巴黎 1925—1929

拍电影。但是，怎么拍？我，一个西班牙人，业余评论家，并没有所谓的门路。

1925年，我得知将由国家联合会出面在巴黎设立一个名为“国际知识界合作委员会”的机构。我还事先听说欧赫尼奥·多尔斯将被选派为西班牙的代表。

我向大学生公寓的负责人表达了我想陪同欧赫尼奥·多尔斯去巴黎的意愿，并提出当他的秘书，这个要求被批准了。由于这个机构尚未建立，他们让我先去巴黎等候，对我只有一个要求：每天阅读《时报》和《泰晤士报》，提高法语水平，我那时懂一些法语，还要接触英语。

我母亲支付了这笔旅费而且答应每月寄钱给我。刚到巴黎，我不知去何处安身，就直奔“隆塞莱伊”旅馆，它坐落在若伏阿街，我的父母曾于1899年在这里度蜜月并怀了我。

我们——外国佬

到达三天之后，我得知乌纳慕诺也在巴黎。法国知识界一些人包租了一条船去加纳利群岛把乌纳慕诺接来的。当时他正在那里流放。他每天都参加在“拉·罗东德”举行的舞会。在那里我第一次接触了被法国右翼蔑称为“外国佬”的人们，这些人住在巴黎，占据了咖啡馆的座位。

我毫不费力地恢复了在马德里的习惯，天天去“拉·罗东德”咖啡馆。有两三次还陪乌纳慕诺步行回到他在勒图瓦尔附近的寓所，我们愉快地散步、交谈，走了约两个小时。

到巴黎刚一周，我在“拉·罗东德”认识了一个叫安古洛的人，是儿科学的学生，他带我去看过他栖身的旅馆，在医学院街，离圣·米歇尔林荫道几步之遥，十分简朴舒适，旁边有一家中国夜总会。我很喜欢，就住到他那里。

第二天，我得了感冒，只好躺在床上。入夜，隔墙传来中国夜总会的鼓声。从窗口可看到对面有一家希腊餐馆和一家酒店。安古洛告诉我喝香槟酒可以抵御感冒，我只使用过这个方法一次。就在那时，我发现了右派歧视乃至憎恨外国人的一个原因。法郎不知为什么贬值，因而兑换率极低。外币，特别是比塞塔，能使那些外国人过着公子王孙般的生活。那瓶成功地击退了我的感冒的香槟酒花了我十一法郎，即一个比塞塔。

在巴黎的公共汽车上有这样的标语：“不要浪费面包”，而我们却喝着一比塞塔一瓶的“莫特·香槟”牌酒。

病愈之后的一天晚上我独自走进那家中国夜总会。那些女伶中的一个坐到我桌旁陪我说话，好像这是她们的职责。令一个在巴黎的西班牙人感到惊奇的原因之一是：那位女郎谈吐得体，讲话时把握着轻松自如的感觉。当然，她既没谈文学也没谈哲学，而说起了葡萄酒、巴黎和生活琐事，但是她讲得清新自然，毫不做作，也不迂腐。我大为惊讶，我这才感到了以前从未觉察的语言和生活之间的关系。我没和那个女子睡觉，不知她的姓名，也再没见过她；然而她却是我和法国文化的首次接触。

另一些使我惊奇的事情我已经提过了，就是情侣们在街头接吻。这种行为在法国和西班牙之间开了一道鸿沟，类似的还有一个男人和一个女人可以不经婚仪祝福就同居。

据说当时在巴黎这座无可争议的世界艺术之都有 4.5 万名画家 —— 可观的数字 —— 他们当中许多人在蒙巴纳斯地区（第一次世界大战之后，蒙马特尔已经过时了）。

毫无疑问，《艺术世界》是当时最出色的杂志，曾用整整一期介绍那些在巴黎工作的西班牙画家，我几乎每天都见到他们。其中有伊斯梅尔·德·拉·塞尔纳，一个长我几岁的安达露西亚人；卡斯坦耶尔，加泰罗尼亚人，他在毕加索的画室对面开了一家“加泰罗尼亚人”餐馆，位于德·格兰－奥古斯丁街；胡安·格里斯，我只是去他在郊外的家拜访过一次，我到后不久他就去世了。我还见过科西奥，他身材矮小，瘸腿、独眼，总带着一副苦相看那些粗壮健康的人。后来他成为长枪党百人队队长，作为画家他也赢得了一些荣誉，后来死在马德里。

与他不同的是博列斯葬在巴黎的蒙巴纳斯公墓。博列斯是极端主义派的先驱，是一位已有名气、十分严肃的画家，曾经和我以及埃尔南多·比涅斯一起去过比利时的布鲁哈斯，那次旅行中他仔细地饱览了所有的博物馆。

那些画家有一个小团体，著名的智利诗人维多夫罗也参加他们的聚会，还有一个又矮又瘦的巴斯克作家，叫米列那。不知何故，后来，在《黄金时代》首映之后，他们之中有几人 —— 维多夫罗、卡斯坦耶尔、科西奥——给我寄来一封满篇辱骂的信。有一段时间我们疏远了，后又重归于好。

在那些画家中，我最好的朋友是华金·佩那多和埃尔南多·比涅斯。埃尔南多来自加泰罗尼亚，比我小，是我终生的朋友。他和一个我极喜欢的女人鲁露结了婚，鲁露的父亲弗朗西斯·茹尔丹与印象派作家交往甚密，并是惠斯曼最好的朋友。

鲁露的祖母曾在19世纪末主持过一个文学沙龙。鲁露把她珍藏的祖母的一件稀罕物赠给了我。那是一把扇子，19世纪末的大多数伟大作家及一些音乐家（马萨内、古诺）在上面题了词，写了几个音符、几行诗或简单地签个名。米斯特拉尔、阿尔封斯·都德、埃雷迪亚、邦维尔、马拉美、左拉、奥克塔维·米尔博、皮埃尔·洛蒂、惠斯曼及其他人，如雕塑家罗丹，他们的名字都汇集在这柄小巧却概括了世界名人的折扇上。我经常观赏它，例如上面有阿尔封斯·都德的留言："走向北方，目光变得文雅而暗淡。"在旁边有埃德蒙·龚古尔题的有力的几行字："凡是对女人、鲜花、艺术品、佳酿及其他事物不怀深切爱恋者，凡是有条不紊、极为稳重者，永远不会具有文学天赋。"这是未被发表的警世格言。

最后我引用从扇子上抄下的几行（很奇特的）左拉的诗：

我期望我的王国能如此
庭前有一条绿色小径
宛如蔷薇编织的摇篮
它有三条茅草那样长

我到达后不久，在画家马诺罗·安赫雷斯·奥尔蒂斯的位于沃桑赫多里斯街的画室里认识了毕加索，那时他已脱颖而出，名声日盛。尽管他朴实直率、活泼开朗，但我觉得他为人冷漠且有些狂傲——直到内战期间他对自己的立场做出抉择时，才变得通情达理——不过我们仍然时常见面。他曾送我一幅不大的画，名为“海滩上的女人”，但战争期间丢失了。

据说，他的朋友阿波利奈尔因发生在第一次世界大战之前的著名的《蒙娜丽莎》被盗案而受到一位警察的传讯时，请毕加索出面做证，他却翻脸说不认识这位诗人，就像圣彼得拒绝基督一样。

此后的1934年，毕加索的密友、加泰罗尼亚陶艺师阿蒂加斯和一位商人到巴塞罗那看望了画家的母亲，她邀请他们共进午餐。席间这位夫人向他们两个人透露阁楼上有一个盒子，里面装满了毕加索童年和少年时期的画。他们请求她拿出来看看，于是他们上到阁楼，打开那只盒子。那位商人开了价，于是做成了一笔交易，他拿走了约三十幅画。

过了一段时间，这个商人在巴黎的圣日耳曼·德·普莱美术馆举办了一次展览。毕加索受到邀请出席了开幕式，他看到了那些画，承认它们是自己的手笔并显出很受感动的样子，但这并未影响他离开展厅之后就向警察控告这位商人和陶艺师。后者像个国际诈骗犯一样，照片被登在一份晚报上。

别问我对于画的评价，我没有。美学从不使我费神，例如，当有的批评家谈到我的“调色板”时，我不禁哑然失笑。我可不能在展览厅里一待几个小时，挥手做态，边走边信口开河。有时候那种令人难以置信的幼稚和轻浮让我厌烦。我唯一可说的就是我一点儿也不喜欢毕加索的《格尔尼卡》那幅画，虽然我曾帮着把它挂起来。他的一切都令我不快，这既包括作品外在的浮夸制作，也包括了绘画所表示的全部政治色彩。阿尔贝蒂和何塞·贝尔加明与我也有同样的反感，我是在不久前才发现的。我们三人想炸毁《格尔尼卡》，可惜我们都老态龙钟，无力跑去放置炸弹了。

我在蒙巴纳斯养成一些习惯，当时那里还没有“拉古波莱”酒吧。我们常去“多姆”、“拉·罗东德”、“塞莱克特”以及当时最有名的夜总会。

那里的十九个画室每年都组织一次舞会，我猜想它一定很奇妙。几个画家朋友告诉过我它是世界上绝无仅有的、带劲儿的狂欢会，舞会名叫“卡赫扎舞会”，我决定去参加。

我被介绍给了一个自称为组织者之一的人，他卖给我几张大幅精美而且售价相当昂贵的入场券。我们决定一同前往：其中有一位是来自萨拉戈萨的胡安·彼森斯，还有西班牙大雕塑家何塞·德·格莱夫特和他妻子及一个智利人，他的名字我记不清了——他由女友陪着，当然还有我。那个卖给我票的人建议我们要声称是属于圣·于连画室的。

舞会日期到了。这场欢聚由圣·于连画室在一家餐厅举办的晚宴开始。晚宴上有一个学生站起来小心翼翼地把睾丸托在盘子里在大厅里走了一圈。我在西班牙从未见过这种场面，我被吓坏了。

然后我们前往“瓦格朗大厅”，舞会在那儿举行。一队警察尽力地阻拦着好奇者。在那里我又看到了一幅令人难以置信的景象：一个全身赤裸的女人骑在一个亚述人装束的学生肩上走来，那学生的头遮住她的阴部。他们就这样在人群的喊叫声中进了大厅。

我难脱震惊，自问：“我到了一个什么样的世界？”

“瓦格朗大厅”的入口处由各画室最强悍的学生守卫着。我们走上前出示了我们的精美入场券，本以为没问题，但他们不让我们进去。有人告诉我们：

“你们被骗了！”

他们就把我们轰到了大街上。那些票成了废纸。

德·格莱夫特勃然大怒，他亮明身份并大吵大闹，他们只好放他和妻子进去。彼森斯，智利人和我则根本不行。那些学生倒很愿意让与智利人同来的身着华丽皮大衣的女人进场，但由于那女人拒绝独自进去，他们便在她大衣后背用柏油画了一个大十字。

就这样，我没能参加世界上最可观的狂欢会，这项传统现在已不复存在。至于里面发生什么事，流传的丑闻很多。教授们，所有被邀请者，只能逗留到午夜十二点。然后，据说是更带劲儿的就开始了。留下来的人，喝得酩酊大醉，还要去协和广场的喷泉跳水，他们直闹到凌晨四五点钟。

两三个星期后，我遇到了那个卖假票给我的人。他刚染上严重的淋病，拄着根棍子，行走艰难，看他这副模样，我打消了要报复的念头。

那时候，我个人每天都去的咖啡馆还只有“丁香园”，旁边是“布勒酒吧”，我们经常去那儿，而且总是化了装去。有天晚上，我扮成修女，化装得妙极了，惟妙惟肖，我涂了唇膏还贴上了假睫毛。我们和几个朋友一起走在蒙巴纳斯大道上，其中有胡安·彼森斯，他扮作修士。当我们看到两个警察走过来时，穿着白色长袍的我不禁哆嗦起来，因为在西班牙搞这种恶作剧要被判五年徒刑。但是那两名警察微笑着停下来，其中一个还亲切地问："晚上好，嬷嬷，我能帮您做点儿什么？"

西班牙副领事奥尔贝阿曾跟我们去过几次"布勒酒吧"。有一天晚上他向我们要化装服，我就把那件修女穿的长袍脱下来给了他。为预防万一，他在长袍里面套了一身足球运动员的衣服。

在拉斯贝尔道开设一家夜总会的想法吸引着胡安·彼森斯和我。我回到萨拉戈萨向母亲要所需的钱，但她不肯给我。过了不久，彼森斯搬到盖－吕萨克街的西班牙书店对面去住。战后，他病逝于北京。

我在巴黎理所当然地学会了跳舞。我进了专门的学校。我什么舞都跳，包括哈瓦舞，尽管我讨厌伴奏的手风琴。我还记得一句话："先跳小步，再来……"全巴黎到处都有手风琴。

我仍喜欢爵士乐，还弹六弦琴。我积攒了至少60张唱片，这个数字在当时是很可观的。我们去"麦克马洪"饭店听爵士乐，去布洛涅森林的"马德里城堡"跳舞。可是到了晚上，我像一个外国良民一样，去上法语课。

我曾说过，在来巴黎之前，我根本不知道存在反犹太人主义。在巴黎发现这个问题之后，我很惊奇。某天，有个人向他的几个朋友讲，前一天，他的兄弟走进勒图瓦附近的一家餐馆，当他看到一个犹太人正在用餐，上去就打，一掌把犹太人打倒在地。我问了几个天真的问题，他们含糊地应了几句。就这样，我发现了对于一个西班牙人来说简直不可思议的犹太人问题。

那个时期一些右翼组织，如"国王卖报人"和"青年爱国者"，经常在蒙巴纳斯地区组织袭扰。他们跳下汽车，挥舞着黄色的棒子准备揍那些坐在上等露天咖啡馆的"外国佬"。有两三回我让他们吃过我的拳头。

后来我搬到靠第三区的一间带家具的房子里住，地点在索珀涅广场，那是一个造型为外省样式的幽静的小广场。街上汽车不多，偶尔能看到出租车。所有的男人都戴帽子或贝雷帽。我的装束很文雅，穿高帮皮鞋，戴圆礼帽。在圣塞巴斯蒂安，出门不戴帽子的人会受到攻击或被叫作鸡奸者。一天我把自己的圆礼帽放在圣·米歇尔路人行道的路边，双脚跳起来踏在上面，算是做最后的告别。

那时我还认识了一个身材窈窕、皮肤黝黑的法国姑娘，她叫丽塔。我是在"塞莱克特"酒吧遇见她的。她有个阿根廷情人，住在德朗布雷街的旅馆里，我始终没见过。我们经常一起出去，去夜总会或看电影，我们的关系也仅限于此。我注意到她对我挺感兴趣，而我对此当然也不能漠然处之。

为此我回萨拉戈萨去向母亲要钱。我刚到家不久就收到比涅斯的电报，我的朋友告诉我丽塔自杀了。通过司法部门的报告得知，她和她的阿根廷男友之间的事闹得很糟（大概也有我的过错），我走的那天，他的男朋友看着她走进旅馆，并跟着她走进房间。不知里面发生了什么事，但是最后丽塔掏出她的小手枪向她的情人开枪，随后又把枪口对准了自己。

华金·佩那多和埃尔南多·比涅斯共享一个画室。我到巴黎后一个星期，在那间画室，看见来了三位可爱的姑娘，她们在这个区学习解剖学。

有一个姑娘叫让娜·卢卡尔，我觉得她非常美丽。她是地道的法国北方人，她通过她的女裁缝熟悉了巴黎的西班牙人圈子，她还练艺术体操。在伊莱内·彼巴尔的指导下，1924 年的巴黎奥运会上她居然赢得一枚铜牌。

我很快安排好一个“马基雅维利式”的想法——不过，说到底还是很单纯的——就是要把这三个姑娘弄到手。在萨拉戈萨的时候，一个骑兵中尉曾告诉过我一种烈性春药，叫“尤比那氢酸”，能攻破最顽固的抵御。我向佩那多和比涅斯讲了我的打算：请三位姑娘来喝香槟酒，在她们的杯子里滴几滴“尤比那氢酸”。我实心实意认为这计划一定行得通，然而比涅斯说，他是天主教徒，绝不参与这样卑劣的勾当。

也就是说，什么事也没发生，只是我从此常与让娜·卢卡尔见面，因为日后她将成为我的妻子，直到现在仍是。

初登舞台

我到巴黎的最初几年，只和西班牙人来往，没怎么听说过超现实主义。一天夜里，我路过“丁香园”咖啡馆，见到地上有碎玻璃。原来在为拉施尔德夫人举办的晚宴上，两个超现实主义者——记不清是谁了——羞辱并打了她，引起全场大乱。

其实开始时，超现实主义并未引起我的兴趣。我曾写过十几页长的一部剧作，简单地称之为《哈姆雷特》，我们自己在“塞莱克特”的地下室里排演了它。那是我作为导演迈出的最初步伐。

1926 年末，出现了一个极好的机会。埃尔南多·比涅斯是著名钢琴家里卡多·比涅斯的侄子，后者认识埃里克·萨蒂。

当时在阿姆斯特丹有两个欧洲最好的大乐团。第一个乐团刚刚成功地演奏了斯特拉文斯基的《一个士兵的故事》，第二个乐团由伟大的门格尔伯格任指挥，为了与对手竞争，他们准备在音乐会的最后演奏曼努埃尔·德·法亚的《蜂王佩德罗组曲》，这是受《堂·吉诃德》中的一段情节启发而创作的一部较短的作品，他们当时正在寻找舞台执导。

里卡多·比涅斯认识了门格尔伯格。我由于排过《哈姆雷特》而受到推荐，说实话，此事不值一提。最后他们请我做舞台指导，我接受了。

我要和享有世界盛誉的乐队指挥及一些著名的歌唱家一起工作。我们在巴黎埃尔南多家中排练了十五天。《蜂王佩德罗组曲》实际是关于一个耍木偶人的小戏剧，按理说它所有的角色都是由歌唱演员配音的木偶扮演。我变通了一下，在演出中用了四个戴面具的真人，并且不时插入表演，由乐池中的歌手为其配音。当然，我把这几个角色——不出声的角色——给了我的朋友们。佩那多扮演客店主人，我的表兄弟拉法埃尔·绍拉饰演堂·吉诃德，另一个画家科西奥也得到了一个角色。

我们在阿姆斯特丹演了三四场，全都满座。第一天晚上，我忘了准备灯光，结果什么也看不清。在一位电器工程师的帮助下，忙碌了好几个小时，我为第二场演出布置好所有的设备，使之正常进行。

此后我没再导演过戏剧，直到这之后很久的1960年，我在墨西哥又导演了一次。这次的作品是根据索里亚的不朽之作《唐·璜·特诺里奥》用8天时间写出的，我认为还比较完美。全剧以升入天堂告终，因为在决斗中死去的唐·璜在“堂娜·伊内斯”的爱情感召下拯救了自己的灵魂。

演出很传统，和我们在大学生公寓时的滑稽模仿完全不同。像西班牙的传统一样，在墨西哥万圣节期间演了三场，十分成功。

观众甚多，甚至还挤碎了剧院的玻璃。演出中路易斯·阿尔科里萨在剧中扮演唐·璜，我保留了我的角色，扮演他的父亲“堂·迭戈”。由于我耳聋，没能跟上剧情。我心不在焉地玩弄着手套，阿尔科里萨不得不改变他的表演动作，过来抓住我的肘部，让我入戏。

拍电影

自从来到巴黎，我看电影的次数比在马德里多很多，甚至一天看三场。早晨，靠朋友给的报界通行证，我去“瓦格朗”大厅附近的一个地方看私人放映的美国电影，下午，到街区影院看电影，晚上又去“老鸽棚”或去“于苏林艺术影院”。

我用报界通行证并不完全是非法。由于塞尔沃斯的帮助，我为《艺术手册》的“飞叶”写评论文章，还往马德里寄过几篇文章。我写过阿道夫·芒露、巴斯特·基登及斯特劳亨的《贪婪》。

给我印象最深的影片是《战舰波将金号》。从影院出来——影院在阿莱西亚区的一条街上——我们简直想筑个街垒，警察不得不干预。在很长的一段时间里，我一直认为这部影片是电影史上最好的一部。现在我说不清了。

我也很欣赏派帕斯特的影片，还有茂瑙的《最卑贱的人》，特别欣赏弗里茨·朗的影片。

当看了《疲倦的死》之后，我清楚地知道我想拍电影。我感兴趣的不是里面那三个故事，而是中间的一段，那个戴黑帽子的人来到佛兰德村庄——我立即悟出他指的是死神，还有墓地的场面。片中的某种东西深深打动了我，启迪了我的生活。这种感觉在看了弗里茨·朗的《尼伯龙根之歌》和《大都会》等影片后更强烈。

拍电影。但是，怎么拍？我，一个西班牙人，业余评论家，并没有所谓的门路。

离开马德里之前，我已知晓让·爱泼斯坦的大名，他为《新精神》写文章。这位俄裔导演和阿贝尔·冈斯及马塞尔·勒尔比是法国电影界最杰出的人物。我得知他与一位俄国移民演员和一位我已不记得名字的法国演员合作，刚建立了一个演员学校。

我立即前往报名。除我之外，几乎所有的学生都是白俄移民。在前两三个星期里，我参加了即兴表演练习。爱泼斯坦给我们出题，例如："你们是一群死囚，在被处决的前夜。"他让一个人表现悲哀绝望，让另一个狂傲不羁。我们都尽其所能地进行表演。

爱泼斯坦让最好的学生在他的影片里演些小角色。当我入学时，他正在完成《罗贝尔·马盖尔的历险》，无法让我参加了。在他完成这部影片后的某一天，我乘车来到蒙特耶－苏－布瓦的"信天翁"制片厂。我知道他在这儿筹拍另一部影片《莫普拉》。他接待了我，我对他说："您瞧，我知道您要拍一部片子，我对电影很感兴趣，不过技术方面却一窍不通。可能我对您没多大用处，但我不要您的工钱。让我来清理布景，给您买东西，干什么都行。"他留下了我。

拍摄《莫普拉》（在巴黎及罗莫朗丹和夏多霍）是我的第一次从影经历。在这部影片中我什么都干，还扮过阵亡者。在一个战争场面里，我扮演路易十五（或路易十四）时期的宪兵，他在墙上中弹，要从三米高的地方摔下来。尽管他们在地上铺了床垫以减缓冲力，但我还是受伤了。

拍摄期间，我与男演员莫里斯·舒尔茨及女演员桑德拉·米洛瓦诺夫结下友谊，我当时对毫无了解的摄影机倍感兴趣。摄影师阿尔贝·迪维尔热独自工作，没有助手。他得自己扛机器，试镜头。他总是以同样的节奏摇动摄影机的手柄。

因为那时电影都是无声的，摄影棚里没有隔音设备。有的——比如埃比奈——墙壁从上到下都镶着玻璃，照明灯和反光板十分刺眼，我们大家都得戴墨镜保护眼睛，避免严重的损害。

爱泼斯坦有点不喜欢我，大概是因为我总爱逗演员们发笑。我对那次拍摄还保留一个奇特的回忆，是在罗莫朗丹遇到了莫里斯·梅特林克，他年事已高，和女秘书与我们同住在一家旅馆里。我们一起喝过咖啡。

拍完《莫普拉》之后，爱泼斯坦筹拍埃德加·爱伦·坡的《厄舍古厦的倒塌》，由让·德布古和阿贝尔·冈斯的妻子扮演主角。他让我做他的第二助理导演。我负责在埃比奈拍摄所需的全部内景。一天，助理导演莫里斯·莫尔洛让我去街角的药店买血红蛋白。药剂师却是个仇外的人，他凭我的口音猜出我是个外国佬，便粗暴地拒绝接待我，而且还骂我。

拍完内景的那天晚上，莫尔洛召集所有的人第二天去车站，因为我们要去多尔多那拍外景，这时爱泼斯坦对我说："你和摄影师留下一会儿。阿贝尔·冈斯要来为两个姑娘试镜头，我希望你帮他一把。"

我以一贯的鲁莽作风回答说，我是他的助手，跟阿贝尔·冈斯一点关系都没有，我不喜欢他的电影（其实这话不全对，他拍的在三幅银幕上放映的《拿破仑》给我留下相当深刻的印象），还说，我觉得冈斯庸俗。

于是让·爱泼斯坦回答我——尽管事隔很久，可有几句话我

布努埃尔在爱泼斯坦拍摄影片《厄舍古厦的倒塌》（1928）期间作为他的助理导演

仍一字不漏地记得——“你这个小笨蛋怎么敢这样说一位伟大的导演！”接着他说我们的合作了结了，说完他就走了。我没有参加《厄舍古厦的倒塌》的外景拍摄，不过，过了一阵，爱泼斯坦平静了一些，用他的车把我带到巴黎。路上他告诫我说：“小心，我注意到你的超现实主义倾向了，离那些人远点。”

我继续四处拍电影。

在蒙特耶的“信天翁”制片厂，我在拉克尔·梅勒主演的《卡门》中扮演了一个走私犯的小角色，影片导演是雅克·费代尔，我仍然很敬重他。几个月后当我在演员学校工作时，我去看望他的妻子弗朗索瓦兹·罗塞。一个很文雅的白俄姑娘陪我去的，她的名字听起来有点怪，叫阿达·巴西。弗朗索瓦兹·罗塞很亲切地接待了我们，但他没为我们做什么。

佩那多和埃尔南多在《卡门》中也出场了，扮演西班牙不可少的吉他手。在一场戏里，卡门一动不动地坐在桌边，手托着头，她和圣·何塞在一起，费代尔让我在走过时冲她做个放荡的手势，我照办了，可是我的放荡的手势做得有点阿拉贡式了，惹得女演员打了我一记响亮的耳光。

让·爱泼斯坦的摄影师阿尔贝·迪维尔热（他是我的影片《一条安达鲁狗》和《黄金时代》的摄影师）把我介绍给两位导演——埃迪旺和纳尔巴斯，他们正准备和约瑟芬那·贝克拍电影《赤道美人鱼》。这部片子是在弗朗各尔制片厂拍的，我对此的回忆并不十分美好，但也不太坏。那位女明星的任性令我难以忍受。一天我们从早上九点开始等她，准备拍摄，直到下午五点她才露面。她摔化妆室的门，然后把自己关在里面就开始砸化妆瓶。有人问，她为何发火，人们说：“她认为自己的狗病了。”

皮埃尔·巴舍夫也参加该影片的演出，当时他站在我旁边。我对他说："电影里的情节。"

他干巴巴地回答说：

"那是她电影里的，不是我的。"

我不得不承认他说得有理。后来我们成了要好的朋友，他也参加了《一条安达鲁狗》的演出。

当时，萨科和凡宰蒂刚刚在美国被暗杀，举世震惊，抗议者整夜占据着巴黎城。我和拍摄影片的一名电工一同去勒托尔，我看到几个人正撒尿浇灭无名战士墓的火炬。商店橱窗被砸，似乎一切都处于动乱之中。出演这部影片的英国女演员告诉我，有人朝她住的旅馆的前厅开枪。塞巴斯多珀尔路是最遭殃的地段。十天之后仍在逮捕抢劫嫌疑犯。

在外景开拍之前，我自动放弃了《赤道美人鱼》的摄制工作。

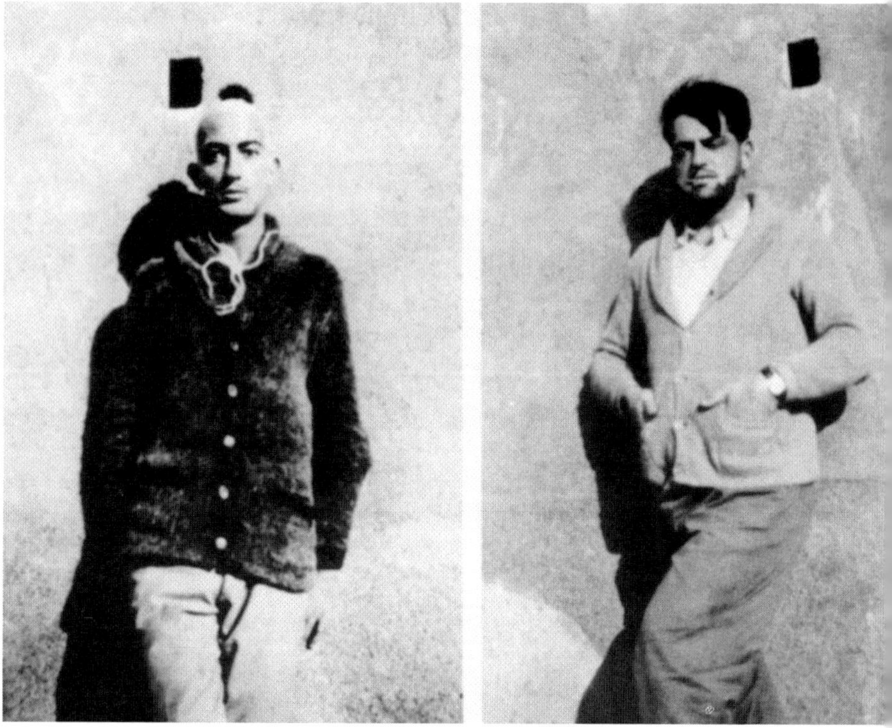

阿贝尔·冈斯和让·德布古（照片提供：《电影手册》让·地勒维尔）

09 梦与梦幻

每天夜晚，成千上万的形象浮现出来又转瞬即逝，将世界裹在得而复失的梦的巨袍中。一切，所有的一切，都是在这个或那个夜晚，由这个或那个大脑想象出来之后又遗忘掉。

若是有人问：你还能活 20 年，在有生之年的每天 24 小时里你希望做些什么？我会回答：请给我两小时的活动时间和 20 小时的梦，但条件是让我醒来之后仍记得这些梦，因为梦只是为日后能重温它们而存在的。

即使我做的梦是噩梦，而且大多数情况也确是如此，但我依然崇尚梦境。梦中制造了我所了解的并能分辨出的种种障碍。但这对我是无妨的。

我这种从未想过解释的对梦境的狂热和追求、做梦的快感是使我从内心深处接近超现实主义倾向的原因之一。《一条安达鲁狗》（我在后面还要谈到它）就萌生于我的梦和达利的梦的融合。后来，我则尽量避免在影片中出现含有理性可解析的方面，而是把梦引入到我的影片中。有一天，我对一位墨西哥制片人说："若是影片长度不够，我会加一场梦。"但他并不觉得这个玩笑有趣。

有人说在做梦的过程中大脑脱离了外部环境，对声音、气味和光都不太敏感。然而另一方面，它像是从内部受到了汹涌的梦的风暴的冲击。每天夜晚，成千上万的形象浮现出来又转瞬即逝，将世界裹在得而复失的梦的巨袍中。一切，所有的一切，都是在这个或那个夜晚，由这个或那个大脑想象出来之后又遗忘掉。

我记住了重复做过 15 次的梦，它们如忠实的旅伴，跟随我一生。有几个梦很平庸：我颇为滑稽地跌下悬崖或被一只虎、一头牛追赶。我跑进一间房子，关上门，而公牛把它撞倒，于是，一切又重新开始。

还有一个梦：无论我到了多大年纪，仍必须再去参加考试，我以为考试通过了，结果却不得不再去考，当然，我什么都答不出来。

另一个梦也是这种类型：我总是出现在剧院和影院的人群之中，还差几分钟就该我上场演一个角色，而我却连一句台词也不知道。这个梦可以拖得很长，并掺入更复杂的内容。梦中我惊慌失措，甚至感到恐惧，观众已不耐烦了，吹起口哨。我去找什么人，找市议员、找导演，并对他说：这太可怕了，我怎么办？他冷冷地回答说，让我自己处理。大幕就要拉起来，不能再等了，我痛苦万分。后来在拍摄《资产阶级的审慎魅力》时，我重塑了这个梦境中的一些形象。

再一个痛苦的梦就是重返兵营：在我五六十岁的时候又回到了过去服役的马德里的兵营，穿上我的旧军装。我感到别扭，贴着墙走，因为害怕有人会认出我。我内心深处为自己偌大年纪还当兵感到羞耻。但事已至此，无法改变。我不得不去找上校，向他说明我的情况。我饱经沧桑之后，仍待在兵营，这怎么可能？

在我更加年迈之时，有几次我回到了在卡兰达的故居，我知道那里藏着一个幽灵。我想起父亲死后出现了他的幻影。我无畏地在黑暗中走进一间屋子，呼唤那个幽灵，不管他是何人，我向他挑衅，甚至辱骂他。这时我身后有了响动，“咔”的一声一扇门关上了，我惊醒了，我没看到任何人。

我还做过人们都做的梦，梦见我父亲，他坐在桌子旁，神情严肃，慢条斯理地吃着东西，吃得很少，几乎是一言不发。我知道他已死了，便对母亲或身边的一个妹妹轻声说：“不管怎样，谁也别挑明这件事。”

我还在梦中因为缺钱而备受困扰：我一无所有，银行存款分文皆无，我怎么付旅馆的账？这是最顽固地袭扰我的噩梦之一，直至今日仍在袭扰我。

从顽固而持久上来讲，只有关于火车的梦能与之相比。这个梦我做了上百次。情节总是一样的，但那些细枝末节会出乎意料地有些微妙的变化：我上了火车，不知要去何方，行李都放在网状的行李架上。忽然火车开进一个车站停下来。我站起身想到月台上走一走，还想到站上的酒吧里喝一杯。

不过，我在梦中还是十分谨慎的，因为过去我在这类梦境中旅行过多次，知道当我的脚一踏上月台列车就会突然启动。这是给我设下的一个圈套。

因此，我半信半疑地慢慢把一只脚踏在地上，我左右张望，吹着口哨故作轻松，列车静静地一动不动，其他旅客安稳地下车，于是我决定迈下另一只脚，就在这时，列车犹如射出的炮弹一样，“嗖”地开走了。更糟的是，火车带走了我的行李。这种结局令我茫然失措。我孤零零地留在突然变得空无一人的月台上。随后我醒过来。

当我和让－克洛德·卡里埃尔一起工作的时候，我们住的房间相邻，当他听到我在隔壁喊叫时却无动于衷，他准会想："一定是那列火车开走了。"一点儿都不错。第二天我仍记得梦中的那列火车，它又一次在深夜突然溜走，扔下我独身一人，还丢失了行李。

我从未梦见过飞机，我倒很想知道这是为什么。

可能没有人会对别人的梦感兴趣——然而若不谈这些潜在的、想象的、不真实的部分又怎么能讲述生活本身呢？——我不会拖得过长，再讲几个梦就够了。

首先是有关我表兄拉法埃尔的梦，在《资产阶级的审慎魅力》中它被十分真实地再现出来。这是一个阴森、忧郁，但又很美的梦。我知道拉法埃尔·绍拉表兄不久前去世了，但我突然在空旷的街上遇到了他，我惊讶地问："你在这儿干什么？"他凄惨地回答："我每天都从这儿经过。"忽然间，我又置身于一个昏暗、杂乱、满处是蛛网的房间里，我看见拉法埃尔走进来。我叫他，他不应。我又走到那条空荡荡的大街，这次我招呼我母亲，我问她："妈妈，妈妈，你躲在黑暗里干什么？"

要说的这个梦给我留下了生动的印象。做这个梦时我已70岁了。过了一段时间之后，另一个梦更强烈地震动了我。我骤然看到圣母沐浴在光明之中，她亲切地向我伸出双手。这是一个强有力的、不容置疑的形象。她以世上最温柔的语调向我这个不信教的邪恶之徒讲话，我还清楚地听到传出了舒伯特的乐曲。我曾试图在《银河》中再现这个形象，但不具有我梦中那种令人折服的传神力量。梦中我双膝跪倒，热泪盈眶，立即感到沉浸在一种激昂的、不可动摇的信仰之中。醒来后，过了两三分钟我才平静下来。在睡意蒙眬中，我反复地说："是的，是的，圣母玛利亚，我相信！”我的心脏在剧烈地跳动。

我要补充一句，这个梦还表现出了某种情欲的倾向。当然，这种情欲并未越出柏拉图式纯洁爱情的界线。不过，如果梦再长一些，纯洁就会消失，取而代之的将是真正的欲望。我不知道，我真实地感到被迷住、被感动，全身心地投入了。这种感觉不仅在梦中而且在我一生的许多场合都体验过。

下面讲的这个梦，很遗憾，15 年前它就弃我而去了。怎样才能重温失去的梦呢？——梦中我在一座教堂里，我按动柱子后面一个暗机，圣坛缓缓旋转起来，露出一个秘密的楼梯。我顺梯而下，心在怦怦跳，我走到地下大厅之中。这个梦相当长，略微令人焦虑，可我喜欢它。

在马德里的一天夜里，我在哈哈大笑中醒来，醒后仍笑个不停。妻子问我笑什么？我说：“我梦见我妹妹玛丽亚送给我一个枕头。”其实，这句话应讲给心理分析家听。

最后谈谈加拉。她是我始终尽量回避的女人，我无需掩饰这一点。我是 1929 年去参观巴塞罗那国际博览会时在卡达盖斯认识她的。她与丈夫——保罗·艾吕雅[1]及女儿塞西丽同行。马格里特夫妇和一位比利时画廊的主人高曼斯陪着他们。

所有起因都源于一次失言。

我住在离卡达盖斯一公里远的达利家里，他们住在镇上的旅馆里。达利很激动地告诉我：“刚刚来了一个很迷人的女人。”下午，我们一起外出喝酒。而后，他们决定陪我们散步走回达利家。一路上我们闲扯一些琐事，我说：“我最厌恶女人的地方就是她的

---

[1] 保罗·艾吕雅（Paul Éluard）：法国超现实主义诗人。

腿并不拢。”（此时加拉就走在我的身边）

第二天，我们去游泳，我发现加拉的双腿正如我说过的令我讨厌的那种模样。

一夜之间达利就变了，我们之间共同的想法全都消失了，甚至发展到我拒绝与他合作编写《黄金时代》的地步。达利只是谈加拉。他重复她说过的每一句话。真是彻头彻尾的转变。

艾吕雅和几个比利时人过了几天就走了，加拉和她女儿塞西丽留在了卡达盖斯。一天，我们和一位渔夫的妻子丽迪娅一起乘船去岩礁上用午餐。我指着一处景物对达利说，它让我想起巴伦西亚很平庸的画家索洛亚。达利生气了，冲我叫道："你怎么能面对如此美丽的礁石说这种蠢话？"

加拉插嘴说达利有道理。于是情况开始变糟了。

午餐时我们喝了不少酒，加拉又向我发起攻击，我不记得到底是为了什么事。我猛地起身，把她摔倒在地上并掐住她的脖子。

小塞西丽吓坏了，她和渔夫的妻子撒腿顺着岩石跑了。达利跪下求我饶了加拉。虽然我怒火中烧但仍能控制自己，我知道我不会杀死她，我只想看到她的舌尖从牙缝间吐出来。

最后我松开她。两天后她走了。

过了一段时间，有人告诉我，在巴黎，艾吕雅——此后我们曾在位于蒙巴特尔公墓上方的一座旅馆同住过一阵——出门都带着手枪（枪的柄上镶着珍珠），因为加拉曾告诉他我想杀她。

我说这些是为了承认，50年后，在墨西哥城的一个夜晚，我已80岁的时候竟梦见了加拉。

在梦中我看到她背向我坐在剧院的包厢里。我低声叫她，她起身朝我走来，并亲切地吻我的双唇。我还记得她的香水味和柔

布努埃尔与达利 1928 年在费卡洛斯

滑的肌肤。

这无疑是我一生中最令人惊奇的梦，它比圣母的梦更惊奇。

说到梦，我现在想起 1978 年发生在巴黎的一桩趣事。杰出的墨西哥画家，我的朋友希罗内亚和他的妻子、剧院美工师卡门·帕拉及他们 7 岁的儿子来到法国。给人的印象是，似乎他的婚姻并不一帆风顺。那个女人返回墨西哥，画家留在了巴黎。三天后，他接到消息，说他的妻子已提出了离婚要求。惊诧之中他追问根由，律师说："这是因为她做过一个梦。"

后来他们真的离婚了。

在梦中我从未能真正完全满足地做爱，我相信这种情况不奇特也不平常。不能满足的障碍经常来自那些目光。在梦里，从我和一个女人住的房间中见到窗外有人看着我们并且向我们微笑。

我们换房间，有时甚至互换住房，但都没有用。那些嘲讽和好奇的目光依旧跟随着我们。当我觉得终于可以做爱的时候又发现生殖器是封闭的，有时根本就找不到它，它好像从一个光滑雕像的躯干上被抹去了。

相反的是，我这一辈子都是带着快意去体验白日的梦幻，在梦幻中进行情欲的冒险，这要有长时间的精心准备，至于能否达到目的，要视情况而定。比如，我很年轻的时候就睁着眼幻想阿丰索十三世的妻子、西班牙美丽的维多利亚王后。14 岁的时候我甚至想象出一个短剧本，而它后来就成为影片《比里迪亚娜》的前身。我幻想一天夜里，王后回到寝宫，宫女们服侍她躺下，留下她独自一人。这时她喝了一杯我加入烈性麻醉剂的牛奶。过了一会儿，当她睡得很熟的时候，我钻入御榻，占有了王后。

幻想几乎和梦一样重要，一样强烈和不可预测。无疑，我一生中会出现像在许多人身上发生的情况一样，我曾得意地想象自己成为一个看不见摸不到的人。由于这种奇迹，我成为世界上最强大、刀枪不入的人。在第二次世界大战期间，这个幻想缠绕了我很久，主要围绕着一个关于最后通牒的想法。我无形的手递给希特勒一张纸，上面写着让他 24 小时之内下令枪毙戈林、戈培尔及所有党徒。否则，就等着瞧。希特勒叫来助手和秘书，他喊道："这张纸是谁拿来的？"他们谁也不能发现我，我隐形地站在他办公室的一角，注视着他徒劳地大动肝火。第二天他就开始行动了，比如暗杀了戈培尔。我又从那里赶到罗马——我隐形于世又无处不在——我对墨索里尼也如法炮制。偶尔我也潜入一位美人的卧室，我坐在扶手椅上看着她慢慢地脱掉衣服。然后我又去给元首下最后通牒，他正患歇斯底里症。就这样，我不停顿地快速奔波。

在马德里上学的时候，我曾和贝宾·贝略一起去瓜达拉马山远足，有几次我停下来向他指点群山环绕的壮丽风光。我对他说："你想象这四周有城墙雉堞、壕沟、枪弩。城堡里所有的东西都归我所有，我拥有士兵、农夫、工匠，还有一座教堂。我们过着安宁的日子，有时向那些靠近城墙暗门的好奇者射箭取乐。"

一种对中世纪迷茫、持久的向往，导致了与世隔绝的封建领主的形象经常吸引着我，他以严厉的手段统辖着他的人马，但他的心肠很好。他没有大的奢望，只是不时地稍微纵欲狂欢。他坐在篝火旁喝蜜汁和上等葡萄酒，火上烤着整只牲畜。在这里任何事都不受时光的干扰，一个人为自己而生存。他与世隔绝。

我也想象——我肯定不是唯一做这种想象的人——一次上苍安排的突如其来的政变使我成为世界的独裁者，我拥有至高无上的权力。任何人和事都不能违背我的意志。每当出现这一幻象，我做出的第一批决定就是阻止信息传播，因为这是一切忧患之源。

后来，当我看到了墨西哥因人口爆炸引起重负并感到恐慌时，我想象我召集了十几位生物学家，严令他们向地球散播一种凶恶的病毒，使地球减少 20 亿人口。虽然，我一开始曾英勇无畏地对他们宣称："哪怕我也会是受到病毒侵害的一员。"后来我却偷偷地试图逃避这种困境，我拟定了一份必须获救的人的名单：我的一些家庭成员、我的挚友、我朋友的家庭及他们的朋友。名单一写起来就没完，我只得放弃了。

最近十年，我还沉湎于幻想把世界从另一个苦恼之源——石油问题中解放出来，在最重要的矿层搞 75 次地下核爆炸。在我看来，一个没有石油的世界——现在我仍这样认为——是一个在我的中世纪乌托邦氛围中可行的天堂。不过，我也认为 75 次核爆炸还会遗留下其他某些实际问题，这仍需拭目以待。

我和路易斯·阿尔科里萨[1]在圣·何塞·普鲁阿撰写剧本的时候，有一天，我们两个人带着枪走向河边。刚一到岸边，我一下抓住阿尔科里萨的胳膊，我指向对岸。那里有一只傲慢的鸟栖息在一根树枝上，是鹰！

路易斯举枪射击，鸟落在树丛里。路易斯蹚过河去，水漫到他的肩头。他拨开树枝找到一只鹰的标本。它的一只腿上挂着写有售价和店名的小牌子。它就是我从那个店里买来的。

另一天，阿尔科里萨和我在圣·何塞餐厅吃晚饭。一位十分美丽的女人独自坐在邻近的餐桌旁。路易斯很自然地将目光马上向她投去。我告诉他："路易斯，你应当明白我们到这儿来是为了工作，我不喜欢你浪费时间去看女人。"

"好的，我知道。"他回答说，"请原谅。"

我们继续吃饭。

过了一会儿，吃甜食的时候，路易斯经不住诱惑又把目光转向那个美丽的独身女人。她报以微笑。

我火了，提醒他我们是来圣·何塞写剧本的。我还说他这种傻样让我难受。他也生气了，回敬我说，当一位女士向他微笑时，他作为绅士理所应当地投桃报李。我愤然起身离座，回到了自己的房间。

阿尔科里萨则平静下来，他吃完甜食就与邻桌的美人儿坐到一起。他们相互通报姓名，共饮咖啡，还聊了一会儿。随后，阿尔科里萨陪伴他的女征服者回她的房间，他爱意无限地脱去她的衣

---

[1] 路易斯·阿尔科里萨（Luis Alcoriza）：墨西哥著名导演、编剧，曾导演过《预兆》等影片。

服，发现她的肚子上纹着几个字：路易斯·布努埃尔的礼物。

那个女人是墨西哥一个迷人的妓女，我把她带到圣·何塞，我付高价让她忠实地听从我的指挥。

当然，上述射鹰和妓女这两件事都是我幻想出来的玩笑，绝非真事。但是，我敢肯定阿尔科里萨准会上当。至少关于妓女的这个圈套他会上当。

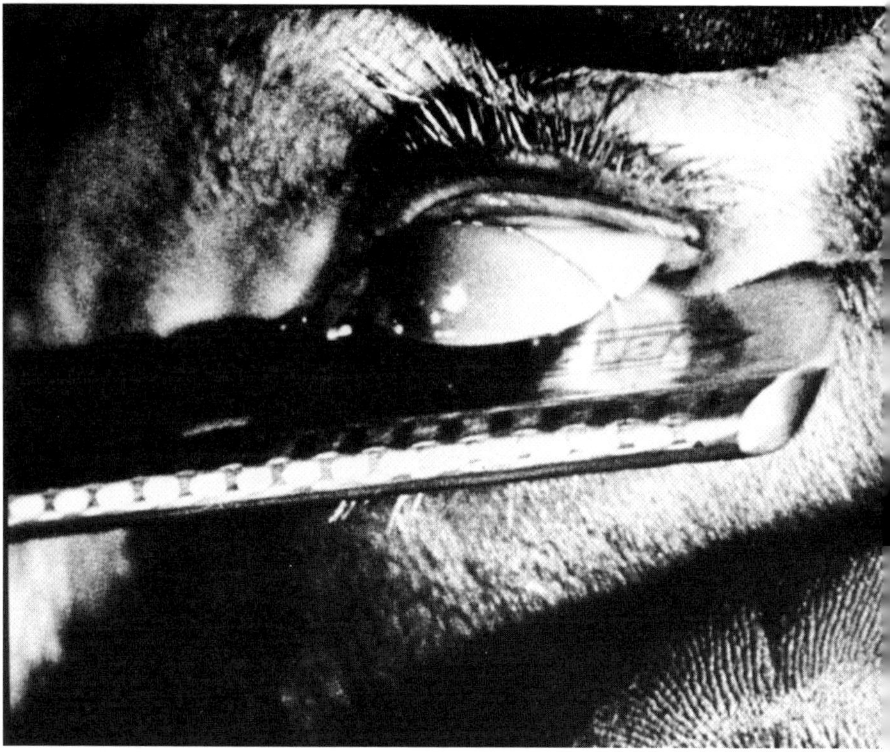

《一条安达鲁狗》（1929）中的泪水

10 超现实主义 1929—1933

我在口袋里放了些石头，如果影片失败，我就向观众扔去。以前，超现实主义者们曾对热尔曼·杜拉克的影片《贝壳与僧侣》（根据安托南·阿尔多德的剧本拍摄）起过哄，而我却挺喜欢这部片子。我等待着可能发生的最坏的事情。

1925—1929年间，我曾数次返回西班牙，看望大学生公寓的朋友们。其中一次，达利很热情地告诉我，洛尔卡根据《花园中的贝丽萨》写了一部精彩之作《堂·贝尔林普林的爱情》。

"我一定要读给你听。"

费德里科·洛尔卡显得不大情愿，他常认为，我过于浅陋、粗俗，难以欣赏戏剧文学的清雅，当然，这也不无道理。不知他要去哪位贵族家里，竟然拒绝让我陪他去。但是在达利的坚持下，他同意了朗诵这部作品。我们三个人聚在"国家饭店"的地下厅酒吧里，那里像中欧的啤酒屋一样，用木隔板围出一个个小隔断。

洛尔卡开始朗读，正如我说过的那样，他读得精彩绝伦。然而那段关于老头和姑娘的故事中有些情节让我厌恶，在第一幕结尾他们就上了一张有华盖幔帐的床。这时，从提示台走出一个小侏儒说道："就这样，亲爱的观众们，堂·贝尔林普林和贝丽萨……"

我一拍桌子打断了他，我说："够了，费德里科。这是什么臭玩意儿！"

他脸色变得苍白，合上手稿又望望达利。达利用他浑厚的嗓音附和道："布努埃尔说得有道理，这是什么臭玩意儿。"

我未能知道故事的结局。坦率地说，我不太欣赏洛尔卡的剧作。他的生活和人格都远远高于那种我一贯认为过于追求修辞、矫揉造作的作品。

过了不久，我和母亲、妹妹孔齐塔以及她丈夫在马德里"西班牙剧院"观看了首次演出的《叶尔玛》[1]。那天晚上我的坐骨神经痛得厉害，不得不把腿架在包厢的一个凳子上。大幕揭开：一个牧羊人缓慢地走过舞台以使自己有足够的时间背完一首长诗。他的小腿上用皮筋绑着几块羊羔皮。没多久，我就不耐烦了，但尽量忍着。一场一场演过去，第三幕开始了，一群洗衣妇正在布景的小溪边洗衣服，听到几声铃铛声，她们叫道："羊群！羊群过来了！"

大厅深处，两个引座员正摇动几个铃铛。这种表演在马德里也算很新奇时髦的。我却对此很恼火，我由妹妹搀扶着离开了剧院。

我向超现实主义道路的迈进——我长时间持这种观点——使我远离这种所谓的"先锋派"。

自从"丁香园咖啡馆"打碎玻璃那件事发生以后，我感到自己愈来愈被超现实主义那种非理性的表达方式所吸引，这就是让·爱泼斯坦曾徒劳地劝我提防的超现实主义。在《超现实主义革命》刊物上刊登的一幅"本哈明·佩雷特辱骂一个教士"的照片，给我留下了深刻印象，这本杂志还刊登了一项令我惊愕的关于性的民意测验。这些问题是向这一团体的不同成员提出

---

[1] 《叶尔玛》是西班牙剧作家费德里科·洛尔卡以女人为主题的话剧。

的，很显然，他们十分自由而坦率地做了回答。在今天，这只能算小事一桩，但在当时，那些询问——“您喜欢在哪里做爱？和谁？您如何手淫？”——使我极为惊异。这种做法肯定是第一次。

1928年，在马德里大学生公寓的“教学与会议联合会”提议下，我来到马德里讲先锋派电影并放映几部影片，包括雷内·克莱尔的《幕间节目》，雷诺阿的《水上姑娘》中的一组梦的镜头，卡瓦尔·康蒂的《唯有时光》以及一些诸如子弹缓缓飞出枪膛的极慢镜头的例子。

马德里社会最上层的人士，犹如他们一贯所言，参加了这次确实成功的会议。放映之后，奥尔特加·伊·卡塞特向我承认，如果他年轻一些，一定会去拍电影。

会议开始之前我曾对贝宾·贝略说，我觉得在那些显贵的听众面前，这个时刻最适合宣布关于月经论坛的竞赛开始并标明头等奖金。但我这个超现实主义行动像许多其他行动一样，并未实施。

那时，我无疑是那些来自西班牙的人群中唯一在电影界有点名气的人。一定是由于这个原因，在戈雅逝世百年之际，萨拉戈萨的戈雅委员会建议我写出这位阿拉贡画家自诞生到去世一生的经历并将其拍成电影。我在让的妹妹玛丽·爱泼斯坦的技术指导下写出了一个完整的电影剧本。随后我走访了巴耶·因克兰[1]，在美术社团我得知他也在筹备拍一部关于戈雅生平的影片。在我有意恭敬这位大师时，他却退避了，并给了我一些忠告。后来，由于

[1] 巴耶·因克兰（Valle-Inclán）：西班牙“九八年一代”小说家。

缺乏资金而放弃了拍摄。今天我可以说“幸好没拍”。

我对拉蒙·戈麦斯·德·拉·塞尔纳深怀敬意。我编写的第二个剧本就是受这位作家的七八个短篇故事的启发。为了把它们衔接起来，我借用报纸的拼版方法，以纪录片的形式表现出来。一个人在街头买了份报纸，坐在长凳上读起来，接着在报纸的各个版面上出现了戈麦斯·德·拉·塞尔纳的一个又一个故事，突发事件、政治事件、体育新闻，等等。我想这人最后会起身，把报纸揉作一团扔掉。

几个月后，我拍摄了我的第一部影片《一条安达鲁狗》，戈麦斯·德·拉·塞尔纳因我放弃了根据他的故事改编的电影剧本而产生了受骗的感觉，不过当《电影手册》刊登了这个剧本之后他感到了宽慰。

一条安达鲁狗（1929）

这部影片产生于两个梦的汇合。达利邀我到他家去住几天，我到了费格拉斯之后，向他讲了我不久之前做的梦：一片云切削了月亮，一柄剃须刀割开一只眼睛。他也向我讲了头天晚上的梦，他在梦中看到一只爬满蚂蚁的手。他又补充说：“我们根据这些拍部影片如何？”

开始我犹豫不定，但很快我们就在费格拉斯动手写剧本。

不到一星期，剧本写好了，我们共同遵守了一条极简单的规则：拒斥一切有道理的、从心理上或文化上进行解释的想法和形象，为非理性敞开所有的大门，只采用给我们留下印象的形象而不追究为什么。

我们之间从未出现任何争论。那一周我们取得了完全的共识。比如，一个人提出说“那个人取出一把低音提琴”，另一个说“不行”，那么出主意的人立即接受对方的否定。他会认为这是妥当的。反之，如果一个人提出的形象被另一个接受了，我们会立刻觉得它清晰明朗无需再讨论，即刻就写入剧本。

剧本完成之后，我马上意识到影片会拍得与众不同和颇具挑衅性。任何正常的制片体系都不会接受该片。因此，我向母亲要了一笔钱，自己制片。多亏有一位著名人物的干预，她才被说服并拿出了我所需要的钱。

我回到巴黎。当我在夜总会里将母亲给的钱花掉了一半后，我告诫自己必须干点正经事儿，而且一定要干出点名堂。我与演员皮埃尔·巴舍夫、西蒙涅·马勒伊，摄影师迪维尔热及比兰古尔制片厂联系好，影片在该厂用 15 天拍摄完毕。

摄影棚的拍摄台上只有我们五六个人。演员们一点儿也不明白他们在做什么。例如我对巴舍夫说："透过窗子看。好像你正在听瓦格纳的音乐。还要悲哀一些。"但他并不知道他正看什么。从技术上说，我已具有一定的水平和足够的威信，摄影师迪维尔热和我彼此能心领神会。

达利在停机前三四天才赶到。在摄影棚里他负责向驴头标本的眼睛里塞小鱼。在拍摄的一个镜头中，达利扮演由巴舍夫费力拖着的马利教徒，但是这段画面在最后剪辑时被剪掉了（我记不清楚这是为了什么）。在主角倒下死掉后，我们能够看见他在远处跟我的未婚妻让娜在一起。拍摄的最后一天是在哈维尔，达利和我们在一起。

影片拍摄剪辑完毕后，我们拿它怎么办？一天，《艺术手册》

的特里亚德在“多姆”酒吧听人谈起《一条安达鲁狗》(我对蒙巴纳斯的朋友们有所保留),他把我介绍给曼·雷。此人不久之前刚在耶尔拍摄完以诺埃里斯家族为题材的影片《骰堡之谜》(关于诺埃里斯大厦及其宾客的纪录片),现在正在寻找与它搭配的节目。

几天后,曼·雷约我到“古波尔”酒吧(它开业仅一两年),并把我介绍给路易·阿拉贡。我知道这两人属于超现实主义团体。阿拉贡比我大三岁,具有十分优雅的法国人气质。我们聊了一会儿,我告诉他们在某些方面,我的影片可以被认为是超现实主义的,或者说我是这样看的。

第二天,曼·雷和阿拉贡在乌尔苏兰制片厂观看了影片,临走时,他们十分有把握地告诉我要放映这部影片,应该尽早给这部影片以生命,要组织一场放映。

首先,超现实主义是一种在各地,包括在美国、德国、西班牙或南斯拉夫都能听到的称呼,某些人把它作为出自本能的非理性的表达方式,而这些人之间甚至互不认识。在我尚未听说过超现实主义这个词汇之前,我在西班牙发表的一些诗歌就已打上了超现实主义的印证,从而由它把我们引向了巴黎。同时,当我和达利写《一条安达鲁狗》的剧本时,实行着一种自动书写,我们是没有标签的超现实主义者。

如同往常那样,我们在气质上有某种相似之处。然而我必须指出,就我个人而言,和这一团体相遇对我日后的生活有着重要和决定性的意义。

我们在布兰舍广场的“西哈诺”咖啡馆相见,这个团体在此处举行日常聚会。我被介绍给马克斯·恩斯特、安德烈·布勒

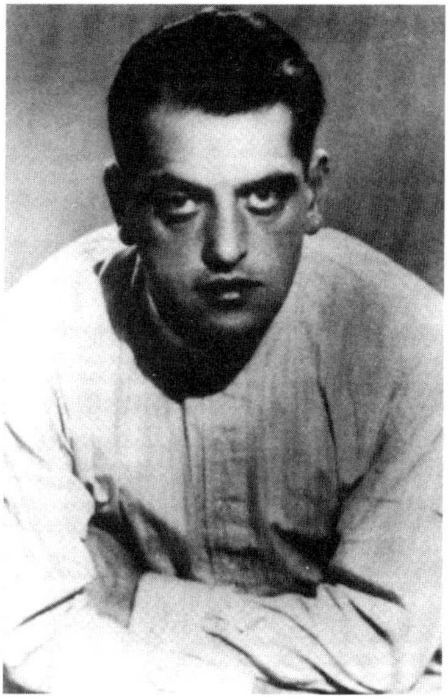

摄影大师曼·雷所摄的布努埃尔
（照片提供：《电影手册》）

东[1]、保罗·艾吕雅、特里斯坦·萨拉、雷乃·夏尔、皮埃尔·尤尼克、坦居伊、让·阿普、马克西姆、亚历山德烈、马格里特。除了当时在巴西的本哈明·佩雷特，所有人都在场。他们同我握手，向我敬酒并且保证在电影放映时一定去观看，阿拉贡和曼·雷曾向他们极力赞扬过这部片子。

《一条安达鲁狗》的首场公映是由乌尔苏兰制片厂组织的，出售请柬，在这里聚集了巴黎的精英，就是说有贵族、作家、著名画家（毕加索、勒·科布塞尔、科克多、克里斯坦、贝拉德）、音乐家（乔治·欧里克），当然还有超现实主义团体的全部成员。

可想而知，我是十分紧张的，我坐在银幕后面守着留声机，在放映过程中交替插放阿根廷探戈曲和《特里斯坦与伊索尔德》中

[1] 安德烈·布勒东（André Bretón，1896—1966）：法国诗人，理论家，超现实主义运动的发起者和领导者。

的音乐。我在口袋里放了些石头，如果影片失败，我就向观众扔去。以前，超现实主义者们曾对热尔曼·杜拉克的影片《贝壳与僧侣》（根据安托南·阿尔多德的剧本拍摄）起过哄，而我却挺喜欢这部片子。我等待着可能发生的最坏的事情。

我未能用上那些石头。影片结束后，我在幕后听到了热烈的掌声。我小心地拿出了我的投掷物，把它们扔在地上。

我参加超现实主义团体是很简单自然的事。我被接纳参加在“西哈诺”举行的日常聚会，有时候还到芳丹路42号布勒东家里去。

“西哈诺”是一家真正具有比卡尔风格大众化的咖啡馆，那里有妓女和小流氓。我们一般在下午五六点钟到那里。饮料有“佩尔诺德”酒、满洲柑香酒、比贡啤酒（加一滴石榴汁）。后一种饮料是画家坦居伊最爱喝的，他一杯又一杯，到第三杯时，他只好用两个指头捏住鼻子。

这有点像西班牙团体的小聚会。朗读、讨论这篇或那篇文章，评论杂志，谈论要出具的证明、要写的信、某次示威活动。每个人表明自己的想法和意见。如果谈话要围绕一个具体的、更秘密的题目，聚会就在离此不远的布勒东的工作室进行。

若我是最后到达者之一时，我就只和我座位相邻的人握手，要是布勒东离得较远，我就朝他做手势打个招呼。一天，他问团体的其他成员：“布努埃尔是不是对我有些反感？”他们告诉他，我对他没什么反感，只是厌恶法国人每时每地都要和每个人握手的习惯（日后在《这叫曙光》的拍摄场地上我禁止了这个习惯）。

像团体的其他成员一样，我感到一些革命的思想对我有吸引力，超现实主义者并不被看作恐怖分子、暴力行动分子，他们以毫无顾忌地批判为主要武器同他们所厌恶的社会斗争。面对社会不平等、人剥削人、宗教专制的影响和求利的野蛮军国主义，在很长时间里，人们可以从那种放肆喧哗中看到对以上问题的强有力的揭露，它能使那个应该被摧毁的制度中那种见不得人的可憎的伎俩暴露出来。有些人很快从这种行动路线上分离出去，投入到所谓的政治运动中去，主要是投入到我们认为唯一有尊严的被称为革命的运动——共产主义运动中去。这使得讨论、分裂、争吵无休无止。不过，超现实主义的真正目标不是要创造一种新型的文学和造型，也不是开创一种新的哲学，而是在于促使社会变革，改变生活。

大多数的那些革命者——就像我在马德里碰到的少爷们——都来自富裕家庭，是叛逆资产阶级的资产者。我就是这种情况。我身上汇聚着某种逆反、毁灭的冲动，我对此的感受比对所有的创作冲动更强烈。例如，对我来说，焚毁一座博物馆比开放一个文化中心或建一座医院的想法更具有吸引力。

然而我们在“西哈诺”的讨论中最吸引我的是道德的力量。我一生中首次遇到一种严格一致、毫无差错的道德。当然，那种有洞察力和攻击性的超现实主义道德与我们视为可憎的世俗道德总是相违背的，因为我们完全排斥传统价值。我们的道德另有标准可依，赞扬激情、迷惑、辱骂、恶意的笑、深渊的诱惑。但是在这种指认的范围日趋扩大的新环境中，我们的言行、反应、思想对我们来说是合理的，是不容丝毫质疑的。一切都有根有据。我们的道德是最严格、最危险，但又是最坚定、最一致和最严密的。

我还要说——是达利使我发现的——超现实主义者都很英俊。安德烈·布勒东具有雄狮般光彩照人的美，摄人心魄。阿拉贡的美很柔和。艾吕雅、克莱维尔和达利本人以及马克斯·恩斯特有令人惊奇的鸟型面孔和炯炯双目，而皮埃尔·尤尼克及其他人是热情、英俊、令人难忘的一群人。

在《一条安达鲁狗》“成功首映”之后，第28制片厂的莫克莱尔买下了这部影片。开始他付给我1000法郎，后来因为影片很卖座（连续放映了八个月），他又给我1000法郎，接着又给了1000法郎。如果我没记错，总计有七八千法郎。警察局收到四五十封控告信，那些人宣称“必须禁映这部淫秽而残忍的影片”。

于是开始了对我一连串的辱骂和威胁，直到我的晚年。

该片在放映期间，竟然发生了两次夭折。但是影片并未遭禁。

我接受了奥里奥尔和德·雅克斯及布鲁纽斯的建议，在由伽里玛编辑的《电影杂志》上发表了这个剧本。其实我这样做是无可非议的。

原来，比利时杂志《形形色色》已决定用一整期的篇幅介绍超现实主义运动。艾吕雅要我在《形形色色》上发表《一条安达鲁狗》的剧本，我只得抱歉，因为我刚把它交给《电影杂志》。为此引起的事件使我面对极为严重的良知问题，并准确地开启了我的头脑和超现实主义的天资。

我和艾吕雅谈话的几天之后，布勒东问我：

“布努埃尔，今晚能到我家来吗？开一个小会。”

我毫不迟疑地答应了。当天晚上我看到全体成员都在那里。事情的过程是按规矩进行的。阿拉贡担任检察官的角色，他以极其严厉的口吻指控我把剧本交给了资产阶级杂志。另外，《一条安达鲁狗》的商业成就也开始让他怀疑。一部如此挑衅的影片怎么使得影院爆满？怎么解释？

我孤身面对全体成员，尽力为自己辩解，但是很困难。这时我听到布勒东问我："你站在警察一边，还是我们一边？"

我处在一种非常戏剧性、进退两难的境地，虽然今天看来，这种严厉指责是十分可笑的。事实上，这种严重的良知问题是我平生第一次碰到。回家以后我无法入睡，我对自己说："是的，我有自由做我愿意做的事，他们没有任何权力管我。我可以把剧本摔在他们脸上就走，我没有什么理由听从他们，他们不比我更算什么人物。"

同时，我又感到有一股力量在对我说："你得承认，他们有道理。你以为对自己唯一的审判官是你的良知，但你错了。你爱这些人，信任他们。他们也把你当作他们中的一员。你并不如自己想象的那么自由。你的自由只不过是裹着雪衣徜徉于世的一个幽灵。当你奋力去捕捉它时，它总是逃脱，在你手指上甚至连一点融雪的湿痕都没留下。"

这种内心冲突在长时间内使我痛苦焦灼。甚至今天还在想着它，当有人问什么是超现实主义，我依旧回答：一种诗意的、革命的和道德的运动。

最后，我问我的新朋友们希望我怎么做，他们回答，要阻止伽里玛出版剧本。可是我该怎么面对伽里玛？怎么对他说？我甚至连地址都不知道。"艾吕雅陪你去。"布勒东对我说。

我和保罗·艾吕雅去找伽里玛。我说我改变主意，不在《电影杂志》上发表剧本了。他们告诉我别费口舌了，因我已同意过，而且印刷主任说版都排好了。

我回去向团体汇报。他们又做了新的决定：我应该拿着锤子去伽里玛把印版砸烂。这次依旧是艾吕雅陪我去，我把大锤藏在雨衣下来找伽里玛，然而太迟了，杂志已印刷完毕，第一批已经发行了。

最后的决定是《形形色色》杂志也刊登《一条安达鲁狗》的剧本（确实刊登了），还决定让我向十六家巴黎日报写“愤怒的抗议信”，一口咬定我是资产阶级无耻阴谋的牺牲品。有七八家报纸登载了该信。

除此之外，我还为《形形色色》和《超现实主义革命》杂志写序言，发表声明，说我认为，这部影片是对凶杀的一种公开的号召。

过了一段时间之后，我提议在蒙马特高地烧毁电影底片。要不是他们拦阻，我肯定会毫不犹豫去干的。以后我还会干的。我不在乎在我的小花园里烧掉我的影片的底片和所有拷贝。我根本无所谓。

他们拒绝了我的提议。

在我看来，本哈明·佩雷特是一位杰出的超现实主义诗人：不受任何束缚，纯洁的灵感，犹如清泉，毫无匠造之气，迅速开创着另一个境界。1929 年达利和我大声念着格兰·热的几首诗，有时在地板上笑作一团。

我加入团体的时候，佩雷特作为托洛茨基运动的代表正在巴西。在聚会上我从来没见过他，直到他遭驱逐从巴西回国后我才认识他。战后我们常在墨西哥见面。当我在拍我的第一部墨西哥影片《大赌场》时，他来找我，请求工作，想要干点什么。我尽力帮助了他，但困难确实不少，因为我自己的境况也不稳定。在墨西哥他和女画家雷美迪奥·巴罗住在一起（或许他们结婚了，我不清楚），我像尊敬马克斯·恩斯特一样尊敬他。佩雷特是一个处于自然状态的超现实主义者。他十分纯洁，而且几乎一直是穷极潦倒的。

我向团体提及达利并给他们看了几张他的作品的照片（其中有他给我画的肖像），他们觉得一般。然而当看到达利从西班牙带来的原作时，超现实主义者们改变了态度。他立即被吸收加入团体并参加聚会。他与热衷于“偏执狂—批评”方式的布勒东的最初几次接触十分精彩。由于加拉的影响，没过多久他们就把萨尔瓦多·达利看成是“贪恋美元者”。三四年之后，他被逐出这个团体。

团体内部根据个人之间的亲疏形成了几个核心。比如达利最好的朋友是克莱维尔和艾吕雅。我和阿拉贡、乔治·萨杜尔、马克斯·恩斯特及皮埃尔·尤尼克关系亲密。

今天已被忘却的皮埃尔·尤尼克当时在我眼中是一个健壮的小伙子（我比他大五岁），热情、聪明，是位很可爱的朋友。他是一个犹太裁缝的儿子，说得更详细一些，他的父亲还是犹太教博士，他本人是坚定的无神论者。一天，他对父亲说我希望皈依犹太教——我这样说纯粹为了玷污自己的门风。他父亲表示愿意接受我，但在最后一刻我决定还是忠于天主教。

我们和他的女友阿格奈·卡普里及一个微跛但秀丽的女书商约兰达·奥利维罗、女摄影师丹尼丝共同度过长时间的聚会，我们聊天，尽量坦率地回答关于性方面的询问，并玩一些我认为是纯洁而又放荡的游戏。尤尼克出版了一本诗集《不眠之夜的戏剧》，还有一本遗著。他还领导一本由共产党编辑的儿童杂志，我觉得很引人入胜。1934 年 2 月 6 日法西斯制造骚乱时，他用贝雷帽盛着一位被轧死的工人大脑的残片。人们看到他进入地铁，走在一群高呼口号的示威者的前列。在警察追捕他们时，他们不得不沿着隧道逃走。

战争期间，尤尼克被关进奥地利的一所俘虏营。当他得知苏联军队挺进时，便逃出去与他们汇合。估计是雪崩把他卷下悬崖，人们没能找到他的尸体。

路易·阿拉贡外表温文尔雅，但内心强硬。在我对他的记忆中（我们直到 1970 年还继续见面），有一件事难以忘怀。当时我住在帕斯卡街，一天早晨八点左右，我收到一封快递信，阿拉贡在信中请我尽快去看他，他等着我，要告诉我一件严重的事情。

半小时后，我赶到甘巴涅—普莱米耶尔街他的家中。他简短地告诉我艾尔莎·特里奥雷已经彻底地抛弃了他，超现实主义者们出版了一本对他进行侮辱的小册子，而他所加入的共产党已决定开除他。这一系列难以置信的事件，使他的生活解体，他在刹那间失去了所有对他至关重要的东西。然而，尽管遭到这些不幸，他在工作室里仍像雄狮一样踱步，显示了在我的记忆中最令人敬佩的勇者的典范。

第二天，一切又都解决了。艾尔莎回到他身边，共产党也否认要开除他。至于超现实主义者，对他已无关紧要了。

我保存着一份有关那一天的证物，是一份《压迫人的受压迫者》，里面刊登着阿拉贡的题词，说："当你‘感到一切都完了……’的日子里，你会感激向你伸出手来的朋友。" 这已是 50 年前的事了。

阿尔伯特·瓦伦丁在我加入团体的时期也是团体的成员。他是雷内·克莱尔的助手，参加了影片《自由属于我们》的摄制，他反复对我们说："你们看吧，我相信这是一部真正革命的影片，你们会喜欢的。"团体的所有人都去参加了首映式。而这部影片却令人大失所望，根本不被认为是革命影片，阿尔伯特·瓦伦丁因蒙骗众人而被开除出团体。很久以后，我在戛纳电影节又看到了他；他十分和蔼可亲，喜好玩轮盘赌。

雷内·克莱维尔是个极为可亲的人。他是团体中唯一的同性恋者，但他一直在努力克服这种习性。这场苦斗因共产主义者和超现实主义者的无休止的争吵而更艰难，一天夜里11时左右他以自杀告终。第二天门房发现了他的尸体。当时我不在巴黎。我们都因他这种为个人的痛苦所导致的死亡受到震动。

安德烈·布勒东是一个有教养重礼节的人，他常去吻女人们的手。他对高雅的幽默比较敏感，厌恶粗俗的玩笑，对任何事情都持几分严肃的态度。我觉得他写的关于他妻子的诗及佩雷特的作品是超现实主义文学中最美好的记忆。

他的沉静、文雅、风度翩翩和高尚的品味并不影响他突然间爆发的令人惊异的怒气。由于他常责怪我不肯把我的未婚妻让娜介绍给其他超现实主义者，并说我像西班牙人一样好嫉妒，我答应与让娜一起去参加他家的晚宴。

参加晚宴的还有马格里特和他妻子。宴会是在阴郁的气氛中开始的。不知为什么，布勒东面对餐盘根本不抬头，他一直紧锁眉头，讲话十分简短。我们正奇怪不知发生了什么事，突然间，布勒东再也忍不住了，他指着马格里特妻子戴的金项链上系的小十字架，高声说这是难以容忍的挑衅，她应戴别的饰物来赴宴。马格里特出来为妻子辩护，他们争吵得非常激烈，持续了一会儿才平息。马格里特和妻子好不容易克制自己，在晚餐结束前没有离去。他们的关系冷却了一段时间。

布勒东还特别注重一些别人并不理会的细节。他在墨西哥拜访了托洛茨基后，我问他对此人的印象如何，他回答说："托洛茨基有一条他非常喜爱的狗。一天，那条狗在他身边瞧着他，托洛茨基对我说：'这条狗有人的目光，对吧？你注意到了吗？'我真不明白像托洛茨基这样的人怎么会说这种蠢话。狗没有人的目光！狗只有狗的目光！"

他愤愤地对我说了这些。还有一次他冲出家门，打翻一个流动售《圣经》的人的手提货摊。

像许多超现实主义者一样，布勒东厌恶音乐，特别是歌剧。为了帮他走出这一误区，有一天我终于说服他与我和其他几个团体成员——当然有雷乃·夏尔和艾吕雅，一起去听喜剧歌剧。演的是夏尔庞蒂尔的《路易丝》，我认识此人。大幕揭开，布景和角色就使我们愕然。它一点儿也不像我们所喜爱的传统歌剧。一名妇女端着一个汤盆上场，唱起了鲜汤咏叹调。太过分了。布勒东傲慢地起身离去，为所浪费的时间而愤怒，其他人跟着他，我也走了。

战争期间，我在纽约常和布勒东见面，后来又在巴黎相见。我们终生是好友。尽管我在各种电影节上得过奖，他从未威胁过要把我逐出团体。他甚至向我承认《比里迪亚娜》令他落泪，与之相反，《毁灭天使》使他有些失望，我不明白为什么。

1955年我在巴黎遇到了他，当时我们俩人都去艾奈斯库家。因为时间尚早，我们先去喝了一杯。我问他为什么因马克斯·恩斯特获得了威尼斯两年一度的大奖就把他逐出团体。

“想让我告诉你吗，朋友？”他回答道，“我们赶走达利是因为他已经变成一个可悲的商人，现在这种情况又出现在马克斯身上。”

停了一会儿，他又补充说——我从他脸上看出一种真切的发自内心的痛苦：“承认这种事是令人悲伤的，亲爱的路易斯，不过丑闻已经不复存在了。”

布勒东去世时我正在巴黎，我参加了葬礼。为了不被认出来，为了不和那些已有40年没见面的人说话，我稍稍化了装，戴了帽子和眼镜，站在一旁。

仪式进行得迅速而安静，然后人们各自散去。我很遗憾没有人在他墓前讲几句告别的祭文。

黄金时代

我拍摄完《一条安达鲁狗》之后，根本无法想象再去拍一部当时已称为“商业片”的影片。我希望不惜一切继续走超现实主义的道路。由于不可能再向母亲要求资助，没有办法，我决定放弃电影。

然而我已设想了二十多种构思和片断，比如一辆满载工人的大车穿过一间华丽的厅堂，或一位父亲用猎枪打死了亲生儿子，只因为儿子向他丢烟头，我把它们都记下来，以备万一用。在一次去西班牙旅行的时候，我向达利讲了这些想法，他表示很感兴趣。已经有了一部影片的构思了，但怎么拍呢？

我回到巴黎。《艺术手册》的塞尔沃让我接触了乔治－亨利·里维尔，他建议我去找曾“崇拜”《一条安达鲁狗》的诺埃里斯家族。起初我做了必要的回答，因为我对贵族并不抱期望。“你错了。”塞尔沃和里维尔对我说，“他们是很好的人，你有认识他们的必要。”最后，我答应和乔治及诺拉·欧里克一起去他们府上赴晚宴。坐落在埃塔特—优尼广场的诺埃里斯府第富丽堂皇，收藏着许多令人难以置信的艺术品。晚宴后，在壁炉前，查理·德·诺埃里斯对我说："是这样，你拍一部约 20 分钟的影片。一切随意，只有一个条件：我们与斯特拉文斯基有约，由他作曲。"

“很抱歉，”我答道，“但是你们怎么能想象我会与这位卑躬屈膝的先生合作呢？”

人们就是这么议论斯特拉文斯基的。

查理·德·诺埃里斯的反应出乎我的意料，从而使我第一次敬重他。

“有道理，”他并没提高嗓音地说，“斯特拉文斯基和你不能相提并论。你自己为你的影片挑选作曲者吧，我们给斯特拉文斯基另找机会。”

我同意了，还要求预付我的工资，然后就去费格拉斯找达利。

那是 1929 年的圣诞节。

我从巴黎到费格拉斯，途经萨拉戈萨（我总要在这里停留以便探望家人）。到了达利家后，我听到了怒气冲冲的叫喊声。达利父亲的事务所在楼下，一家人（父亲、姑母、妹妹安娜·玛丽亚）住在二楼。达利的父亲猛地打开门，愤愤地把达利赶到街上，说他是无赖，达利反唇相讥为自己辩护。我走上前，他父亲指着他对我说，再也不愿意在家里看到这头猪。父亲生气的原因（很合理）是这样的：在巴塞罗那举办的一次画展上，达利在他的一张画上用黑墨水写下了恶毒的语句："我啐我母亲的画像。"

达利被赶出费格拉斯后，要我和他一同去他在卡达盖斯的家，我们在那里工作了两三天。但是我感觉创作《一条安达鲁狗》的那种愉悦已荡然无存。这是由于加拉的影响吗？我们在任何事情上都不能达成一致，一个人总觉得另一个人的提议很糟，并予以拒绝。

我们友好地分手了。我一个人在耶尔的查理·伊·玛丽亚—洛莱·德·诺埃里斯的庄园写剧本。白天他们让我安静地工作，晚上我把写好的篇章读给他们听，他们没有提出任何异议。一切——不是我夸张——他们都感觉“美妙、有趣”。

最后，我写出一部一小时的影片剧本，比《一条安达鲁狗》长多了。达利来信提出一些构思，我至少用了其中之一：一个人头上顶着石头在公园里面走着，他路过一座雕像，雕像的头上也顶着一块石头。

看过完成的影片后，他很高兴并对我说：“这像一部美国影片。”

在拍摄时我精心地准备，绝无浪费。我的未婚妻让娜受委托负责管账，影片拍完后，我向查理·德·诺埃里斯结了账并退还了所余的钱。

他把账单放在大厅的桌上，我们就去餐厅了。后来从几片烧焦的纸片我认出那是账单，这才明白他把我的那些账单烧掉了，但他并没有当着我的面烧，也毫无炫耀的姿态，这使我很高兴。

《黄金时代》是在比兰古尔制片厂拍摄的。在同一个场地，爱森斯坦拍摄了我后面将要提及的《伤感曲》。我认识蒙巴那斯的加斯东·莫多特，他热爱西班牙，还弹吉他。由代理人找来的女主角丽亚·莉斯是和艾尔莎·库普林，以及一位俄国作家的女儿同时来的。我不记得为什么选中了丽亚·莉斯。迪维尔热担任摄影，马尔瓦为助理导演，这和拍《一条安达鲁狗》的情况一样。马尔瓦在影片中仍扮演了一个从窗口被扔出去的主教。

一位俄国籍的布景设计师负责在摄影棚内搭景。外景在加泰罗尼亚、卡达盖斯附近及巴黎郊区拍摄。马克斯·恩斯特扮演强盗头子，皮埃尔·普莱维尔扮演生病的强盗。扮演在大厅里的客人中有瓦伦丁娜·雨果，她又高又漂亮，站在著名西班牙陶艺家阿尔蒂格斯的身边，这人是毕加索的朋友，身材矮小却留着大胡子。意大利使馆认为，这个形象影射了维克多·曼努埃尔国王，因为他也很矮小，于是提出了抗议。

有几个演员给我带来一些麻烦，特别是扮演乐队指挥的那个俄国移民。说实在的，他不怎么样，倒是那尊专为拍片雕的塑像令我很满意。另外，雅克·普莱维尔也出场演了，他穿过一条街，画外音——《黄金时代》是第二或第三部在法国拍的有声片——一个声音说："把头挪过来，靠近枕头这边"，这是保罗·艾吕雅的声音。

还有，在影片最后扮演布兰古公爵的演员——因敬仰萨德——他取名莱昂内尔·萨雷姆，他专门扮演基督，并在当时拍的好几部影片中出演这一角色。

我没有再看这部影片。现在我不可能说出对它有何想法。我把达利的名字保留在影片职员表上，他把该片与美国影片比较之后（当然从技术角度），写道"他的"剧作意图是：彻底地暴露现实社会机械化的卑劣。

对我来说，它也是——尤其是一部关于疯狂爱情的影片，是关于一种无法抗拒的冲动，不论在任何情况下，这种力量推动着一个男人走向一个女人和一个女人走向一个男人，但他们永远不能结合在一起。

影片拍摄期间，超现实主义团体袭击了埃德加·吉奈街的一家夜总会，因为它不慎占用了洛德莱阿蒙一首诗的名字《马尔陀罗之歌》。由此可见超现实主义者对洛德莱阿蒙所怀的崇敬是何等坚定。

鉴于我是外国人，而袭击一个公共场所必会导致警方干涉，所以我和另外几个人被免予参加该行动。这桩事件震动全国。夜总会遭到洗劫，阿拉贡还挨了一刀。

有一位住在这里，曾称赞过《一条安达鲁狗》的罗马尼亚记者，他也愤怒地指责超现实主义者冲击夜总会。

两天之后他来到比兰古尔制片厂，我叫人把他赶到大街上。

《黄金时代》的第一场放映仅限内部人士参加，在诺埃里斯家举行。他们讲话总带英国腔，认为影片“美妙、有趣”。

后来，在“潘特翁”影院上午10点组织了一场放映，邀请了“巴黎的精华”，还特别请了一些贵族。玛丽－洛莱和查理在门前迎接客人（这是后来胡安·彼森斯告诉我的，当时我并不在巴黎），同他们握手甚至还亲吻。散场后他们又回到门口与客人道别，并询问他们对影片有何印象。然而宾客们极为严肃地很快散去，一句话也没说。

第二天，查理·诺埃里斯被逐出约克俱乐部。由于还有人要把他逐出教会，为此，他母亲不得不去了一趟罗马，向教皇进行了说明。

影片像《一条安达鲁狗》一样，在“第28制片厂”首映，连映六天全都爆满。后来，随着右翼报刊对这部影片的抨击，“保皇派售报人”和“青年爱国者”的成员袭击了影院，他们撕毁门厅里张贴的超现实主义展览的图画，向银幕扔炸弹并捣毁座椅。这是一场“《黄金时代》的丑闻”。

一个星期以后，警方负责人夏普以维护公共秩序为由干脆禁演这部影片。禁令持续了50年。影片只能在私人放映场所或电影俱乐部放映。最终在1980年，影片在纽约发行，1981年又在巴黎得以发行。

诺埃里斯家族未因禁映一事为难我，不仅如此，他们还为影片在超现实主义团体所受到的热烈欢迎向我祝贺。

我每次去巴黎都去看望他们。1933年他们在耶尔举办了一场晚会，每一位受到邀请的艺术家可以随意做什么事。我不记得为什么达利和克莱维尔谢绝了邀请，而达利乌斯·米洛、弗朗西斯·波朗、乔治·欧里克、伊戈尔·马尔科维奇及亨利·索格每个人都创作并在耶尔市剧院指挥演奏了一支曲子。科克杜画出了节目单，克里斯蒂安·贝哈尔描绘出宾客们的衣服（已经为化过装的客人留出了包厢）。

布勒东一向尊敬创作者并鼓励他们抒发出来——他不断问我：“你什么时候给杂志写点东西？”在他的怂恿下，我用一个小时写出了剧本《一头长颈鹿》。

皮埃尔·尤尼克为我修改了法文，然后我到雅科梅蒂的画室（他刚加入团体），请他画一个与真鹿一样大的长颈鹿并在胶合板上刻出来。雅科梅蒂同意了，他跟我到耶尔制作了那头长颈鹿。在鹿身的斑点上安了合页，可以掀开，下面写的就是我在一小时内完成的那些剧本片段。要想做到这些片段中所要求的事情，演出非得花四亿美元不可。全文后来刊登在《为革命服务的超现实主义》上，例如在一块斑点下写着："100 名乐师在地道里开始演奏拉沃基里亚。"另一处写着："基督放声大笑。"(我很得意发明了这种后来被多次采用的形象)

长颈鹿被放置在属于诺埃里斯家族产业之一的圣·贝尔纳德修道院的花园里。事先已经向客人们宣布将有令人惊奇的东西。晚餐之前，人们被要求借助板凳读出花斑下面的文字。

他们顺从了而且看来很高兴。喝过咖啡后，雅科梅蒂和我回到花园。长颈鹿已消失得无影无踪，也无人做出任何解释。在《黄金时代》的丑闻事件之后这是不是也太令人气愤了？我不知道长颈鹿怎么了，查理和玛丽-洛莱都没再向我提到它。我也没敢追问它突然失踪的原因。

在耶尔度过几天后，乐队指挥罗杰·德索米耶尔告诉我，他将去蒙特卡洛指挥新的俄国芭蕾舞团的首场演出并邀我陪他同去，我立即答应了。科克杜和其他几位宾客到车站送行，有人提醒我说："跟那些芭蕾舞姑娘在一起要小心，她们非常年轻又纯真，工资少得可怜。至少别让哪位姑娘怀了孕。"

在两个小时的火车旅行中，我又习惯地白日做梦。我想象自己看到那群演芭蕾舞的姑娘坐在几排椅子上，都穿着黑筒袜，在等我的命令。我用手指着其中一个，她站起来顺从地走近我。这时我改变了主意，又指了另一个，她和第一个人一样温顺。虽然列车使我晃动，但并未给我的这种情欲想象带来任何阻碍。

事实上事情是这样的：

德索米耶尔和其中的一个芭蕾姑娘是朋友，首场演出之后，他建议我和他的女友及团里的另一个女孩一起去夜总会喝酒，可想而知，我不会反对。

演出正常进行着。最后有两三个姑娘因疲惫而昏倒（也许她们真的工资微薄，营养不良？），其中就有德索米耶尔的朋友，她醒来之后，请一个同伴，一位很美丽的白俄姑娘陪我们去，我们四个人来到了一家夜总会，像预想的那样。

一切都显得十分美妙。德索米耶尔和他的女友不久就走了，留下我和白俄姑娘单独在一起。于是，不知为什么，我受自己和女人交往中常有的一种愚蠢的冲动驱使，劲头十足，专心地与她讨论起俄国的政治形势、共产主义和革命。一开始这位姑娘就明白地宣称她反对苏维埃，她毫不隐讳地讲起共产党政权的罪行。我火了，称她是可恶的反革命分子，我们争吵了一会儿，我给她留下乘出租车的钱就自己回家了。

后来我多次为那回动怒及另几次发火感到后悔。

在超现实主义的辉煌业绩中，有一件事我觉得特别美妙。这要归功于乔治·萨杜尔和让·科佩涅。

1930 年的一天，乔治·萨杜尔和让·科佩涅闲暇无事，在外省城中的咖啡馆里看报纸。忽然他们的目光扫到圣·西尔军事学院的考试成绩单的头一位，那批人里的第一名是个叫凯勒的。

我倒真希望萨杜尔和科佩涅无事可做，独自待在外省。他们感到乏味，忽然想出一个奇妙的主意："我们给这个白痴写封信如何？"

他们说干就干。向侍者要了纸笔，写出了在超现实主义史上可称是最佳的污辱信之一。签名之后，他们一刻也没耽误就给圣·西尔的那位首屈一指者寄去了。信中有一些难忘的语句，如："我们唾弃三色旗。我们要和你们的起义士兵一起在阳光下晾晒所有法兰西军官的肚肠。如果非逼着我们去打仗，至少我们会效力于光荣的德国尖盔下。”等等。

那个叫凯勒的收到了信，把信交给了圣·西尔的院长，后者又转给古洛将军，同时，《为革命服务的超现实主义》刊登了该信。

这件事引起轩然大波。萨杜尔来找我，并告诉我他必须逃离法国。我向诺埃里斯家族讲了他的事，他们一贯慷慨，给了他4000法郎。让·科佩涅被逮捕了。萨杜尔的父亲和科佩涅的父亲到巴黎参谋总部提出辩解，但无济于事。圣·西尔要求公开赔罪。萨杜尔逃离法国，而据说科佩涅在军事学院全体学员面前下跪请求原谅。我不知这事是否真实。

回想起这件事，我仿佛又看到了安德烈·布勒东深切悲哀和不安的表情。1955年，他向我哀叹再也不会有这种丑闻了。

围绕超现实主义，我曾结识，有时甚至相当熟悉了一些和这场运动沾点儿边的作家、画家，他们先与之来往，继而又抵制运动，然后再次参加又再次抵制。另有一些人一直在进行独自的寻求。在蒙巴那斯我认识了费尔南·勒热尔并经常和他见面。安德烈·马松几乎从来不参加我们的聚会，但和团体保持着友好的关系。真正的超现实主义画家是达利、坦居伊、阿普、米罗、马格里特和马克斯·恩斯特。

恩斯特是我的挚友，他已参加了达达运动。超现实主义萌发时，恩斯特正在德国，而曼·雷当时在美国。马克斯·恩斯特告诉我，在超现实主义团体组成之前，在苏黎世，他和阿普及查拉参加了一次为一个展览办的演出，他让一个小姑娘——他总有这种腐化儿童的劲头——穿着初领圣餐的服装，手持蜡烛在台上背诵一篇明显带有色情味道而她根本不懂的文章。乱子惹得够大的。

马克斯·恩斯特长得像鹰一样英武。他和布景师让·欧朗舍的妹妹玛丽－贝尔德一起逃走并和她结了婚，她在《黄金时代》中还演过一个小角色。有一年——我不记得是他们结婚之前还是之后，他和安赫勒斯·奥尔蒂斯在同一个村庄度假，后者是地道的沙龙里的祸害，被他征服的人不计其数。那一年马克斯·恩斯特和奥尔蒂斯爱上了同一个女人，奥尔蒂斯把她带走了。

过了不久，布勒东和艾吕雅来到我在帕斯卡街的住所对我说，他们从我的朋友马克斯·恩斯特那里来，他现在街角处等着。我不明白为什么，马克斯指责我帮助奥尔蒂斯捣鬼。布勒东和艾吕雅以他的名义到我这里来要求解释。我回答说，我和那件事一点儿关系没有，我从来也不是安赫勒斯的情欲顾问。他们就告退了。

安德烈·德朗和超现实主义从来没有什么关系。他比我年长——至少三十或三十五岁，总是对我讲一些巴黎公社的事。他是第一个对我提及这一事件的人，那就是凡尔赛人指挥的残酷的镇压中，许多人因为手上有被认为是属于工人阶级标记的老茧就被枪杀。

德朗又高又胖，给人十分和蔼可亲的感觉。一天晚上，他带我去他认识的一家妓院喝啤酒加烧酒。商人皮埃尔·高雷和我一起去。“晚上好，安德烈先生，您好吗？好久没看见您了！”

鸨母接着说：

“我这儿有个小姑娘……我这就带来。她可纯真了。注意点儿，您对她可要温柔一些。”

不一会儿，我们看见一个穿低跟鞋白短袜的小姑娘走进来。梳着辫子，玩弄着指环——真扫兴！原来是个四十多岁的小矮子。

在作家当中我与罗杰·彼得拉克很熟，但布勒东和艾吕雅并不怎么看重他，我也弄不清是为什么。加入了团体的安德烈·第

拍摄影片《黄金时代》的留影：站立于左侧最高处的是超现实主义创始人马克斯·恩斯特（Max Ernst），站在下面的是布努埃尔，坐在地板上的则是皮埃尔·普雷韦尔（Pierre Prévert）

戎是一位真正的政治家。保罗·艾吕雅在一次散会时提醒我："这个人只对政治感兴趣。"

后来，自称为共产主义革命者的第戎拿着一幅巨大的西班牙地图到帕斯卡街来找我。当时正时兴政变，他也已精心准备了一场政变，要推翻西班牙王权，他想让我帮助提供一些地理详情，以便把海拔高度和小路标在图上。我没能帮他。

他写过一本关于那个时期的书，名叫《没有革命的革命者》，我非常喜欢。当然他自己担当了最佳角色（尽管我们所有的人都曾这样做过，自己却往往没注意到），并透露了一些我觉得使人不悦而且无用的内部详情。但我毫无保留地同意他对安德烈·布勒东的看法。战后，萨杜尔告诉我第戎已彻底“背叛”了自己的主张，戴高乐主义这一派里他对地铁票涨价负有责任。

马克西姆·阿历山德烈皈依了基督教。雅克·普莱维尔把我介绍给《眼睛的历史》一书的作者乔治·巴塔耶，由于《一条安达鲁狗》里那只被切割的眼睛，他想认识我。我们一起吃饭。巴塔耶的妻子西尔维娅是我一生中见过的最美丽的女人之一，后来，她和让·拉康结婚后，我又遇见过她；还有雷内·克莱尔的妻子布隆哈。巴塔耶本人有一张严肃刻板的面孔——布勒东并不十分尊敬他，因为觉得他过于粗鲁和唯物，他认为不可以轻易发笑。

我和安托南·阿尔多交往甚少，只见过他两三次。确切地说，就是1934年2月6日我在地铁里碰见了他。当时他正排队买票，我就排在他身后。他自言自语，打着手势，我不想打扰他。

人们常问我，超现实主义最后怎么样了。我不知道如何回答。有时我说，超现实主义在次要方面取得成功而在主要方面失败了。安德烈·布勒东、艾吕雅、阿拉贡跻身于20世纪法国最优秀的作家之列，他们的著作在所有的图书馆都占据重要位置。马克斯·恩斯特、马格里特和达利是价格最高、最受欢迎的画家，他们的作品在所有的博物馆里都占据着显要的地位。而艺术上的承认和文化上的成就却是我们大多数人最不予重视的东西。超现实主义运动光荣地漫不经心地进入了文学和绘画的编年史。最渴望的、一种迫切但又不能实现的愿望就是变革世界和改变生活。在这个方面——主要方面——只要瞥一眼周围的世界就能觉察到我们的失败。

当然，事情不可能是另一种样子。今天我们在与不计其数的各种力量的关系中，在不断变革的历史现实中来衡量超现实主义所占据的卑微位置。被如地球一样宏大的梦想吞噬之后，我们什么都不算，不过是一伙儿傲慢的知识分子，只会在咖啡馆里大放厥词，出些杂志而已；只是一小撮一旦在行动中必须面对要强行和直接做出抉择时就会四分五裂的理想主义者。

不管怎样，在与令人兴奋而又无条理的超现实主义为伍的时间里——三年多的时间——使我在一生中都保留了某些东西。首先留给我的是，对于得到承认和渴望的人的内心的自由探索，这是一种非理性的、隐晦的、一切源于我们的冲动，我内心深处的呼唤。这种呼唤极为傲慢、热衷于嬉戏，并首次以难以估量的力量和活力在与我们视为不祥的东西进行的不懈斗争中回响着。我从未背弃过这一切。

我还要说，超现实主义大多数的自发行动都是合理的。我仅举一例，工作原理——代表资本主义社会神圣的价值观，不可触犯的一个词——是超现实主义者首先系统地抨击它，揭露了它的欺诈性并宣称雇佣劳动是一种耻辱。我在影片《特丽斯塔娜》中有对这种抨击的响应，堂·洛佩向世界宣告："可怜的工人们。当乌龟、挨揍的家伙！工作是一道恶咒，萨杜诺。别为了谋生去苦干了！这种工作没有尊严，就是说这么干只能够填饱剥削我们的那些猪猡的肚子。相反，出于爱好和消闲的工作才使人体面。所有的人都应该这样的工作。瞧我：我不工作。你看到了，我活着，活得不好，但我不工作，却活着。"

这种言论的一部分能在加尔多斯的原著中找到，但它们另有含义。这位小说家责备这个角色的懒惰，认为这是缺点。

超现实主义者是第一批凭直觉感到“工作”的价值已开始在一个脆弱的基础上摇摇欲坠的人。今天，50 年过去了，各地的人们都在议论这个过去被视为永恒的价值的贬落。有人提出，人是否为工作而生的问题，并开始思考消遣式的文明。在法国甚至有一个闲暇部。

超现实主义留给我的另一种东西是发现了一切既定道德的准则与我个人道德间的极为严重的冲突，后者是我的本能和积极的体验的结果。直到加入团体前，我从未想象过会遇到这样的冲突。我认为这种冲突在所有人的生活中都是不可或缺的。

因此，我在那些年里所保留下的东西远远超过我对一切的艺术发现和对高雅的思想、志趣的认识，这是一种明确的、不可动摇的道德要求，我一直顶着风浪努力忠实于它，忠实于一种确认的道德并非易事，因为它常和自私、虚荣、贪婪、表现欲、粗鄙及淡忘发生冲突。有些时候，我曾屈服于以上的某种邪念，也曾为了如今看来是微不足道的事情而破坏自己的准则。但在大多数情况下，对超现实主义的追随使我能够抵制诱惑。从深层意义上说，这也许是最主要的。

1968 年 5 月初，我在巴黎和助手们开始筹拍《银河》，并寻找拍摄地点。一天，我们在拉丁街突然见到一座学生们筑起的街垒。记得不久之后，巴黎市的生活就陷入一片混乱。

我读了马尔库塞的著作并为之喝彩。我赞成所有我读过或听说的关于消费社会的问题及需要在为时尚未晚时改变乏味而危险的生活道路的提法。1968年的“五月风暴”[1]是辉煌的时刻。我在一些富人区散步时，毫不惊奇地看到了墙上写着我们超现实主义者旧日的口号——“想象获取权利”，还有“禁止颁布禁令”。

然而，像几乎所有的人一样，我们不得不停止工作，我无所事事，独处巴黎，像一个有兴致又日渐不安的旅游者。在发生了一夜的骚乱后，当我再穿过圣·米歇尔路的时候，催泪瓦斯使我泪流不止。我尚未明了发生的一切。例如，为什么一些示威者呼喊“毛！毛！”，似乎要求在法国建立一个毛泽东思想的政体。平时理智的人都昏了头。我的一位好友路易斯·马勒不知是哪个行动组织的头头，他把他的人马分散到这场大战之中，还命令我的儿子让－路易斯，只要见到警察转过街角就朝他们开枪（要是他遵命干了，准会成为五月唯一上断头台的人）。在一些人表现真诚而庄严的同时，出现了浮夸的空喊及另一些人的迷惑不解。每个人都举着自己的航标灯寻找自己的革命。我反复说：“这种事要是出现在墨西哥，只需两小时，死两三百个人就会完结了。”（的确，这件事曾在十月份在三文化广场发生过，真有人死了）

制片人塞尔日·西尔贝曼带我去布鲁塞尔住了几天，从那里我可以很方便地乘飞机回家。但是我决定返回巴黎。一个星期后，极力呼吁恢复秩序的人占了上风，于是这场奇迹般的几乎不曾流血的盛大狂欢结束了。除了那些标语的内容，1968年“五月风暴”还有许多方面与超现实主义运动相似：相同的思想主题，在语言与行动之间做出选择时面临着同样的困难。像我们一样，1968年“五月风暴”的学生们说得多、做得少。但我绝不会指责他们。就像安

[1] “五月风暴”，指当时发生在以巴黎为主地区的学生运动。

德烈·布勒东肯定会说：与当年吵吵闹闹一样，事情不可能干好！

要不然像有些人做过的那样，选择恐怖主义。然而这也没有超出我们青年时代的表述，例如，布勒东曾就此说过："超现实主义最简单的行动就是拿着手枪上街，随意向人开火。"对于我来说，我没有忘记我拍过影片《一条安达鲁狗》，不过这却是对凶杀的号召。

在我们这个世纪中，不可避免的恐怖行为的象征一直吸引着我；但是目标绝不是要摧毁整个社会、摧毁全人类的恐怖行为。对于那些以恐怖行为为政治武器为某种事业服务的人，我只有蔑视，比如，对那些杀伤马德里市民以唤起世界对亚美尼亚问题的关注的人。对这些恐怖分子我提都不愿提，他们使我恐惧。

我说的是我敬重的邦诺特匪帮，他们是谨慎地、有选择地牺牲对象的阿斯卡索和杜鲁蒂，以及 19 世纪末法国的无政府主义者和所有那些感到世界如果继续存在是耻辱而甘愿炸毁它，并愿与之同归于尽的人们。我理解这些人，在许多情况下也敬重他们。然而在我的想象与现实之间总有一道深深的鸿沟，正如大多数人的情况一样，我不也是未曾做过任何行动的人，虽然有许多次我在感觉上认同于那些安放炸弹的人，但我从未能学成他们的样子。

我和查理·诺埃里斯的往来持续终生。在巴黎时，我们经常共进午餐或晚餐。

最近一次，他邀请我去他的家，50 年前他曾在这里接待过我。但他家已完全改变。

玛丽－洛莱已亡故。以前四壁和托架上的那些珍宝一件也不在了。

查理已经失聪，像我一样，我们交流起来非常吃力。我们静静地用餐，很少开口。

11 美国

在内维叶翻译的时候，我打量我的主管人。我对自己讲："我认识他，肯定在什么地方见过他。"在晚餐结束时，忽然间我认出了他：是卓别林！陪伴他的女士是乔治娅·海尔，《淘金记》的女主角。

1930年，《黄金时代》尚未首映。诺埃里斯夫妇让人在他们的寓所修建了巴黎第一个"有声"放映厅，并同意在他们外出时我可以在这里为超现实主义者们放映这部影片。这些人都到场了，放映前，他们开始品尝主人酒吧间存放的瓶装酒，后来竟把酒全倒进洗手池里，我觉得闹得最凶的是特里里昂和查拉。过了一段时间，诺埃里斯夫妇回来了，他们问我影片放映得怎么样——好极了——从而巧妙地回避提及那些空酒瓶子。

由于诺埃里斯夫妇的帮助，米高梅公司驻欧洲的全权代表看了这部影片，此人和许多美国人一样喜欢和欧洲的贵族交往。他让我去他的办公室。

我先派人去对他说，让我到他的办公室去受冷落实在是可恶，但最终我还是接受了这次会见。他对我讲的大概如此："我看了《黄金时代》，一点也不喜欢。我看不懂，不过印象很深刻。这使得我向你提个建议，你去好莱坞学一学世界一流的卓越的美国技术。我送你去那里，支付你的旅费，你在好莱坞住6个月，每星期给你250美元

（在当时，这个数目相当优厚），只要求你看一看如何拍电影。然后我们再看看能为你做点儿什么。”

当晚在布勒东家有聚会。我本应和阿拉贡及乔治·萨杜尔去雅尔科夫参加革命知识分子大会。我把“米高梅”的建议告知了团体，没有人提出反对。

我签了合同，1930年12月在勒阿弗尔我登上美国远洋轮“列维阿坦”号，它是当时世界最大的轮船。我和幽默大师托诺及他的妻子莱昂诺尔一起做这次旅行——美妙的旅行。

托诺去好莱坞是为了美国影片译制成西班牙语版的工作。1930年，电影发展为有声，因而也就随之失去了它原有的国际性。在无声片中，根据放映影片的国家的需要改换字幕板就行了。而现在，必须把同一部影片拍摄成好几种语言的版本。用同一个布景、同样的灯光但却要用法国或西班牙的演员。这就使得神奇的好莱坞需要一大批作家和演员，用他们自己的语言写出对白并参加演出。

没有认识美国之前我就很崇敬她，我喜欢她的一切；习俗、电影、摩天大楼，甚至警察的制服。我在纽约逗留了5天，住在“阿尔贡金”旅馆，我对一切都感到茫然，因为我一点英语也不懂，由一个阿根廷翻译陪着我。

我一直和托诺夫妇在一起，随后我们乘火车前往洛杉矶，一路上都很开心。我相信美国是世界上最美丽的国家，经过4天行程，我们在下午5点到达洛杉矶。有三位已在好莱坞工作的西班牙作家在车站接我们，他们是：埃德加·内维叶、洛佩斯·鲁维奥及乌加尔特。

他们请我们坐进汽车，开到内维叶家吃晚饭。

“你将与你的主管人一起用餐。”乌加尔特对我说。

真的，在7点钟左右来了一位灰头发的人，一位漂亮的女士陪着他，他们介绍说他是我的主管人。我们在餐桌旁坐下，我平生第一次吃到鳄梨。

在内维叶翻译的时候，我打量我的主管人。我对自己讲："我认识他，肯定在什么地方见过他。"在晚餐结束时，忽然间我认出了他：是卓别林！陪伴他的女士是乔治娅·海尔，《淘金记》的女主角。

卓别林一句西班牙语也不会讲，但他说他很崇拜西班牙，一个具有民间风格的、外向的、有跺脚和欢呼喝彩习惯的西班牙。他和内维叶很熟，所以才去那里。

第二天，我和乌加尔特一起搬进贝佛利山欧克斯特路的一幢公寓。我母亲曾给了我一些钱。我买了辆车、一把手枪和我的第一架"莱卡"照相机。我开始领取费用，一切都很顺利。我非常喜欢洛杉矶，不仅是因为有好莱坞存在。

我到达两三天之后，人们把我介绍给一位叫列文的制片人兼导演，他是米高梅总裁塔尔伯格的人。一位叫弗兰克·戴维斯的人负责照应我，我们日后成了好朋友。

我的合同使他觉得很奇怪，他问我："你想从哪儿开始学习，是从剪辑、剧本、拍摄，还是从置景开始？"

"从拍摄开始。"

"好极了，在米高梅公司的制片厂里有24个拍摄场地。选一个你喜欢的，发给你一张通行证，让你走遍每个地方。"

我选了一个正在拍摄的、由葛丽泰·嘉宝主演的影片的摄影场地。我拿着通行证，小心翼翼地走进去，因为我知道拍电影这一套，就站在远处看。化妆师在这位明星周围忙来忙去。我想这是在准备拍近景。

尽管我很谨慎，嘉宝还是发现了我。我看到她朝一个留小胡子的人做了个手势，并对他讲了句话。于是，小胡子走近我，问道：“你在这里干什么？”

我听不懂，更无从回答。因此，他们把我赶了出来。

从那天起我决定安心待在自己的屋子里，除了星期六去取钱之外，不再去制片厂。另一方面，他们也让我清静地待了四个月，没人对我的活动感兴趣。

说实话，也有几次例外。有一次，在制作一部西班牙语版的影片时，我在影片中扮演了酒吧侍者的小角色，我站在柜台后面（总是涉及酒吧）。另一次，我参观了一个确实值得一看的置景。

与制片厂相邻被称为“后院”的地方，有一个巨大的水池，里面有复制完美的半条船。如拍风暴场面，这条船由一套强大的机械装置推动，像被巨浪冲击似的摇动着。周围有数台大型鼓风机，水池上面有些贮水罐，准备在拍翻船的一瞬间用水滑梯将所贮的水倾倒在船上。给我留下深刻印象并至今记忆犹新的是高超的拍摄手段和高质量的特技。在这里似乎一切都是可以发生的，甚至能重新创造一个世界。

我也喜欢看一些传奇角色，特别是那些“坏人”，如瓦兰斯·比利。我还喜欢在制片厂的门厅里一边擦鞋一边看着我熟悉的面孔走过去。一天，阿姆普罗西奥坐到我身边，他就是那个有着乌黑可怕的目光、在卓别林影片中多次出现的喜剧演员。还有一次在剧院里，我坐在本·特平旁边，平时的他与电影中一样，总是斜眼儿。

还有一天，由于好奇心的驱使，我来到米高梅的总摄影场地。

到处都在通知至尊无上的路易斯·B.梅叶要向公司全体员工讲话。

我们几百个人坐在板凳上，面向这位巨头及其主要负责人就座的讲台。讲台上当然还有塔尔伯格。秘书、技术人员、演员、工人，各类人都到了。

那天，我对美国有了一种新发现。几位负责人讲了话，受到鼓掌欢迎。最后，第一号人物站起来，在一种敬重与关注的氛围中对我们说："亲爱的朋友们，经过长时间的考虑，我相信我已经做到用一个简单的或许也是决定性的公式来概括一个秘密，这个秘密和所有人都有关，它将保证我们公司的不断进步与长久繁荣。我来写出这个公式。"

他身后有一块大黑板，路易斯·B.梅叶在众人的猜想和期待中走到黑板前，用粉笔缓缓地写出几个大写字母："合作"。

然后他在雷鸣般的掌声中坐下。

我惊讶不已。

除了这种在电影世界中获取教益之外，我则沉醉于独自或与朋友乌加尔特一道驾驶福特车兜风。有时我们甚至开到了沙漠。我每天都能遇到新面孔（那时我认识了多洛雷斯·德尔·里奥[1]，她和一位美工师结了婚。我认识了法国导演雅克·费耶德尔，我很敬重他。我甚至还结识了贝托尔特·布莱希特，他曾在加利福尼亚住过一段时间），我也经常待在自己的房间里。巴黎所有详尽刊登《黄金时代》丑闻的报纸都寄给了我，我在报上被骂得狗血淋头。这可真是一场动人的丑闻。

每个星期六，卓别林都请我们这帮西班牙人去餐馆。我还不

---

[1] 多洛雷斯·德尔·里奥（Dolores del Río）：墨西哥著名女演员，曾主演了《被遗弃的人》等影片。

时地去他坐落在山坡上的住所打网球、游泳、洗蒸汽浴，有一次还住了一宿。在正经谈到我性生活的那一章，我提到过和“巴萨德纳”几位姑娘搞的失败了的狂欢会。在卓别林家中我有几次遇到了爱森斯坦，他正准备去墨西哥拍摄《墨西哥万岁》。

《战舰波将金号》给我的触动很深，但当我在法国“埃比涅”看了爱森斯坦的一部名为《感伤曲》的影片时，不禁怒火中烧，影片中出现了在随风波动的麦田里有一架白色钢琴的镜头，还有几只天鹅在摄影棚的水池里游来游去的画面，及其他一些蹩脚的场景。我怒气冲冲地到蒙巴那斯各个咖啡馆去找爱森斯坦，一定要打他几个耳光，但没能找到他。后来，他说《感伤曲》是他的摄影师亚历山大洛夫的作品，他在撒谎，我亲眼看到爱森斯坦在比兰古特拍天鹅的场景。不过在好莱坞，我忘掉了过去的愤怒，我们在卓别林的游泳池旁喝冷饮，无所不谈，但又没谈什么正经事。

我也去其他电影制片厂，在派拉蒙的制片厂我认识了约瑟夫·冯·斯登堡[1]，他请我坐到他的桌子旁。过了一会儿，有人来找他，说一切都准备好了，他请我和他一起到“后院”去。

正在“后院”拍摄的影片讲的是发生在中国的故事。一群东方人在他的助手们的指挥下，沿着渠道划船；在桥上和狭窄的街道里不断地走动。

引起我注意的是，摄影机被置景师而不是斯登堡安置好了，导演只限于说声“开拍”和指导演员。然而，他是个享有盛誉的导演。总体来说，其余的人都是公司头头们的工资奴隶，仅限于尽力做好分派给他们的工作。在影片制作上不给他们任何权力，

---

[1] 约瑟夫·冯·斯登堡（Josef von Sternberg）：出生在奥地利的美国电影导演，主要作品有《蓝天使》等。

甚至不能掌握剪辑。

我的闲暇时间不少，我设计并编制了一个相当奇特的东西，不幸的是我把它弄丢了（我这一辈子遗失、送人或丢弃了很多东西），那个东西是美国电影一览表。

在一块很大的木板或硬纸板上，我放置了几个柱形表，用几根线很容易地操纵它们不断地变动。第一个柱上写有“环境”，有西部片的、匪徒片的、战争的、热带的、喜剧的及中世纪的环境等等；第二个柱上写着“年代”；第三个写着“主要角色”……共有四五个这样的柱子。

使用的方法是：当时，美国电影是由一套精确而机械的编辑方式支配的，因而用我这个拉线控制系统把环境、时代和几个主要角色排到一起，就必然能无误地理出影片的情节。

我的朋友乌加尔特与我同住一栋房子，他住在楼上，对我这个一览表了如指掌。我还要说明的是，这个图表还能准确无误地提供关于女主人公命运的数据。

一天晚上，斯登堡的制片人邀我去观看“偷映”的玛尔莱娜·黛德丽主演的《名誉扫地》（该片的法语名为《X-27谍报员》），这是根据玛特－哈丽的经历自由发挥的一段间谍故事。“偷映”就是提前首映或突然上映未公映的影片，以试探观众的反响，通常都在几个固定的放映厅举行，正常的影片放映在这之后进行。

很晚我们才和制片人一道驾车返回。当我们送斯登堡下车后，制片人对我说：“很好看的片子，对吧？”

“很好看。”

“多棒的导演！”

“毫无疑问。”

“多么新奇的主题！”

对此我回答说：“在我看来，斯登堡并非以处理新奇的主题见长，他总是用导演手法加工平庸的情节剧和肤浅的故事。”

“肤浅的故事！”制片人叫道，“你怎么能这么说？片中没有丝毫肤浅之处！恰恰相反！你没注意影片结尾枪杀女主角的那场戏吗？枪对着玛尔莱娜·黛德丽，枪毙她了！从来没有见过类似的情节！”

“请原谅，影片开始5分钟我就知道她将被枪杀。”

“你说什么？你从未看过这部影片，你怎么能已猜出结尾？算了吧，再说，观众绝对不会喜欢这个结尾。”

我因为看出他有点紧张，便请他到我的住处喝一杯，定定神儿。

我们进门后，我上楼叫醒乌加尔特。

“下来，我要你帮个忙。”我对他说。

他穿着睡衣，打着哈欠，睡眼蒙眬地下楼来，我让他坐在制片人对面。然后，我慢慢地对他说：“听好了，是关于一部影片。”

“好的。”

“维也纳的环境。”

“好的。”

“时代：大战时期。”

“好的。”

“电影开始时出现一个妓女，可以很明显地看出是个妓女。在大街上撞上一位军官。她……”

乌加尔特打着哈欠站起来，做着手势打断了我，面对制片人吃惊的目光——不过他内心平静多了。乌加尔特又要上楼去睡觉，他说："行了，她最后被枪毙了。"

1930 年的圣诞节，托诺夫妇组织了一次聚餐会，我们十几个西班牙人，一些演员、作家，包括卓别林和乔治娅·海尔都参加了。每个人都带来一份二三十美元的小礼物，我们把礼物挂在圣诞树上。

大家开始畅饮——尽管有禁酒令，仍摆出不少酒。一位当时很知名的演员叫里维列斯，他用西班牙语背诵了几首马尔基纳的豪迈的歌颂古佛兰德斯战士的诗歌。

那几首诗令我反感，我觉得它们很卑鄙，像所有炫耀爱国主义的诗一样。晚餐中，我坐在乌加尔特和一位 21 岁的青年演员佩那之间。

我低声对他们说："以我吹口哨为信号，我站起来，你们跟着我，咱们三个人一块去弄倒那棵讨厌的圣诞树。"

我们这样做了。我吹口哨，我们三个人一齐站起来，在宾客们吃惊的目光下动手搬那棵树。

真倒霉，弄倒那棵圣诞树十分不易。我们手都擦破了也未成功。于是我们摘下挂在上面的礼物扔到地上用脚踩。

房间里一片寂静。卓别林不解地望着我们。托诺的妻子莱昂诺尔对我说："路易斯，这纯属是粗暴行为。"

"绝不是！"我答道，"算什么都行，但不是粗暴行为，这是破坏主义和扰乱的行动。"

晚会很快就结束了。

真是巧合，第二天，我在报上读到在柏林的一座教堂里，有一个信徒在祈祷时曾起来想要捣毁圣诞树。

我们的捣乱行为还有后话。岁末那天晚上，卓别林邀请我们去他家。家里也有一棵挂礼物的圣诞树。入座之前，卓别林拦住我们，并对我说（内维叶做翻译）："因为你喜欢破坏树木，现在就干吧，布努埃尔，这样我们就用不着再为此操心了。"

我回答说，我决无毁树之意，只不过当时我无法忍受那些对于爱国主义的炫耀之辞，这才是我在圣诞之夜被激怒的原因。

当时他正在拍《城市之光》。一天，我看了正在剪辑中的样片，他吞烟头那场戏我觉得长得难以置信，不过我没敢告诉他。内维叶也有同感，他告诉我卓别林已经把它剪了，而且还要剪短。

卓别林不是一个十分自信的人，常有疑虑并寻求告诫。由于他常在梦中为自己的影片作曲，他叫人在床边安装了一个极为复杂的记录设备。他不时醒来，哼唱一些音符，然后又睡去。无疑，他就这样极为诚实地为一部影片重作了乐曲《卖花女》，这耗掉他一大笔钱和一段时间。

卓别林在家里至少看了十遍《一条安达鲁狗》。第一次，影片刚开始，我们忽然听到一声沉重的响声，原来是负责为他放映影片的中国管家昏倒在地。

几年后，卡洛斯·绍拉告诉我，在杰拉尔丁·卓别林小的时候，她父亲曾讲述《一条安达鲁狗》的场面来吓唬她。

我还和一位叫杰克·戈登的年轻技师成为朋友，而他又与葛丽泰·嘉宝相交甚密，他常和她在雨中散步。他是个有明显反美情绪的美国人。他十分和善，经常到我的房间来喝酒（我有所需的一切）。1931 年 3 月，在我回欧洲前夕，他来向我道别。我们聊了一会儿，他忽然问了一个出乎意料令我惊讶的问题，我已经忘了是什么问题，但与我们的谈话毫无关系。我颇感意外，不过还

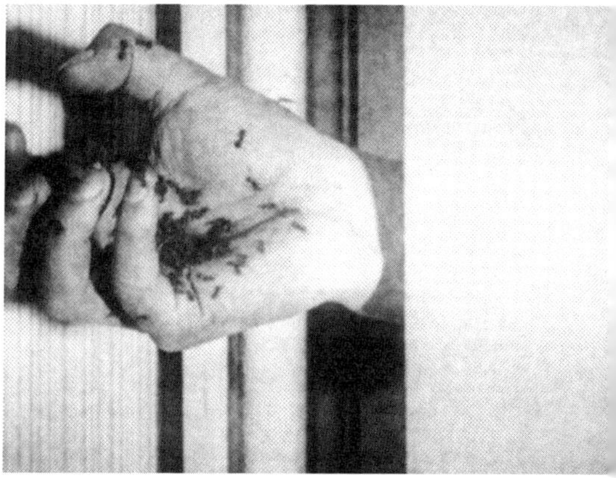

《一条安达鲁狗》中的场面

是回答了。待了一会儿，他告辞了。

第二天起程时，我向另一个朋友讲了这事。他说："哦，是的，这很典型，是一项测验，他根据你的回答来判断你的人格。"

原来一个与我相识了4个月的人，竟在最后一天暗地里对我进行测验，这人还自称是我的朋友，自认为是反对美国的。

我的真正朋友之一是剧本作家兼弗兰克·戴维斯的助手托马斯·基克帕特里克。不知有何奇迹，他能讲一口流利的西班牙语。他曾拍了一部很著名的影片，讲的是一个变得很小的人。

有一天我碰到他，他说："塔尔伯格要你和另外几位西班牙人明天去看看对丽丽·达米塔进行的测试，让你们鉴定她讲的西班牙语是否带口音。"

"首先，"我答道，"我是作为法国人而不是西班牙人签约的，再者，你可以去对塔尔伯格先生说，我不会去听那帮婊子说话的。"

第二天，我去辞行并准备回国。米高梅公司毫无怨言，还给我一封热情洋溢的信，说将会长时间记住我。

我把车卖给了内维叶的妻子，把枪也卖了。我带走一段美好的回忆。今天，当我想起那次访问，想起春天月桂谷的芳香，我们曾用咖啡杯喝葡萄酒的那家意大利饭馆，以及有一天曾拦住我的车检查是否带了酒，而后又因我迷路送我回家的警察，当我想起朋友们，弗兰克·戴维斯、基克帕特里克，想起那段奇特的生活及美国人的和善与天真，直至今日我仍然很激动。

当时我曾有一个幻想：去波利尼西亚。我在洛杉矶时曾为去这个幸福之岛做了准备，但由于两个原因我放弃了这次旅行。首先，我爱上了丽亚·莉斯的一个女朋友——像以往一样，非常纯真的爱。第二，我离开巴黎之前，安德烈·布勒东曾去为我占卜过两三次（我也给弄丢了）。那上面说我不是因吃错药一命呜呼就是葬身远方的大海。

为此，我放弃了旅行，乘火车去了纽约，它又一次令我眼花缭乱。我在纽约住了十天左右——正值“言论放松”时期，然后我乘“拉法耶特”号船回法国。同船有几位回欧洲的法国演员，还有一位英国工业家安克先生，他在墨西哥有一家制帽厂，他为我做翻译。

我们这些人欢闹不止，直到次日上午 11 点我还泡在酒吧里，当然，膝上还坐着个姑娘。旅途中，我凭借坚定的超现实主义信条，又挑起一场小小的丑闻。在大厅为船长的生日举行的聚会上，一个乐队奏起美国国歌。除我之外所有的人都起立了，接着是《马赛曲》，而我则狂妄地把脚搁到桌面上。一个年轻人走过来用英语对我说，这种表现令人厌恶，我回敬说我觉得再没有比国歌更令人厌恶的了。我们对骂了一阵儿，那个年轻人退却了。

半小时之后，他走回来，向我致歉并伸出手。我毫不在乎，我在那只伸向我的手上拍了一下。我在巴黎神气十足地向超现实主义的伙伴们讲了这段逸事（今天看来真是幼稚），他们听得很高兴。

这次旅途中，我和一位 18 岁的美国姑娘有过一段很奇异的感情冒险（当然是柏拉图式的），她说她为我都要发狂了。她单身旅行，要去欧洲转一圈儿，她肯定来自一个百万富翁家庭。因为到达时有一辆劳斯莱斯和一名司机在等她。

我并不特别喜欢她，不过还是陪着她，我们在甲板上长时间散步。第一天她带我到她的舱中，拿出一张镶金框的英俊少年的照片给我看。“这是我的未婚夫，”她说，“回到美国后，我们就结婚。”3 天后，在船靠岸之前我又随她走进她的客舱，看到那个未婚夫的照片被撕碎了。她说：

“这都怪您。”

我不想回应这个过于瘦削的美国姑娘突发的、轻浮的感情流露，以后我再也没见过她。

到达巴黎时我见到了我的未婚妻让娜。由于我已身无分文，让娜的家里借给我了点钱，好让我回西班牙。

1931 年 4 月我到达马德里，两天之后国王离去，人们兴高采烈地宣布西班牙共和国成立。

12 西班牙与法国 1931—1936

几年之中，诸多使欧洲燃起战火的事件让我远离电影。

滴血未流建立的共和国受到热烈的欢迎。国王不过一走了之。然而，一开始似乎很普遍的兴奋情绪很快就被阴影笼罩，并先后被不安和苦闷所取代。在走向内战的这五年期间，我先居住在巴黎帕斯卡街的公寓里，靠为派拉蒙公司译制影片为生。后来，从1934年起我定居马德里。

我从来不是消遣地旅行。我对周围迷恋旅游的狂热一无所知。我从未对我不认识的国度产生好奇感，所以也就永远不会认识它们。相反的是，我喜欢回到我曾居住的地方和那些牵系着我的回忆的环境。

诺埃里斯子爵是利涅亲王（比利时大家族）的妹夫。他得知唯一吸引我的地方是南方海中的岛屿，波利尼西亚，并相信已觉察到了我的探险热望，于是他对我说，在他的妻兄倡导下，比利时属地刚果的总督正在筹备一次轰动一时的远征，他们准备穿越整个黑非洲，从达喀尔直到吉布提，有人类学家、地理学家、动物学家等二三百人参加。他问我是否愿意拍这次远征的纪录片。我必须要遵守一些远征军中的纪律，队伍行进中不准吸烟。此外，我就可以自由拍摄我想拍的东西。

我拒绝了。非洲并不吸引我。我把这些对米歇尔·雷里斯讲了，他代替我去做这次旅行并拍回了《神奇的非洲》一片。

我参加超现实主义团体的活动到 1932 年为止。阿拉贡、皮埃尔·尤尼克、乔治·萨杜尔和马克西姆·亚历山德烈脱离了这场运动去和共产党联合了。艾吕雅和查拉过了不久也步了他们的后尘。

虽然我对共产党怀有极大的同情并参加了革命作家与艺术家协会电影分会，但我一直没有入党。我一点也不喜欢革命艺协那些冗长的会议，我和埃尔南多·比涅斯去参加过几次。我生性就不耐烦，不能忍受日常秩序、没完没了的思考以及基本的观念。

在这方面我很像安德烈·布勒东。布勒东像所有的超现实主义者一样，讨好共产党，当时，在我们看来该党有可能进行革命。但在他参加的第一次会议上他们就要求他撰写关于意大利煤炭工业的详细报告。他大失所望地提出："请让我提供一些我能了解的情况吧，但不是煤炭！"

1932 年在巴黎郊区蒙特耶－苏－布瓦举行的外国劳工会议期间，我遇到了前来出席会议的卡萨内亚斯，他是暗杀政府首脑达托的嫌疑犯之一，曾逃亡俄国并被任命为红军上校，而此时他秘密移居法国。

因为会议拖得很长我厌烦了，站起来想走。一位与会者当时对我说："如果你走后，他们逮捕了卡萨内亚斯，那肯定是你出卖了他。"

我又坐了下来。

卡萨内亚斯在西班牙内战爆发之前，在巴塞罗那附近死于一场车祸。

除了政治上的分歧之外，另一个促使我远离超现实主义的原因，是我发现了他们某些追赶时髦奢华的风气。第一次，是我看到布勒东和艾吕雅的照片摆在拉斯佩尔大街一家书店的橱窗里，对此，我十分惊讶（我想这大概是为宣传《无玷受胎》而设）。当我向他们提起此事，他们说自己有绝对的权力为其著作增光。

我对杂志《人身牛面》的发行并无热情，它是资产阶级和上流社会的玩意儿。渐渐地，我不再去参加聚会，我抱着加入团体时的态度退出了团体。然而我始终与所有的老朋友们保持着兄弟般的关系。争论、分歧、有用意的判断都离我远去。如今，那个时代的人有少数仍活在世上：阿拉贡、达利、安德烈·马松、蒂里昂、胡安·米罗和我。不过，我对所有已去世的人仍保留着亲切的记忆。

1933年，有几日我忙于制订一个电影计划。拟在俄国拍摄——由俄国人制片——根据安德烈·纪德的小说《梵蒂冈地窖》改编的影片。阿拉贡和保罗·维朗－库图里（一个极好的人，我真心实意地喜欢他。一次他到帕斯卡街来看我，他的两个形影不离的保镖就在这条街上溜达）负责组织制片。安德烈·纪德接待了我，他说非常高兴苏维埃政府选拍他的作品；不过，他本人对电影一窍不通。有三天，不过每天只有一两个小时，我们谈论着改编电影的问题，直到有一天维朗－库图里向我宣布："完了，影片不拍了。"再见，安德烈·纪德。

我的第三部影片是在西班牙摄制的。

拉斯乌尔德斯

位于卡塞莱斯和萨拉曼卡之间的埃克特莱马杜拉有一片荒山地区，这就是拉斯乌尔德斯。此地除了石头、石楠草和野羊什么都没有。古时候这里匪盗出没，还有一些逃避宗教法庭的犹太人。

我刚读过马德里法语学院院长雷赫德莱写的关于对这一地区全面研究的报告，感到无比新奇。在萨拉戈萨的某日，我和朋友桑切斯·本图拉以及无政府主义者拉蒙·阿辛谈到有可能拍一部关于拉斯乌尔德斯的纪录片，后者立即对我说："听着，要是我的彩票中大奖，我出钱拍这部影片。"

两个月之后，拉蒙·阿辛真中奖了，虽不是大奖，但数目也不小。他兑现了他的许诺。

拉蒙·阿辛是个保守的无政府主义者，在夜校给工人们上绘画课。1936 年战争爆发时，一群武装的极右分子到韦斯卡他的家里去找他，他机敏地逃脱了。法西斯分子抓走他的妻子，扬言阿辛要是不出面就枪毙她。第二天阿辛去见他们。他们把这对夫妇都枪杀了。

为了拍摄《拉斯乌尔德斯》(又名《无粮的土地》)，我让皮埃尔·尤尼克从巴黎赶来当我的助手，我请摄影师埃利·洛泰尔也过来。伊维斯、阿耶格莱特借给我们一架摄影机。由于我们经费很少，不超过两万比塞塔，我给自己限定用一个月完成影片的拍摄。

我们花了四千比塞塔买了必需品，一辆旧菲亚特车，必要的时候我负责修车（那时我是个相当不错的机修工）。

拍摄在拉斯巴图卡斯一座 19 世纪依照门迪萨瓦尔提出的反教权措施而被征用的旧修道院里进行。这是一处只有十间房的简易住所，令人吃惊的是这里有活水源（冷水）。

拍摄期间，每天天不亮我们就出发。乘两个小时的车之后，就不得不扛着器材徒步跋涉。

那些荒芜贫瘠的山岭立刻令我为之震撼。山间居民贫困无助的境遇吸引了我，而他们具有的智慧以及对他们偏远的乡土——“无粮的土地”的依恋同样让我震惊。至少有二十多个村庄里的居民根本不认识精白粉做的面包。时常有人从安达露西亚带回一些硬面包块儿作为交换的货币。

拍完之后，分文全无，我只得自己在马德里一张厨桌上剪辑影片。因为没有声画机，我只好用放大镜察看那些画面并尽自己所能把它们剪接起来。由于看不清楚，我肯定剪掉了一些很有意思的影像。

我在“报界影院”安排了首映。影片是无声的，我通过麦克风讲解。“我们应该发掘这部片子。”阿辛说，他想赚回他的本钱。我们决定向马拉农博士推荐该片，他当时已被提名为拉斯乌尔德斯赞助委员会主席。

强大的右翼和极右势力已经在摧残年轻的西班牙共和国。骚乱日趋严重。普里莫·德·里维拉建立的长枪党党徒向出售《工人世界》的报贩开枪。让人明显地感到一个血腥的时代已为期不远了。

我们以为马拉农凭借他的声望与职位会协助我们获准发行这部影片，该片当时已被检查机构禁映。然而他的回答却否定了我们。

“为什么总要表现丑恶和令人不快的东西？”他问道，“我曾在拉斯乌尔德斯见过载着小麦的马车嘛。”（这是虚假的：马车只走低地地区，只在极少数情况下才走格拉纳迪亚公路）“为什么不表现拉尔贝卡的民间舞蹈？那是世界上最美的舞。”

拉尔贝卡是一座中世纪的村镇，像这样的村镇在西班牙有很多，实际上它并不属于拉斯乌尔德斯地区。

我对马拉农说，若谈人民，每个国家都有世上最美的舞蹈，他表现的是一种廉价的令人生厌的民族主义。此外我没再多说一个字就走了，而影片依然遭禁。

两年以后，西班牙驻巴黎使馆给了我一笔为影片配音所需的钱，影片在皮埃尔·布隆贝尔热的制片厂配上了声音，这个人买下了影片，他心甘情愿而努力地一点一点地付清了款（有一天我不得不怒气冲冲地威胁他，要用从街角炼铁厂买来的大锤砸碎他女秘书的打字机）。

最终，在拉蒙·阿辛死后，我把拍片花的钱还给了他的两个女儿。

内战期间，当共和国的军队在杜鲁蒂领导的无政府主义纵队的协助下进入基恩多镇的时候，阿拉贡的省长，我的朋友曼特孔在警察局的档案里找到了一张写有我名字的卡片，我在卡片里被形容为一个道德败坏、无耻的、有吗啡瘾的人，特别提到我是影片《拉斯乌尔德斯》的导演，还提出这是一部可恶的、使祖国受到了损害、罪行确凿的影片。如果有人遇到我，应立即押送长枪党当局，我的命运将听天由命。

还有一次，是在圣－德尼斯，由当地共产党员镇长雅克·多里奥特提议，我为以工人为主体的观众介绍影片《拉斯乌尔德斯》，到场的人中有四五位是从拉斯乌尔德斯来的移民。他们当中的一个人，在我再次对那些荒凉山区进行访问时认出了我，他向我致意。那些人虽然外迁，但经常返回故土。一股力量吸引着他们走向属于他们的那个地狱。

我再简单谈一谈拉斯巴图卡斯，这片土地是我所见到的也可算是天堂的一处地方。今日在重建的一座残落教堂周围，在岩石之间，又建起了十八座殿堂。以前，在门迪萨瓦尔下逐令之前，每个僧人都要在半夜摇响一个小铃以示自己正在守夜。

他们的菜园里种着世上最好的蔬菜（我这样说不是感情用事）。他们有油磨、麦磨还有矿泉。在拍摄期间，那里只住着一位老教士和他的女仆。山洞里有壁画，还有一只羊和一个蜂窝。

1936 年我差点儿就用十五万比塞塔把这一切全买下来，这个数目很便宜。我和它的主人，一个住在萨拉曼卡，名叫堂·何塞的人达成了协议。他正和一群圣心会的女信徒们谈买卖，她们提出要分期付款，而我则是一次付清，所以他倾向于卖给我。

我们就要签约了——只差三四天就办完手续，内战突然爆发，一切都随之夭折。

若是我买下拉斯巴图卡斯，若是战争时我正巧留在萨拉曼卡这座最先沦为法西斯控制的城市，可能我早就被枪决了。

1960 年代，我和费尔南多·雷依又回到拉斯巴图卡斯的修道院。佛朗哥为改变这片没落的土地也做了一些努力，他们开辟公路，创办学校。我们见到在已被卡门教派占据的修道院的门上写着："行人，如果你的良知有问题，请叫门，大门会为你打开。禁止妇女入内。"

费尔南多叫了门。他们通过传话器回答了我们。门打开了。

我们看到一名专职人员走过来，他对我们的问题很感兴趣。他给我们的忠告充满智慧，后来在《自由的幽灵》一片中我让这句话通过一名修士之口讲了出来："要是大家每天都向圣·何塞祈祷，一切无疑会变得更美好。"

马德里的制片人

1934 年初，我在巴黎二十区区政厅结婚，我没有让我妻子的家人参加婚礼。这决非是我想特别与这个家庭作对，但总的来讲，这个家庭让我生厌。埃尔南多和鲁露·比涅斯及一个我们在街上遇到的陌生人一起做证婚人。在德昂附近的"高舒奥莱"吃过午餐后，我丢下妻子，去向阿拉贡和萨杜尔道别，随后乘火车赶往马德里。

在巴黎，我在玛尔莱纳·迪特里希的丈夫的指导下与我的朋友克拉迪奥·德·拉·托雷一起为派拉蒙配译影片，与此同时开始正式学习英语。后来，我离开派拉蒙，接受担任华纳兄弟电影公司在马德里分公司的影片的配译监督之职。工作轻松，薪水丰厚。我干了八个月或十个月。再拍部影片吗？我还没有这方面的打算，独立制作商业影片的想法不吸引我。不过，委托他人拍片也未尝不可一试。

于是我就做了制片人，一个要求苛刻，或许骨子里挺卑鄙的制片人。我遇到了通俗影片的制片人里卡多·乌尔戈蒂，建议他与我合作。起初他付之一笑，后来当我告诉他我能拿到母亲借给我的 15 万比塞塔时（这是一部影片一半的预算），他不再笑了，而马上就同意了。我只提了一个条件：我的名字不要出现在影片的演职员表上。

作为合作的首部影片，我建议他采用马德里作家阿尼切斯的作品《与世不容的堂·金廷》。影片获得巨大的商业利润。我用获得的利润在马德里买了两千平米的地皮，1960 年代我又售出了。

该作品的情节——也是电影的情节，内容是这样的：一个高傲、愤世嫉俗而惧怕一切的人，不愿做一个小女孩的父亲，他把她丢弃在一间养路工的小屋里。20 年后他去寻找女儿但没找到。

我感觉相当不错的一场戏是咖啡馆那一段。堂·金廷和两个朋友坐在一起。另一张桌旁坐着他女儿（他并不认识）和她的丈夫。堂·金廷吃了一颗橄榄，随手把核儿一扔，打在了姑娘的眼睛上。

这对夫妇一言未发，起身走了。朋友们对堂·金廷的放肆举动表示祝贺，此刻那位丈夫突然独自回来，逼着堂·金廷把橄榄核儿吞下去。

随后，堂·金廷寻找这个年轻人想要杀死他。他找到地址并去了他的家里，在那里他遇到了自己的女儿，他仍然没有认出来。于是引出了一场父女间重大的情节发展。在拍摄这场戏的时候，我对演主角的安娜·玛丽亚·古斯托迪奥说（有时候我也厚着脸皮参与导演）："你必须狠狠地痛骂他，情感上要露出更多的滑稽可笑。"她回答我："跟你一起就不可能严肃地工作。"

我监制的第二部影片和首部一样，商业成就斐然，那是一部讨厌的情节剧，是以影片歌曲《胡安·西蒙的女儿》命名的。主角是西班牙最红的弗拉明戈歌手安赫里约，故事情节受到了一首歌的启发。

该片中有一场很长的夜总会的戏，伟大的弗拉明戈舞蹈家、当时年龄尚轻的吉卜赛女郎卡门·阿玛雅初次在影片中露面。几年以后我把那场戏的拷贝送给了墨西哥电影资料馆。

我监制的第三部影片《谁爱我?》，描写一个不幸女子的故事，该片成为我唯一一部商业上的失败之作。

一天晚上，《文艺报》的主编希梅内斯·卡瓦耶洛为巴耶－因克兰举办了一个宴会，有三十多人出席，其中有阿尔贝蒂和伊诺豪萨。吃甜食的时候，人们要我们说几句话。我第一个站起来说:"有天夜里，我正睡觉，忽然觉得全身瘙痒，开灯一看，我全身爬满许多小小的巴耶－因克兰。"

阿尔贝蒂和伊诺豪萨也讲了和这类似的诙谐故事，其他人静静听着，丝毫没有抱怨。

第二天我在阿尔卡拉街偶然遇到巴耶－因克兰。他走过我身边时抬起黑色的帽子向我致意，表情十分平静，好像什么事也没发生似的。

我在马德里的"大路街"有个办公室，还有一套有六七个房间的公寓，我和妻子让娜——我已让她从巴黎过来了，以及尚年幼的儿子胡安·路易斯一起住在那里。

西班牙共和国颁布了世界上最宽松的宪法，右翼也获准合法掌权。后在1936年，经过几次新的选举使左派人民阵线和普列多、拉尔戈·卡瓦耶洛及阿萨尼亚这样的人重新占据优势。

阿萨尼亚被提名为总理，他不得不面临工人工会引发的一次比一次更激烈的动荡局面。由右派指挥的、著名的阿斯图里亚斯大镇压发生在1934年，他们动用了大部分西班牙军队及飞机大炮以扑灭人民起义，尽管这位阿萨尼亚是左派中的一员，但日后他不得不下令向人民开枪。

1933 年 1 月，在加迪斯省一个叫卡萨比耶哈的地方，一群工人筑起了街垒。他们的堡垒遭到防暴警察的手榴弹的攻击。不少起义者——如果我没记错的话有 19 人——在警察的攻击中丧生。右翼论战者称阿萨尼亚是“卡萨比耶哈的凶手”。

罢工不断，时时伴有暴力冲突，一个或另一个团伙制造的骇人听闻的罪行，还有教堂被焚（人民出于本能，又去攻击他们的宿敌），在这种形势下，我向让·克莱米昂建议，让他到马德里拍一部军事题材的喜剧片《哨兵，警惕！》。我在巴黎就认识克莱米昂，他热爱西班牙，并来拍过一部影片。他接受了我的建议，提出以不署其名为条件，我立即表示同意，因为我也不署名。当然有些场面是我替他拍的或我让乌加尔特拍的，因为克莱米昂不时想睡懒觉。

拍摄期间，形势急剧恶化。战争爆发前几个月，气氛简直令人窒息。我们在好几场戏里必须拍摄的一座教堂被群众烧毁了，我们只有再找另一座。我们剪辑的时候，枪声四起。影片在内战已全面开始时首映，获巨大成功，这一成功后来在拉丁美洲国家得到确认。当然我并未从中获利。

乌尔戈蒂对我们的合作十分满意，最后提出一项美妙的合作计划。我们将合作拍十八部影片，而且我已在考虑改编加尔多斯的作品。这些计划正如其他众多的计划一样，都被放弃了。几年之中，诸多使欧洲燃起战火的事件让我远离电影。

《欲望的隐晦目的》（1977）中的费尔南多·雷依和安赫拉·莫里娜

13 爱与恋情

一项针对最著名的超现实主义者调查的第一个问题是这样的："您对爱情寄何希望？" 我的回答是："如果我爱，一切都有希望；如果我不爱，则无任何希望。"

1920 年，我住在大学生公寓的时候，发生在马德里的一桩自杀案令我迷惑了很久。在阿玛尼尔街，一个大学生和他的未婚妻在一家餐馆的花园里自尽了。据说他们彼此热烈地爱恋，两个人的家庭也彼此熟识，并相交甚密。为这位死去的姑娘尸检之后，发现她是处女。

表面上看来，这两个年轻人，"阿玛尼尔恋人"的结合没有任何问题，也不存在什么障碍，他们已准备结婚。可是，两个人为什么要自杀？对这个谜我无法做出明确分析，但有可能是情之所致。崇高无比，极端炽烈的爱是不能与生命共存的。它太强烈、太伟大了，唯有死亡能容纳它。

在本书中，我断断续续地涉及了构成整个生命一部分的爱与恋情。在童年时代，我已懂得那种强烈的、与性魅力毫无关系的、对与我同龄的女孩和男孩的爱慕之情。正如洛尔卡所言："我有童男和童女的灵魂。"这是一种纯洁状态中的柏拉图式的爱。我感到爱就像一个狂热的修士热爱圣母玛利亚那样。那种让我去触摸女孩性器官或乳房，或者舔舐她的舌头的想法都令我恶心。

这种浪漫的爱情持续到我性生活的开端——那是在萨拉戈萨一家妓院里正常进行的——而后来则为普通的性欲取代，但它从未完全消失。正如在这本书中有时能看到的那样，我经常和那些我爱慕的女子保持着柏拉图式的关系。有时这些发自内心的感情也会同情欲混杂起来，但并非总是如此。

另一方面，我可以说，从14岁起直到最近，情欲一直没离开过我。这是一种通常的、强烈的欲望，甚至比饥饿更甚，常常更加难以满足。我几乎没有片刻的停息，如，我刚坐在列车车厢里，就被无数情欲的意念所包围。抵制、控制或忘掉这种欲望都是不可能的，我只有向它让步。而后，我又会更强烈地体会到它。

年轻的时候，我们不喜欢同性恋者。我已经提到，当我听说了那些落到费德里科头上的此类怀疑时所做出的反应。我还应该补充，我甚至在马德里一个厕所里扮演过勾引他人的角色。我的朋友们在外面等候，我走进厕所里充当诱饵。一天下午，一个男人靠近了我，当这个倒霉的家伙走出厕所时，我们揍了他一顿，今天看来此事做得真荒唐。

当时，同性恋在西班牙还是在暗中隐秘进行的。大家都知道，在马德里有三四个人是公开的同性恋者。其中一个是贵族，他是侯爵，大约比我大15岁。一天，我在一个有轨电车站上见到了他，我对身边的朋友说，我将要赚25比塞塔。我走近这位侯爷，温柔地望着他，我们开始交谈。后来，他约我第二天到一个咖啡馆见面。我向他表示自己很年轻，学校的费用很高……他给了我25比塞塔。

因为可以猜测出那是怎么回事，所以我未去赴约。一个星期之后，还在那个站台，我又遇到了这位侯爷，他做出认出我的手势，而我对他的回敬是粗暴地甩开了他的手臂。后来，我没有再见过他。

由于各种原因——首先肯定的一点是因为我胆怯，我所喜欢的大多数女人都令我觉得难以接近。当然还因为她们不喜欢我。此外，也出现过我被并不吸引我的女人追逐的情况，这种情况对我来说比前一种更糟。我喜欢去爱远远胜于被爱。

我只谈谈 1935 年在马德里的一次经历。当时我正做制片人的工作。在电影圈里，我一向憎恶那些利用地位、权力同渴望当演员的姑娘（这种女孩很多）睡觉的制片人或导演。只有一次，我也出现了这种情况，但可以说，几乎没有再继续下去。

1935 年，我在马德里认识了一位刚满 17 或 18 岁的美人，我爱上了她。我们叫她裴碧塔，她似乎很纯真，和母亲住在一套小房间里。我们开始一同外出，去山里远足、去博比亚跳舞、去曼萨那雷斯河畔散步，我们保持着纯洁的关系。那时，我的年龄是裴碧塔的两倍，我很爱她（也许正因为这种爱），也很尊重她。我握她的手，让她靠紧我，我总是吻她的面颊，尽管存在一股真正的欲望，但我们保持着纯粹柏拉图式的关系。这种关系持续了两个多月，是整整一个夏天。

一次，在我们两人要去远足的前一天上午 11 点钟，一个我认识的在电影界工作的人来到我家。他的个子比我矮，外表没什么特别之处，传言说他常骗人。

我们聊了一会儿无关紧要的事情，然后他问我："裴碧塔要去山里吗？"

"你怎么知道的？"我吃惊地问。

“今天早晨我们在一起睡觉时她告诉我的。”

“今天早晨？”

“是的，在她家里，我 9 点离开时，她告诉我，明天她不能见我了，因为她要和你出去玩。”

我惊讶不已。显然，这个人的到来就是为了告诉我这件事。

我无法相信。

我对他说：“这不可能！她和母亲住在一起！”

“是的，但她母亲住在隔壁的房间。”

有几次我曾见到这个人在摄影棚里同裴碧塔说话，但我从来没当回事儿。此刻，我呆了。

“我还以为她完全纯真无邪呢！”我叫道。

“这我知道。”他答道。

说完他就走了。

这一天下午 4 点，裴碧塔来看我。我掩饰自己的情绪，没提她情人来访的事，我对她说：“你看，裴碧塔，我得建议你考虑一件事，我非常喜欢你，想让你做我的情人。我每月给你 2000 比塞塔，你仍和你母亲住在一起，但要和我做爱，同意吗？”

看上去她非常吃惊，只用几句话就回答了我，她接受了。我立刻要她脱掉衣服，还帮她脱，将她赤裸地搂在怀里。但紧张和激动使我麻木了。

半小时之后，我向她提议去跳舞。我们乘上我的汽车，但是我没有向博比亚开，而是驶出了马德里。在离耶洛门约两公里的地方，我停车让裴碧塔下去站到路边。我对她说：“裴碧塔，我知道你和别的男人睡觉，你别对我说你没有过。我们现在就这样分手，你留在这里吧！”

我掉转车头，自己开车回马德里，丢下裴碧塔自己走回去。我们的关系在那天结束了。后来，我在摄影棚里又见过她几次，但除了进行纯技术上的指导，没跟她讲什么话。我的恋爱故事就这样结束了。

坦诚地说，我很后悔我的这种态度，而且还为当时选中了她而感到难过。

青年时代，我们认为爱情是能改变生命的一种强烈的情感，与之不可分离的情欲更具有接近、征服和参与的精神，我们应该使之升华超越单纯的物质境界，以便使我们能成大事。

一项针对最著名的超现实主义者调查的第一个问题是这样的："您对爱情寄何希望？"我的回答是："如果我爱，一切都有希望；如果我不爱，则无任何希望。"去爱对于我们来说是生命中不可缺少的，是一切行动、一切思想和一切追求都必不可少的。

今天，如果我必须相信别人对我说的，那就是爱情与对上帝的信仰有相同之处，它有消失的倾向，至少在某些环境中会如此。人们习惯于把它看作历史现象、文化幻觉，研究它、分析它……如果有可能，就治愈它。

我抗议，我们决非是某种幻觉的牺牲品。尽管有些人觉得难以相信，但我们确实真诚地爱过。

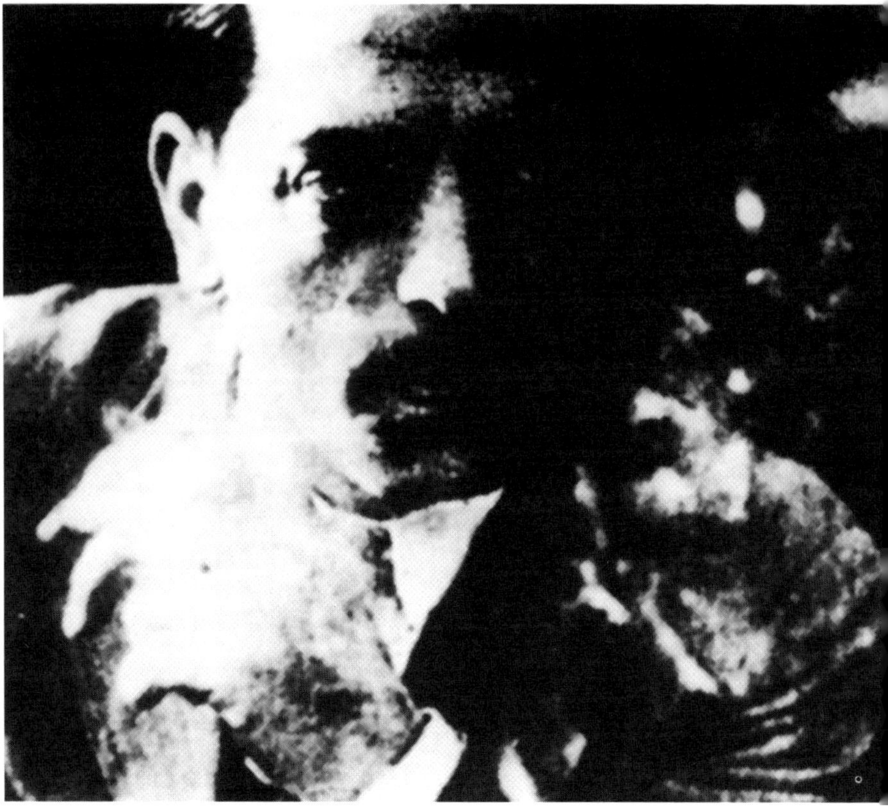

在巴黎的一次会见

14 西班牙内战 1936—1939

像许多朋友一样，我也对可怕的失控局面感到很苦恼。虽然我曾热忱地期望颠覆并毁灭原有的秩序，但对突然置身于火山的中心，我感到恐惧。

1936年7月，佛朗哥率领摩洛哥军团的一支部队登陆，决意扼杀共和国，恢复西班牙的“秩序”。

我的妻子和儿子一个月前刚返回巴黎。我独自住在马德里。一天清晨，一声爆炸把我惊醒，随后又响了几声。一架共和派的飞机正在轰炸蒙塔尼亚兵营，我还听到了炮击声。

和西班牙所有的兵营一样，这个兵营里的部队也处于警戒状态。不过一伙长枪党分子早已混迹其中，几天前他们就向外开枪，打伤了一些过路人。7月18日早晨，武装的工人队伍在共和国武警的支援下——后者是阿萨尼亚创建的现代化干预部队——向兵营发动进攻。10点钟，一切都结束了。叛乱的军官和长枪党分子都被炮火消灭，战争则刚刚开始。

我一直没有真正拿定主意。我在阳台上，听着远处炮声隆隆，看到在我脚下的街道上，两三个工人拖着一门施奈德炮经过，让我感到惊恐的是，还有两名吉卜赛男子和一名吉卜赛姑娘与他们在一起。几年之前我们就感到正在引发的，而且我个人曾经期望的、激烈的革命运动正在我的窗下，从我的眼前经过。而我却感到迷惑和怀疑。

15 天以后，共和国事业热情的捍卫者、艺术史学家埃利·弗莱到马德里来逗留几日。一天上午，我去他下榻的旅馆拜访他。他穿着到脚踝处的长裤子，注视着变得习以为常的街头示威。当他看到拿着武器的平民百姓时，他动情垂泪的模样，至今依旧清晰地浮现在我眼前。有一天我们看到一百多名农民在列队，他们都是随意武装起来的，有的拿着猎枪、左轮枪，有的扛着锄耙。他们尽力严守纪律，要走成四列纵队。我想我们俩当时都流泪了。

那时似乎没有什么能战胜这股雄浑的群众性力量。然而，最初几天产生的难以置信的喜悦和革命热情很快就被一种分裂、无组织和极度不安的情绪所取代。这种情绪几乎一直持续到 1936 年 11 月，那时共和国派才开始确立真正的纪律和有效的司法制度。

我并不想也写一部有关撕碎了西班牙的这场大分裂的历史。我既非史学家又不能保证公允无偏。我只想谈谈我所见到的、我还记得的事情。

例如，我对内战时马德里的最初几个月保留着详尽的记忆。照理说在共和派掌权时期，城市归政府所辖，但是佛朗哥的部队迅速进入了埃克特莱马杜拉，到达了托莱多，同时他们看到了西班牙的其他城市，如萨拉曼卡和布尔戈斯是怎么落入他们的同党手中的。

在马德里城内，法西斯的同情分子不时施放冷枪。而那些牧师、财主，所有那些被认为有保守派思想及那些被估计会支持佛朗哥叛军的人都处于随时会被枪毙的危险中。战争爆发后，无政府主义者释放了普通犯人并立即让他们加入了 C.N.T（全国劳动联盟），它直属无政府主义联盟指挥。

这个联盟的一些成员推崇一种极端主义，人们在卧室里摆个宗教供像都可能导致被发落到“田园之家”，那是个靠近马德里郊区的公园，所有的枪决都在那里执行。逮捕某个人以后，就对他说，带这个人去“散步”。这种事通常在夜里发生。

所有的人都被告知，如果同无政府主义者讲话，每一句都要加上一个有力的称呼“朋友”。如果对方是共产党人，就要称“同志”。为对付佛朗哥分子的枪手，大部分车辆顶部都放上一两条床垫做防护。若伸出手臂指挥一辆汽车向这一边或那一边转弯是十分危险的事，这个动作会被误解为法西斯式的敬礼，会招来一阵枪击。富家子弟穿得破破烂烂，以掩饰自己的出身。他们戴旧帽子，把衣服弄脏，为的是看起来像个工人。而另一方的共产党则在标语中号召工人们打领带、穿白衬衫。

有一天，著名的素描画家昂塔尼昂来告诉我萨因斯·埃雷迪亚被捕的消息，萨因斯曾为我工作过，是《胡安·西蒙的女儿》和《谁爱我?》的导演。他因为不敢回家，就睡在公共长椅上。实际上，他是长枪党创始人普里莫·德·里维拉的近亲表兄。尽管他很小心，还是让一群左翼社会主义者逮捕了，由于他有这种致命的亲戚关系，他处在随时可能被处决的危险中。

我立即去了罗本塞制片厂，我对那里很熟悉。像许多企业一样，制片厂的工人和雇员组织了“制片厂委员会”，他们当时正在开会。我问不同级别的工人代表们，大家都很熟悉的萨因斯·埃雷迪亚表现如何。“很好，”他们答道，“对他没什么说的。”

于是，我就请求一个代表小组陪我去马尔克斯·德·里斯卡尔大街，因为电影导演就被关在那里。他们向那些社会主义者重申他们刚说过的话。有六七个人拿着步枪跟我一起去，我们到达，遇到一个正在站岗的人，他把枪随意地靠在门框上。我用最粗鲁的口吻问他负责人在哪里，负责的出来了。原来昨晚我和他还一起吃过晚饭。这是个挺滑稽的独眼中尉，他也认出我来。

“喂，布努埃尔，你有什么事？”

我对他讲了一通儿，又补充说我们不能杀死所有的人，当然我们知道萨因斯与普里莫·德·里维拉的亲戚关系，但这并不能使我们否认这位导演一向表现极好。制片厂的代表们也同样为萨因斯做证，他就被释放了。

不久，萨因斯去投奔佛朗哥派。战争结束后，他又重操旧业，甚至还拍了一部颂扬军事独裁者的影片《佛朗哥其人》。1950 年代一次在戛纳电影节上，我们共进午餐，并一起长时间地叙旧。

同一时期我认识了圣地亚哥·卡里略，我认为他当时是社会主义联合青年团的书记。战争爆发前夕，我把自己拥有的两三把手枪送给了在我楼下工作的几个印刷工人。而此刻，在这个到处都在开枪的城市里我却手无寸铁，我去找卡里略要件武器。他打开空空的抽屉对我说：“我一支也没有了。”

最后，人们到底给我弄了一支步枪。某天，在独立广场，我刚遇到几个朋友就发生了枪击。人们在屋顶、窗口、街头开枪，在这场大混乱中，我却站在一棵树后面，毫无用处地拿着枪，不知朝谁开火。那我要枪有什么用？

我把它还回去了。

起初的三个月是最糟糕的。像许多朋友一样，我也对可怕的失控局面感到很苦恼。虽然我曾热忱地期望颠覆并毁灭原有的秩序，但对突然置身于火山的中心，我感到恐惧。我觉得有些行动是非理性而且很美妙的——如：有一天，一群工人上了卡车，到马德里以南二十多公里处的耶稣圣心纪念碑，他们组成了行刑队，完全合法地朝基督的巨像开枪，然而我却憎恶那些就地枪决、抢劫以及所有的强盗行径。人民起义，夺取政权后很快就分化并四分五裂。许多不合理的纠缠使人们忘记了这场战争的实质，而它才是最应受到关注的。

每天下午我都去参加革命作家联盟的会议，我的大多数朋友都参加活动，有：阿尔贝蒂、贝尔加明、著名记者科普斯·巴尔加和信奉上帝的诗人阿托拉吉雷。后者在几年之后出品了我在墨西哥拍的一部影片《升天》。后来，他在西班牙死于一场交通事故。

无休止的而且常常是很激烈的争论使我们彼此产生对立，自发还是有组织地斗争？在我头脑里，思想和感情上对无秩序的向往与对秩序及和平的基本需要像以往一样在进行斗争。我曾和马尔罗[1]一起用过两三次晚餐，我们拼命争论，各抒己见。

佛朗哥不断地夺取地盘。有一些城镇依然忠于共和国，另一些则毫无抵抗地向佛朗哥投降。在全国各地，法西斯的镇压活动明显地显现出来，而且是残酷无情的。所有有自由主义嫌疑的人都被立即处决。而我们不仅没有竭尽全力迅速、全面地组织起来迎接这场显而易见的殊死斗争，还把时间白白浪费掉了，那些无政府主义者却依然在追捕教士。某天，我的女佣人对我说："您下来看看，一个神父在街上被枪杀了，在右边。"虽然我是反对神权的，而且自童年时期就已如此，但我绝不能赞同这样的屠杀。

[1] 安德烈·马尔罗（1901—1976）：法国作家、政治家，代表作有《希望》等。

千万别以为教士们不参加战斗，他们像所有的人一样也拿起了武器。有些教士从他们的钟楼顶上开枪，甚至还有人看见几位多明我会教士在摆弄一挺机枪。尽管有些教会成员站在共和派一边，但大多数都鲜明地宣称自己是法西斯分子。战争无处不及。在斗争中不可能保持中立，不可能像某些人暗中梦想的那样，属于“第三种西班牙”。

我有几次感到了恐惧。我住在一套资产阶级公寓里，有时我扪心自问，要是半夜里有一队无法无天的人破门而入，带我去“散步”，我怎么办？我如何抵抗？对他们说些什么？

当然，法西斯一方也不乏暴行。共和派只限于枪决敌人，而叛军有时则实行极端残暴的酷刑。例如在巴达霍斯，赤色分子被扔进斗牛场，按照斗牛的程序被杀害。

发生的事不计其数。我记得有这样一件事：马德里或附近一个修道院的修女们，在列队去神殿的途中，她们在怀抱幼年耶稣的圣母像前停下来。修道院院长用锤子和凿子把小孩从圣母的怀中凿下来拿走了，她对圣母说：“等我们赢了这场战争再把他还给你。”

毫无疑问，她们把他归还了。

共和派的内部开始出现严重的分歧。共产党员和社会主义者希望首先要赢得战争，应投入一切力量去夺取胜利。而与之相反的是，无政府主义者自认为他们已处于被征服的土地上，已经在组织他们的理想社会了。

工团主义者的日报《工团主义者》的主编吉尔·贝尔有一天约我到卡斯蒂亚咖啡馆，他对我说：“我们在托雷洛多内斯建立了无政府主义者的领地，有二十多所房子已经被占了。你也应该去占一所。”

我吃了一惊。首先，那些房屋是属于一些被驱逐的人的，有的人被枪毙，有的人逃走了。其次，托雷洛多内斯位于瓜达拉马山下，离法西斯的阵线只有几公里，那里炮火纷飞，而无政府主义者居然心安理得地组建他们的乌托邦了！

还有一次，我们正和音乐家雷马恰在一家饭馆吃午饭，他是弗诺电影公司的负责人之一，我也曾在那里工作过。饭店主人的儿子在瓜达拉马山同法西斯分子的战斗中负了重伤。几个武装的无政府主义者走进来，行礼喊道："朋友们健康！"随即向老板索要几瓶葡萄酒。我抑制不住怒火，对他们说，他们应该去山的那边战斗，而不是在一个好人的儿子正同死神搏斗的时候，抢空他储藏室里的东西。

他们听我说完，没任何表示就走了，不过还是拿走了那些酒。当然他们确实也散发过一些"救济单"，一些没多大用处的纸片。

每天晚上，成群结队的无政府主义者走下战斗正酣的瓜达拉马山，去抢劫旅店的储藏室。他们的所作所为促使我们转向了共产党人。

这些共产党员一开始人数很少，但他们的队伍每周都在扩大，组织严整，纪律良好，我认为——现在我仍认为——他们是无可指责的。他们全力以赴投入战斗。说起来令人痛心，但还是有必要说：无政府工团主义者大概比法西斯分子更仇恨他们。这种仇恨在战争爆发前几年就已存在了。1935 年，F.A.I（伊比利亚无政府主义联盟）在建筑工人当中组织了一场强硬持久的大罢工。共产党的一些代表来到 F.A.I——这件事是我从曾经资助拍摄《拉斯乌尔德斯》的无政府主义者拉蒙·阿辛那里听到的——并对罢工负责人说："你们之中有三个警察的密探。"

他们指出了密探的姓名，无政府主义者们却粗暴地对共产党的代表说："那又怎样？我们早知道了！但我们更喜欢密探而不是共产党员！"

尽管感情上我对无政府主义者抱有同情，但我不能支持他们专横、难以料想的行为和狂热。有时，仅仅因为有工程师称号或大学文凭，无政府主义者就把这些人拉到"田园之家"去了。当共和国政府面对法西斯的步步逼进，决定撤出马德里，迁至巴伦西亚的时候，无政府主义者在昆卡附近唯一一条自由的公路上设立起路障。在巴塞罗那也一样，举其中一例：他们干掉了一个冶金厂的厂长和所有的工程师，想以此来证明工厂只掌握在工人手中也能良好地运转。他们制造出一辆装甲车，并不无骄傲地展示给一位苏联代表看。

这位代表拿过来一把自动手枪开了一枪，子弹毫不费力地穿透了铁甲。

据信——也有其他说法——甚至有一群无政府主义者应对伟大的杜鲁蒂中弹身亡一事负责，当时他在公主大街，从一辆车上下来，要去帮助解大学城之围。这些彻头彻尾的无政府主义者——他们给自己的女儿都取名阿格拉西亚（无政府主义）或叫九月十四——他们因为杜鲁蒂在他的队伍中严明了纪律而不肯放过他。

我们对属于托洛茨基派的 P.O.U.M（马克思主义统一工人党）的暴行也心有余悸。1937 年 5 月，甚至有人看到这个组织的成员和 F.A.I 的无政府主义者联合起来，在巴塞罗那大街上筑街垒抵抗共和国军队，后者不得不同他们战斗，把他们击退。

我的朋友，作家克劳迪奥·德·拉·托雷住在离马德里不远的一所独立的房子里，我刚刚送给他一幅马克斯·恩斯特的画作为结婚礼物。他的祖父曾是共济会会员，对于法西斯分子来说，这是世上最可憎的事。他们认为共济会会员像共产党人一样可恶。

克劳迪奥雇用了一个厨娘，她很受人尊敬，因为她的未婚夫和无政府主义者一起战斗。某日，我去他家吃午饭，我在旷野中突然看到一辆 P.O.U.M 的车直冲我开来，车身上刷的这些字母是一眼就可以看清的。一阵恐慌向我袭来，因为我身上只带着社会主义者和共产党员的证件，在 P.O.U.M 的人眼中，它毫无价值。车子在我身边停下，司机问了我几句话——我想可能是问路，然后他们就开车走了。我松了口气。

我重申在这里谈的只是个人印象，是千万种印象中的一个，不过我认为它可能和当时站在左翼的一些人的印象相同。除了我们面临的法西斯的威胁之外，主要的问题，首先是因内哄和不同倾向间的摩擦不断加剧而引起的不安与惶恐。

我看到一个往日的梦在自己的眼前变为现实，可它带给我的却是悲哀。

一天，从一位穿越战线回来的共和派人士口中，我们得知了加西亚·洛尔卡的死讯。

费德里科·加西亚·洛尔卡

拍摄《一条安达鲁狗》的前夕，一场公开化的分歧使我和洛尔卡分离了一段时间。随后，这个敏感的安达露西亚人或真或假地认为我这部影片是针对他的。他说："布努埃尔拍了一部这样的

（做着手势）影片，名叫《一条安达鲁狗》，狗就是指的我。”

1934 年我们彻底和解了，尽管有时我看到他被众多的崇拜者包围着，我们还是在一起度过不少时光。我们经常在乌加尔特的陪同下，乘上我的福特车到具有哥特风格的荒凉的埃尔帕拉尔去让自己放松几个小时。这个地方已是一片废墟，不过仍有六七幢房屋，四壁徒然，却为美术界留下了遗产，只要带着睡袋就能在那里过夜。画家佩那多经常到这个荒废的老修道院来——40 年后在同一地方我意外地遇到了他。

当我们感到政治风暴来临的时候，就很难再谈论绘画与诗歌了。佛朗哥登陆的前几天，对政治缺乏激情的洛尔卡突然决定回他的故乡格拉纳达。我想劝阻他，对他说；“真正的恐怖就要来临，费德里科，留在这里吧，在马德里你会更安全些。”

其他的朋友也对他施加影响，但是没用，他十分紧张又恐惧地启程了。

他的死讯对我们每个人来说都是一次可怕的打击。

在我认识的所有的人当中，费德里科是佼佼者。我所指的既不是他的戏剧也不是他的诗歌，而是他这个人。他本身就是一部杰作。我甚至觉得很难再有这样的人了。他能弹奏肖邦的钢琴曲，又能即兴创作哑剧或小戏剧片断，简直令人不可抗拒。他博览群书，出口成章。他满怀热情，兴致极高，充满活力，他就像一团烈焰。

当我在大学生公寓初次与他相识的时候，我不过是个乡下来的相当鲁莽的壮实小子。借助我们之间友谊的力量，他使我转变了，让我认识了另一个世界，我无法表达我对他的感激之情。

他的遗骸一直没找到。关于他的死有许多传说，而达利——

实在卑鄙——竟说这是一桩同性恋罪行，这纯粹是无稽之谈。实际上，费德里科之死是因为他是诗人。那个岁月里，另一伙人叫嚷过："消灭智慧！"

在格拉纳达，他躲避到长枪党员、诗人罗萨莱斯的家里，他们两家是朋友。他以为那里很安全。一天夜里，一个叫阿隆索的领着几个人（是哪一派的？这已无关紧要了）把他逮捕了，他们把他和几个工人赶上一辆卡车。

费德里科面临着折磨和死亡，感到无比的恐惧。我能够想象到，深夜中他被拉上去橄榄林——在那里被枪毙——的卡车上时的感受。

我经常想象那一时刻。

9月末，人们为我和共和国外交部部长阿尔瓦莱斯·德·巴约在日内瓦安排了一次会面，他想见我。说到了日内瓦再告诉我缘由。

我乘上一辆塞得满满的列车出发了，那纯粹是一辆战时的列车。我坐在一个P.O.U.M的指挥官面前，他是由工人提升到指挥官的，满口粗言恶语，不停地责骂共和国政府是个猪圈，首先应该把他们毁掉。我谈到他，那只是因为后来在巴黎，我不得不用他做暗探。

我在巴塞罗那转车，遇到了何塞·贝尔加明和穆尼奥斯·苏埃，他们和十几个学生去日内瓦参加一个政治性会议。他们问我携带哪种证件，我告诉了他们。穆尼奥斯·苏埃叫道："那你可过不了边境，要想过去，必须执有无政府主义者的签证！"

到达波特堡，我第一个走下火车，车站上全是武装的人，我看见三个威风凛凛的人坐在一张桌子旁，仿佛是一个临时法庭的成员。他们都是无政府主义者，头目是一个大胡子的意大利人。

按他们的要求，我出示了证件，他们对我说：

“凭这个你不能出境。”

西班牙语肯定是世上最亵渎神明的语言。和其他语言不同，按常规其他语言中的诅咒和谩骂是简短、分开的，而西班牙式的谩骂则轻而易举地吸取了长篇演说的形式，可怕的污言秽语主要是和上帝、基督、圣灵、圣母及阿波斯托圣徒们相联系，连教皇也没放过，它们能连串构成污秽的、令人难忘的长句。咒骂是一种西班牙艺术。例如在墨西哥，虽然几个世纪前西班牙文化就已在那里存在，但我从未听到任何舒心尽情的咒骂。在西班牙，一场成功的咒骂能同时牵动两三条线。如果境况要求的话，甚至还能够反转，变成一篇祷文。

波特堡的这三个无政府主义者目瞪口呆地听着我以最猛烈的方式发出的，就是这样一种咒骂。

随后，他们对我说我可以过去了。

既然提到了咒骂，我还要再讲几句，在西班牙的古城，如托莱多，主要的城门入口处都写着“严禁行乞和骂人”，否则就处以罚款或短期监禁。这是竭力清除污言秽语的一个佐证。1960 年我返回西班牙时，我觉得在街头很少再听到谩骂，不过也许是我弄错了……我的听觉也不如以前了。

我和部长在日内瓦一起只待了约 20 分钟。他请我去巴黎担任共和国即将任命的新大使的部下。这位大使是我从前认识的一位左翼社会主义者，叫阿拉基斯坦，他曾是记者和作家。他需要信得过的人。

我立即前往巴黎。

内战期间在巴黎

我在巴黎一直待到内战结束。我在贝比涅尔街的办公室工作，名义上负责搜集所有在西班牙拍摄的宣传共和国的影片，而实际上我的职责要复杂得多。一方面我是一位礼仪官员，负责在使馆内组织一些晚宴，还得注意别把安德烈·纪德安排在阿拉贡旁边[1]之类的事。另一方面，我还负责“情报”和宣传。

这期间，我做过多次旅行，去瑞士、安特卫普、斯德哥尔摩，还去过几次伦敦。主要是为共和国的事业寻求援助。也有几次我回西班牙去执行官方使命。

一般情况下，我的行李箱中装满了成千上万份在巴黎印刷的传单。在安特卫普，比利时的共产主义者给我们以全力的支持。由于一些船员的配合，我们的传单居然运上了一艘开往西班牙的德国船。

旅行期间，我在伦敦参加了由一位工党议员和电影协会主席埃瓦尔·蒙太格组织的一次宴会，我要在宴会上用英语做简短发言。当时有二十多名同情者到场，其中有曾出演《黄金时代》的罗兰·彭罗斯和演员康拉德·维德特，他们坐在我身边。

我到斯德哥尔摩的使命与其他旅行的性质完全不同。在比亚里茨和巴约纳地区，各阶层的法西斯分子活动猖獗，我们要寻找能为我们提供消息的秘密情报人员。我去斯德哥尔摩就是为了将这种当间谍的任务交付给一位十分美丽的瑞典女人——瑞典共产党员卡琳。大使夫人认识并推荐了她。卡琳接受了任务，我们就在船上或火车上会面。这次旅途中我不得不抵御自己一直旺盛的情

[1] 阿拉贡和纪德是著名作家，阿拉贡是“法共”（PCF）成员，而纪德则持不同立场。

欲和责任之间的尖锐冲突。我的责任感最终获胜。我们甚至连一次吻都没接过，我默默地忍受着。卡琳去了下比利牛斯一带，她从那里定期给我寄送她听到的所有消息。我没有再见过她。

谈到卡琳，我还需要补充点。我和阿日普罗的共产党负责人经常接触，主要是为了购买武器（过去和今天一样，有一些善钻营的小团伙搞武器走私，我们不应该总是信任他们），这个负责人责备我把一个女托洛茨基分子带入法国。原来，就在我旅行期间，瑞典共产党刚刚迅速地转变了立场，我对此却一无所知。

法国政府一贯拒绝配合或参与有利于共和国的事务，这是由于懦弱和对法国法西斯势力的畏惧，以及担心引起国际纠纷。如果它参与的话，事情的发展将会迅速改观。法国人民与政府不同，特别是 C.G.T 的工人成员给予了我们极大的无私的帮助。这种事并不少见，比如，一位铁路工人或出租车司机找到我说："昨天有两名法西斯分子乘 20:15 分的车到达，住进了某家旅馆，他们是这样的……"我记录下这些情报并转给阿拉基斯坦，他无疑是我们驻巴黎的最好的大使。

法国及其他民主政权的不干预政策使我们陷于瘫痪。虽然罗斯福宣称支持西班牙共和国，但迫于美国天主教界的压力又做了让步，于是像法国的莱昂·布鲁姆一样，不肯干预。我们从没有期望能得到直接干预，不过我们认为，法国可以准许运送武器，甚至派遣"志愿"远征军，像德国和意大利为另一方做的那样，那么战争的进程将截然不同。

我还应该——哪怕是简短地——说一说那些流亡法国的人们鲜为人知的命运。许多人一到达就被送进集中营。后来，他们当中有不少人又落入纳粹手中，被弄到德国，主要在毛特豪森。

由共产主义者组织的，经过训练、纪律严明的国际纵队是唯一给予我们宝贵援助的力量，同时也是光辉的典范。还应该向马尔罗致敬，尽管他挑选的飞行员中有的纯粹是雇佣兵，也应向所有那些志愿前来战斗的人们致敬。他们人数众多，来自许多国家。我在巴黎曾给海明威、多斯·帕索斯和尤里斯·伊文思发过通行证，后者拍摄了一部关于共和国军队的纪录片。我还想起科尼格里昂－莫利涅，他战斗热情很高。后来在纽约，就在他去投奔戴高乐的前一天，我又见到了他。他说自己坚信纳粹必败，并邀我战争结束后去巴黎看他，一起拍电影。我最后一次见到他是在戛纳电影节上，他那时已是部长，正和阿尔匹斯省省长一起喝酒。看到他和这些显贵们在一起，我体会到了一种近乎是羞耻的滋味。

我目睹了许多阴谋和冒险，有时我自己就成为主角，我想讲一讲我觉得最有趣的几件事。这些事情大多是在秘密状态下进行的，时至今日我仍很难说出某些人的名字。

战争期间，我们曾在西班牙与两名苏联摄影师——还有其他合作者——拍摄影片。这些宣传性的影片应该在全世界当然也在西班牙放映。某天，由于得不到几个月前拍摄的那些影片素材的消息，我要求会见苏联商务使团的负责人。他让我等了一个多小时。最后，极其冷淡地接待了我，他问了我的姓名，对我说："您在巴黎干什么？您应该在前线，在西班牙！"

我回答，他无权评判我的活动，我在执行命令，而且我想知道那些由西班牙共和国出资拍摄的影片怎么样了。

他闪烁其词，我就走了。

回到办公室我就写了四封信，一封给《人道报》，一封给《普拉乌达》，一封给苏联大使馆，最后一封送交西班牙部长。我在信中指责苏联商务使团的内部有人搞破坏。我在法国的共产党朋友也确认存在这种破坏，他们对我说："是的，在所有的部门都有一些类似的情况。"苏联的官方代表中就有他们的敌人，无论如何也是反对者。话说回来，没过多久，曾态度恶劣地接待过我的那位商团负责人就成了斯大林大清洗的牺牲品。

三枚炸弹

最复杂的故事之一，是曾使法国警察行为（也是世界所有警察的行为）有趣曝光的三枚炸弹事件。

某天，一位年轻、相当英俊、举止文雅的哥伦比亚人走进我的办公室。他曾要求见武官，但因为我们没有武官（前任武官因令人怀疑，已被撤职），大家觉得让他来找我挺合适。他带来个小包，放在使馆一间小客厅的桌子上，接着他把它打开，里边装有三枚小型炸弹。哥伦比亚人对我说："这是威力巨大的炸弹，我们就是用这种炸弹对付过西班牙领事馆的佩尔比南谋杀案，还制造了波尔多—马赛列车一案。"

我吃惊地问他想干什么，为什么把炸弹带到这里。他说他不想掩饰他是法西斯分子，是康德尔军团[1]的成员（可以想象），他这样做只是出于对其上司的仇恨，他对上司恨得要死。他说："我希望首先把他逮起来。你别问我为什么，就是这样。你如果想认识他，明天下午五点到'拉古波莱'旅馆来，他会在那里，他坐在

---

[1] 康德尔军团：纳粹德国派往西班牙帮助佛朗哥作战的所谓志愿军团。

我右边。我把炸弹留在这儿。”

他走后，我将此事告诉了阿拉基斯坦，大使给警察局长打了电话。他们立刻让法国爆炸机构的人员研究了炸弹。那名恐怖分子说的是真话，这几枚炸弹的威力当时还不为人知。

第二天，我约大使的儿子和一位女演员朋友一起去“拉古波莱”喝酒，但没有告诉他们此行的目的。到了那里，我立刻就看到那个哥伦比亚人和一小群人坐在露天的座位上。在他右边，大概就是他的头目了，真稀奇，我认识这个人，是一位拉美演员。我的演员朋友也认识他，我们走过去和他握手。

那个告发者不动声色地坐在那里。

知道了这个恐怖活动组织头目的姓名和他在巴黎住的旅馆，我回到使馆后就通知了警察局局长，他是社会党人。他告诉我说，他会立刻逮捕此人。然而什么事都没发生。过了不久，我又看到这个恐怖组织的头目悠然地坐在艾丽舍区的“塞莱克特”咖啡馆里，他和几个朋友在一起。我的朋友桑切斯·本图拉可以做证，那天我气得哭了。我对自己说:“我们生活在一个什么样的世界里?这里有一个被认出的罪犯，而警方却不肯把他逮捕，为什么?”

不久，那个告发者又来到我的办公室，对我说:“我的头儿明天要到您的使馆来申请去西班牙的签证。”

这个消息绝对确切。那个拉美演员持有外交护照，来到使馆毫不费力地拿到了签证。

他去马德里执行一项我一直不知道内容的使命。在边界上，他被已接到我们通知的西班牙警方拘留，但由于他的政府的干预，他几乎是立刻就又被释放了。返回巴黎之前，他在马德里平静地完成了任务。难道他是不可侵犯的吗？他拥有什么人的支持呢？我绝望了。

那时，我必须去斯德哥尔摩一趟。在瑞典，我从报上读到一条消息，不久前一次威力巨大的爆炸摧毁了勒图瓦附近的一座房屋，有个工会总部设在那里。我认为，那份报纸还详述了爆炸力极为强大，以致摧毁了整座小楼，两名工作人员死于非命。毫无疑问，我认出了那个恐怖分子的黑手。

他仍旧安然无事，那家伙继续从事他的活动，法国警方的漫不经心为他提供了掩护，像许多欧洲警察一样，他们的同情心只对强权政体。

战争结束后，这位拉美演员，第五纵队的成员，因为功不可没，得到了佛朗哥的授勋。

与此同时，我则成了法国右翼分子暴力袭击的目标。《黄金时代》依然未被忘记。他们大谈我的渎神倾向、我的“肛门情结”，《格兰高尔报》(或是《老实人报》？)在一版中用了整个半版的专栏追述几年之前我曾去巴黎，企图“腐蚀法国的青年一代”。

我继续和超现实主义派的朋友们见面。布勒东有一天打电话到使馆，对我说:“亲爱的朋友，现在正流传的消息糟透了，据说西班牙共和派枪杀了佩雷特，因为他是 P.O.U.M 的成员。”

从理论上说，P.O.U.M 是有托洛茨基派倾向的，在超现实主义派里颇能赢得几分同情。本哈明·佩雷特实际上已去了巴塞罗那，每天都能在加泰罗尼亚广场见到他，周围还有 P.O.U.M 的工作人员。应布勒东的请求，我努力去打听消息。我得知他去了阿拉贡前线，去了韦斯卡，而且也公开尖锐地批评 P.O.U.M 的一些成员的行为，所以有些人就表露出要枪毙他的意图。我向布勒东保证佩雷特没有被共和派处决。实际上他后来返回了法国。

我常和达利一同在圣米歇尔广场的“罗蒂塞里·佩里戈蒂奈”吃午餐。某日，达利向我提出了一项极为古怪的建议：

“我想把你介绍给一位英国大富翁，他是西班牙共和国的好朋友，他想向你提供一架轰炸机。”

我同意与这个英国人——爱德华·詹姆斯见面，他是莱昂诺拉·卡灵顿的好友，刚刚买下达利1938年的全部作品。他对我说，在捷克斯洛伐克机场确有一架超现代化的轰炸机听我们调遣。因为他知道共和国急需飞机，就把它送给我们，并以此换取普拉多博物馆中的几幅大师作品，他想用这些作品在巴黎及其他城市组织一场展览。这些画将置于海牙国际法庭的担保之下。战争结束后，有两种可能性：如果共和派获胜，这些画将归还普拉多；如果情况相反，它们将被列入到流亡的共和国财产名目之中。

我把这一草拟的建议通知了我国的外交部部长阿尔瓦雷斯·德·拉·帕约。他表示拥有一架轰炸机会令他很高兴，然而普拉多的藏品却不能因世上的任何原由而摘下来。“人们会怎样谈论我们？报界会怎么说？说我们出卖国宝换取武器吗？不要再提这件事了。”

这个交易告吹了。

爱德华·詹姆斯仍然活着。他在各处都有城堡，在墨西哥还有一座农场。

在贝比涅尔街办公时，我的女秘书的父亲是法共的财政部部长，他年轻时曾参加过“班诺帮”。我的女秘书记得，在她小的时候雷蒙-拉-希昂斯曾领着她去散步。（偶然机会我也认识两名“班诺帮”的老成员，里雷特·麦特让和一个在他的那些夜总会上被称

为“弗尔萨多·因诺森特”[1]的人)

一天，我们收到共和国委员会主席胡安·内格林的通报，他对一批从意大利运往西班牙一个港口的钾碱很感兴趣，这个港口被法西斯控制，他要我们提供情报。

我把这事和女秘书谈了，她给父亲打了电话。两天后，他的父亲来到我的办公室对我说：“我们去郊外走一趟，我想让你认识一个人。”我们坐车去了，在离巴黎有45分钟路程的一个咖啡馆前停住（我已经忘了确切的地点），他介绍我认识了一个美国人，年龄在35岁到40岁之间，严肃而文雅，说一口外国口音很重的法语。这个美国人对我说：“我听说您对一批钾碱货感兴趣？”

“确实是。”

“好吧，我想我能告诉您一些关于那条船的情况。”

他把所知道的关于那批货物的情况及航程都告诉了我，我又原原本本地报告给了内格林。

数年之后，在纽约的现代艺术博物馆中举行的一次盛大的鸡尾酒会上，我又遇到了他。我认出了他，他也认出了我，但没表现出来。

后来，战争结束了，我在“拉古波莱”再次看见他和他的妻子。这一次，我们聊了一会儿。这个美国人战前在巴黎郊区掌管一家工厂，他帮助过西班牙共和国，因此我的女秘书的父亲认识他。

我住在莫顿街。每晚回家下车之前，我都要在车里停一会儿，我手里攥着手枪，注视后面，确认是否有人跟踪。我们生活在密

---

[1] 意为受到强迫的无辜者。

探、内奸和种种难以预测的包围中，每一分钟都受到战争浪潮的推动，而且我们明白那些大国，除了意大利和德国之外，其他国家都宁可坐视到战争结束。我们眼看着希望破灭了。

看来，许多西班牙共和派人士像我一样，更赞同德—苏协定，这不奇怪。我们对西欧民主国家的态度感到十分失望，他们仍然轻蔑地对待苏联，拒绝与之进行有效的接触，而我们从斯大林的姿态中看出这是他赢得时间、扩充力量的一种方式，不管怎样，他们将投入一场大战。

法国共产党的大多数党员也支持这个协定。阿拉贡就直言不讳地表明了这一点。在党内出现的极少的不同意见者之一就是保罗·尼桑，他是位睿智的马克思主义学者，曾邀请我参加他的婚礼（证婚人是让－保罗·萨特）。然而不管我们意见如何，我们都觉得这个协定长不了，像其他所有的协定一样，它也将被推翻。

直到1950年代末，我一直对共产党抱有同情。后来，我和它日益疏远。无论在哪里，那种狂热盲从都令我厌烦。所有的宗教都发现了真理，马克思主义也是。例如在1930年代，马克思学派的教条主义反对谈论潜意识和个人的深层心理倾向。一切都应该服从社会经济学的机械理论，这使我感觉很荒唐。人的一半被忘却了。

不说这些题外话了。谈题外话是我的一种自然的叙事方式，有点像西班牙流浪汉小说。不过，年纪大了，直接连续的记忆力不可避免地减弱，我应该注意。当我开始讲一件事，我会很快离开它，插一段我认为有趣的事，而后却忘记是从哪一点岔开的，就会迷失方向。我总是问朋友们："我为什么会和你们谈起这件事？”

我掌握着几项无记录使用的秘密资金。我的每一次使命都和前一次不同。甚至有一次，我自愿去做内格林的保镖。我和画家、社会主义者金迪亚带着武器，在奥尔塞车站保护内格林，而他则丝毫没怀疑什么。

有几次我去西班牙运送文件。那时，我由国家委员会主席的儿子华尼托·内格林陪同，平生第一次坐上了飞机。我们刚飞越比利牛斯山，就听说一架从马约卡起飞的法西斯战斗机在向我们逼近。但是这架战斗机可能是受到巴塞罗那防空力量的阻截，转了个弯儿又飞回去了。

其中有一次我到巴伦西亚旅行，我刚刚到达就要去见阿基特普洛的头目，我告诉他，我正在执行一项使命，想让他看看一些来自巴黎的可能会使他感兴趣的文件。第二天上午 9 点，他让我上了一辆车，把我带到离巴伦西亚十公里的一个小镇上。在那里，他把我介绍给一个苏联人，这个人检查了我的文件并说他很熟悉它们。我们有过十几次这样的接触。我猜想同样的事在法西斯分子及德国人那边也会发生的。间谍机构也是从双方获取所需。

当共和国一支纵队驻扎在卡瓦尔尼另一侧的时候，法国的同情者从山里给他们送去了武器。有一次我和乌加尔特去那里的时候，一辆看起来在公路上迷失了方向的豪华汽车（司机刚刚睡着）和我们的车撞上了。乌加尔特得了脑震荡，我们只好待了三天才上路。

整个战争期间，比利牛斯山区的走私者们经受了严峻考验。他们运送人员和宣传品。在圣胡安·德·路斯地区，一个法国宪兵班长，我不记得他的名字，让那些带着共和国传单的走私者自由地通过，到边界的另一边去。为了向他致谢——我真希望这种谢意更隆重一些——我赠送给他一把精美的宝剑，剑是我付的钱，在共和国广场附近买的，我给他寄去，感谢他对西班牙共和国的支持。

最后一件事，是有关加西亚的故事，它会说明有些时候我们和法西斯分子之间的复杂的关系。

加西亚不过是一名盗匪，一个无赖，他简单天真地宣称自己是社会主义者。在战争开始的最初几个月，他和一帮杀人犯在马德里组织了“黎明纵队”。凌晨时分，他们强行闯入一个资产阶级家庭，抓走男人去“散步”，强奸妇女，并抢走了所有能拿走的东西。

我在巴黎的时候，一位法国工会成员，我认为他是在一家旅馆工作，他赶来告诉我，一个西班牙人要乘船去南美，他带的行李箱里塞满了抢来的财宝。这人可能就是加西亚，他带着一笔财产逃出西班牙，旅行中用了化名。

加西亚是共和国的耻辱，而法西斯分子也在竭力搜捕他。我把这位“社会主义者”的行踪转告了大使。那艘船将在长枪党控制的圣塔克鲁斯·德·特内里弗停泊，大使毫不犹豫地通过中立使馆将这一消息通知了他们。当加西亚到达特内里弗的时候，被认出来，他被逮捕并给枪毙了。

卡兰达条约

骚乱开始的时候，警方接到了放弃卡兰达镇，到萨拉戈萨集中的命令。在撤离之前，警官们把权力和维持镇上秩序的任务转交给一个主要由显贵人士组成的委员会。

该委员会办的第一件事是把几个名声显赫的活跃分子抓起来投入监狱，其中有一个著名的无政府主义者，几个参加社会党的农民和卡兰达唯一一名共产党员。

战争初期，当无政府主义者的队伍到达巴塞罗那，威胁卡兰达的时候，那些显贵来到监狱对关押的囚犯说："我们现在处于战争之中，不知道谁会取胜。那么我们来定个协定。我们释放你们，双方要保证，不论战争命运如何，所有的卡兰达居民都不使用任何形式的暴力。"

囚犯们当即表示同意。他们获释了。几天之后，当那些无政府主义者开进卡兰达后，办的第一件事就是枪杀了 82 个人。受害者中有 9 名多明我会教士，那些显贵中的大多数人（后来我才见到名单），医生、地主，甚至还有几位相当贫困的居民，他们所犯的罪仅仅是公开做了祷告。

那个协定原想使卡兰达退出暴力横行的世界，摆脱一切冲突，独自处于一种本地的和平之中。但这已是不可能的了。认为可以逃脱历史，逃离所生活的时代只是一种幻想。

卡兰达还发生过一件我认为十分奇特的事（不知在其他村镇有无这类事情）。我指的是当众宣布恋爱自由。在一个天气晴朗的日子，根据无政府主义者的命令，告示官站在大广场的中央，吹响小号，然后宣布："朋友们，从今日起，在卡兰达实行自由恋爱。"

可以想象得出来，众人听了这个宣告一定目瞪口呆，它不会产生什么值得一提的结果。有几位妇女在街头受到骚扰，被强令向爱情（其实谁也不太明白它是什么）屈服，由于她们激烈地反抗，才被放过。然而人们的情绪被搅乱了。从基督教一丝不苟的严厉限制，跨越到无政府主义的自由恋爱并不是个微不足道的问题。为了平息激动的情绪，我的朋友，阿拉贡省省长曼特孔同意在我家阳台上发表一次即兴演说。他郑重宣布，他认为所谓自由恋爱十分荒唐，我们另有他事要做，那就是战争。

而当长枪党的队伍来到的时候，不用说，共和国的同情分子早就逃跑了。那些留下来的，那些迎接长枪党的人应该没什么不安的，然而，据后来到纽约来看我的帕乌尔教士会的教士说，有一百多人（镇上总共五千人口，还有许多人逃走了），虽然在长枪党看来是“无辜者”，还是被枪杀了。他们如此残暴的目的是要实现彻底清除共和国毒根儿的愿望。

我的妹妹孔齐塔在萨拉戈萨被捕过。有几架共和国的飞机轰炸了该市，一枚炸弹竟穿透了大教堂的屋顶（这倒算是个奇迹），我的当军官的妹夫被指控和这件事有牵连。可是，当时他还是共和派手中的俘虏。我的妹妹被释放了，不过她险些被处决。

帕乌尔教士会的教士把达利在大学生公寓给我画的肖像包装好，带到纽约给我（一张毕加索的、一张坦桂的、一张米罗的，我肯定已经丢了，我对这些东西总是粗心大意），他对我讲述了战争期间卡兰达发生的事之后，天真地对我说：“你可千万别去那里！”

当然，我根本不想去。多年之后，我才得以重返西班牙。

1936年，西班牙人民在历史上第一次有了发言权。他们本能地首先去攻击教堂、大财主和古老的敌对势力的代表。他们烧毁教堂和修道院、杀死教士，人民清楚地表明了谁是他们世代的敌人。

另一方面，在法西斯那一边，罪行却是由更富有、更有教养的人干的。他们的罪行——卡兰达的事例可以反映出全西班牙的情况——不过是数量更大，更无必要，而且更冷酷无情。

今天，我可以严肃地指出，归根到底人民还是最仁慈的。他们每个人都有理由揭竿而起。如果说战争的最初几个月，共和国一方的一些过火行为令我十分恐惧的话（我从不想掩饰这些行为），但很快，从 1936 年 11 月起，他们就颁布了法令，停止了集体处决。此外，则是为了抗击叛乱者而战。

一生中我都对一张照片留有刻骨的印象，照片是在圣地亚哥·德·坎波斯特拉大教堂前拍的，几名基督教会的要人身着教袍同几名军官一起行法西斯式举手礼。上帝和祖国在那里挽起了手，它们带给我们的却是压迫和流血。

我从来不是激烈反对佛朗哥的人。在我看来，他本人并非是恶魔的化身。甚至我差点儿相信，是佛朗哥使贫弱的西班牙避免遭受纳粹的侵略。即使在损害他形象的时候，我也存有含混的一面。

在我的不会触犯任何人的虚无缥缈之梦幻的影响下，我现在要说的是另一方，佛朗哥一方，他们有着更优越的经济条件和更高层次的文化，他们原本是应该遏制恐怖行为的，然而却并非如此。而且当我独饮干马提尼酒的时候，我总是对金钱和文化的益处表示怀疑。

15 无神论者感谢上帝

"感谢上帝，我是无神论者。"这句格言若只看表面那是自相矛盾的。

"偶然"是创造一切事物的大师，而"必然"则位居其后，但它并不具有"偶然"那样的单纯。在我所有的影片中，如果我对《自由的幽灵》有特别的亲切感的话，可能就是因为它涉及了这个难度很大的主题。

我多次想象一个理想的剧本，故事是从一个平淡无奇的点开始的。比如：有个乞丐横穿街道，他看到豪华汽车打开的车门里伸出一只手把抽了一半的哈瓦那雪茄烟扔到地上。这个乞丐猛地停住脚步想去捡那支烟，却被另一辆汽车轧死了。

从这场事故的开始，可以随意提出一系列的问题。为什么乞丐会碰到卷烟？乞丐那个时候在街上干什么？抽烟的人为什么在那一刻扔掉烟？对这些问题的每一种解答都会引发另一些问题，逐渐地会越来越多。我们将面临渐趋复杂的十字路口，它们则把我们引向另外的岔路，进入神奇的迷宫，我们不得不在其中选择我们的道路。这样，可顺着表面上的起因，而它们实际上只是一系列无限丰富的偶然因素，我们就能够逐渐推演，可以远离时代，迅速不间断地穿越历史，穿越一切文明进程，直至原始的原生物境界。

我读过一本内容丰富、说理透彻的书，书里有关于这类历史偶然性的绝好范例，我认为这本书代表了法国某种文化的精华，该书就是罗杰·凯卢瓦的《本丢·彼拉多》。凯卢瓦向我们讲述了本丢·彼拉多[1]完全有理由出去洗手而让基督被判刑。这是他们的政治顾问提出的建议，因为他怕犹太国发生骚乱，这种骚乱也是犹大所祈求的，甚至卡西杜的预言家马尔杜克也持这种意见，他能想象出救世主死后会出现的一连串事件。鉴于他看清了他们，因为他是预言家，那些事件后来果然都出现了。

面对所有这些情节，如果彼拉多只能违背自己的诚实和对正义的渴望，在经过整整一夜的辗转不眠后，下了决心释放了基督，那这一举动会被基督的门徒们满意地接受。基督继续活在世上，施教于人，年迈而终，被视为圣徒。一两个世纪里，他的墓前不断有膜拜者。但久而久之，他就被人遗忘了。

当然，那世界历史将与此完全不同。

这本书使我迷幻了许久。我了解历史决定论或上帝万能意志会在这方面说些什么，正是这些因素促使比拉多去洗手。然而他也能够不洗。如他推开脸盆和水，就会改变时代的进程。

偶然因素要他去洗手。像凯卢瓦一样，我看没有必要非采取这种态度。

当然，如果说我们的降生纯属偶然，只是一个精子和一个卵子的碰巧结合的话（为什么在千万个精子当中偏偏是这一个

[1] 本丢·彼拉多（Poncio Pilatos）：罗马帝国驻犹太、撒玛利亚、以土米亚总督。据《新约圣经》记载，耶稣是由他判决而钉死在十字架上的。

路易斯·布努埃尔、朱里安·贝尔托和米歇尔·皮科利在《自由的幽灵》（1974）的拍摄现场

呢？），那么当建立起人类社会、当胎儿形成、随后是婴儿出生都从属于法规的时候，偶然的作用就起了变化。所有的物种都是这样。法规、习俗、社会和历史的某种演变、某种进程的条件都试图为文明的创立、前进和稳定做出努力——而我们又是有幸或不幸地属于这个文明中——所有这一切都是在日常与偶然的激烈斗争中体现出来的。“偶然”不但活跃而且令人惊奇，它从不会被彻底消除，它在努力适应社会的“必然”。

不过我认为，在这些保证我们共同生活的必然的法规中，应该避免将哪一种看作是基本和首要的。我认为，实际上这个世界的存在并不是必然的，我们在这里生活和死亡，也不是必然的。

因为我们不过是偶然之子，地球和宇宙没有我们也仍然存在，直到世界末日。一个空荡而无边无垠的宇宙，从理论上讲它毫无用处，它不蕴含任何智慧，只是孤独地存在，永远处于混沌之中，像一个不可思议地被剥夺了生命的深渊——简直难以想象的形象。也许其他的星球没有我们的知识，就是这样度过它们的蒙昧历程的。混沌之状，有时候我们在自己内心深处也能够深深地体会到。

有人想象宇宙是无限的，另一些人则向我们展示它是局限于时间与空间中的。这两种认识都处于难以看透的奥秘之中。一方面，宇宙无限的形象令我难以想象；另一方面，认为宇宙有限，有朝一日将不复存在的观点，又使我陷入不可思议的虚无之中，令我迷惑而又恐惧。我徘徊于两种认识之间，不知所终。

让我们来想象一下，偶然性不存在了，世界的一切历程都是由有逻辑、可理解的方式武断地安排的，只用某些数学公式就能解决问题。在这种情况下，大概就需要相信上帝，设想他如同一名钟表匠一样准确安排活动的进程，他是一位最高组织者。

但是万能的上帝难道不会任性地制造出一个由偶然驾驭的世界吗？不会的，哲学会回答我们。偶然不会是上帝的造物，因为它是否定上帝的。这两者既相互矛盾，又相互依存。

由于缺乏信仰（我承认，像一切事物一样，信仰常常产生于偶然），我看不出如何走出这个循环。因此我也没有堕入其中。

我提出这个结论的用意十分简单：信仰与不信仰是一样的。即使现在上帝显现出他光辉照人的存在，他也不能准确地改变我的任何行为。我不相信上帝每时每刻都能守护我、照顾我的健康、约束我的愿望与过失。无论如何我不能接受上帝能对我进行永恒的惩罚，我也不相信。

对于上帝来说我是什么呢？什么都不是，犹如一团泥土的影子。我的步伐飞快，不留踪迹。我是一介草民，在时间与空间中都不占有一席之地。上帝并不理会我们。即使他真的存在，可他并不存在。

以前我把这种推断总结成这句格言："感谢上帝，我是无神论者。"这句格言若只看表面那是自相矛盾的。

和"偶然"并列的是它的弟兄——"神秘"。无神论，至少我的无神论——必然导向接受不可知论。我们的整个宇宙都是神秘的。

如果我拒绝一统万物的神灵干涉我——在我看来，它的行动比神秘更诡秘——那我只能生活于某种黑暗之中，这我也认了。我没有任何解释，哪怕是最简单的，适于所有的人。在两种神秘之间，我选择了我的那种，至少这样我可以保留道德的自由。

如果有人问我：科学呢？你不想通过其他的途径来减少一些包围着我们的神秘吗？

也许是可能的。但我对科学不感兴趣。我觉得它自以为是，什么都靠分析，而且又很肤浅。它无视梦幻和偶然，无视七情六欲和矛盾，无视所有那些我视为宝贵的东西。《银河》中的一个角色说道："我对科学的仇恨、对理论的轻蔑导致我对上帝的荒唐的信仰。"还不至于此。对于我来说，这是绝对不可能的。我已经选择了我的位置，就在神秘之中。我对它只有尊重。

寻根究源的癖好，以及随之而来的轻视和平庸化的偏执——在我一生中，它们一直用愚蠢的问题逼迫着我：为什么是这样？为什么是那样？——来自我们的懦弱天性。如果我们能够将命运归附于偶然，清醒而坦然地接受生活的神秘，也许就会有一种十分近似于无知的幸福降临了。

想象处于偶然和神秘之间的某一部分时，这是人彻底的自由。这种自由，和其他自由一样，一直有人企图限制和扼杀它。因此，基督教发明了“企图之罪”。从前，我的想象受到良知的禁止，诸如：想象谋害我的弟弟，想象与我的母亲共寝等。我对自己说：“太可怕了！”我愤恨地排斥这些长久以来被世人诅咒的想法。

当我到了60岁或65岁的时候，才懂得并彻底接受了想象的纯真。我用了这一阶段的所有时间来证实我头脑中所出现的东西仅仅与我有关，即使从某种程度上讲它被称之为“坏思想”，或是一种罪过，但也应该让想象自由地驰骋，哪怕它是残忍和堕落的。

从那时起，我就彻底地接受了它，我对自己说：“好吧，我和我母亲同床共寝，又怎么样？”犯罪和乱伦的形象几乎立刻就被这种无动于衷的态度驱走，并远离了我。

想象是我们的第一天赋，如同引发它的偶然一样，它不可解释。我一生都在努力接受那些强行出现在我面前的形象，而不打算理解它们。例如，在塞维利亚拍摄《欲望的隐晦目的》期间，在一场戏的末尾，由于受到了一个突发的灵感的支配，我突然请费尔南多·雷依拿起置景员放在凳子上面的一只大麻袋，背在肩上走了。

同时，我感到了这一举动的非理性，我有点怕它。于是，我把这一场面拍了两次，一次背口袋，一次没背。第二天，放映这段的时候，全体人员（包括我）一致肯定这场戏里有那个口袋更好。至于为什么？我可说不清楚，因为这涉及陷入心理分析的粗浅印象或任何其他解释，总之很麻烦。

心理学家和评论家已经写了各种各样的关于我的影片的文章，对此我很感激。但是我从来不读他们的文章，因为我不感兴趣。我在另一章节中谈到了精神分析和分类治疗法。我在这里做个补充，有些评论家很失望，声称我是“不可分析”的，似乎我隶属于另一种文化，另一个时代，说到底，这也是可能的。

到了我这把年纪，我随他们去说吧。我的想象总是存在，它将以无可挑剔的纯真支持我，直到我生命的最后一刻。去理解是可怕的，而得到意外收获则是幸福。这些古老的习性随着岁月的流逝而增强了。而我渐渐在隐居。去年我曾计算过，在六天即144小时里，我只有三个小时在和友人交谈。其余的时间，属于孤独、梦幻，只有一杯水或咖啡伴着我，一天之中喝两次开胃酒，做一次令自己惊讶的回忆，一个形象来到我眼前，而后，由一件事想到另一件，于是也就到夜里了。

如果前面几页显得杂乱而沉闷，我请求原谅。这些思绪和那些毫无根据的细节一样，是构成我生活的一部分。我不是哲学家，因而从来不具备抽象思维的能力。如果有哲学天才，或自认为是有天才的人读了我的书而发笑，那就很好，我很高兴能使他们度过一段愉快的时光。这有点像我又重新回到萨拉戈萨的耶稣会学校似的。老师用手指着一个学生说：“给我反驳布努埃尔！”这不过是只需两分钟的事儿。

我只希望已将自己表达得足够清楚。不久前去世的西班牙哲学家何塞·高斯，像所有的哲学家一样，文章措辞复杂难懂。一次，他对某个驳斥他的人说："您没触及我！哲学是为哲学家而设的。"

对此我用安德烈·布勒东的话来反驳："我理解的哲学家是一头猪。"我完全同意布勒东的见解……虽然有时候他的话也不易弄明白。

16 重返美洲

我孤立无援，手头拮据，而诺埃里斯夫妇还写信问我能否为阿尔都斯·赫胥黎找到一份好点儿的工作。他可是位奇才！我这个晦气又孤独的人怎么能够帮助一位著名作家呢？

1939年，我在下比利牛斯山的巴尤那。我担负的宣传任务就是向比利牛斯山运送装有传单的小气球。几位共产党员朋友负责在顺风的时候发放这些小气球，他们后来都被纳粹枪杀了。

我觉得这种行动很可笑。发放出去的小气球漫无目的、随意将传单撒落在任何地方，落在田野里、森林中，而一叠无人知道散落在何处的纸片又能有什么影响呢？这套装置的发明者是一位美国记者，作为西班牙的朋友，他竭尽全力来帮助共和国。

我去找西班牙驻巴黎的最后一位大使马塞里诺·帕斯瓜，他是西班牙前公共卫生部部长。我向他谈起了我的疑虑。难道没有更好的事可做？

当时，美国正拍摄一些反映西班牙内战的影片。亨利·方达出演了其中一部。好莱坞正在筹拍反映关于毕尔巴鄂大撤退的影片《无辜者的重负》。

这些影片有时在涉及地方色彩时会出现一些可笑的错误。因而帕斯瓜建议我回到好莱坞，争取受聘做技术或历史顾问。这三年来，我还存有一些积攒的工资，另外几位朋友，其中有桑切斯·本图拉，还有一位曾为共和国做过很多事的美国女士，帮我补足了我和妻子、儿子做这趟旅行所需的费用。

我以前的监制人，弗兰克·戴维斯应该是《无辜者的重负》的制片人。他立刻接受我做历史顾问，不过他断言在美国人眼里这不算什么大事，他还让我看了即将完稿的剧本。我正准备开始工作的时候，突然从华盛顿来了一道命令，美国电影制片人总协会要服从政府的指示，简单而明确地禁止拍摄一切有关西班牙战争的影片，不管是倾向共和国还是倾向法西斯的。

我在好莱坞逗留了几个月。我的钱渐渐花光了，因为无法支付回欧洲的旅费，我想挣一些钱。我甚至还约了卓别林，想卖给他几个噱头，但是曾经拒绝在一项支持共和国的呼吁书上签字的卓别林——而同时像约翰·维尼这样的人，则领导着一个支持佛朗哥的委员会——让我白等了一场。

顺便再提一个巧合：那些噱头中的一个，它产生于梦境，就是表现一把手枪发射时极为无力，一颗子弹一出膛就落到了地上。同一噱头也出现在《大独裁者》中，表现的是一门炮膛巨大的榴弹炮。纯属意外巧合。卓别林并不知道我的想法。

由于无法找到工作，我又去见雷内·克莱尔，他当时是世界最著名的导演之一。他拒绝别人提出的所有计划，因为没有一个令他喜欢。不过，他信任我，在以后的三个月，他可能需要拍一部影片，否则就会被视为一个“欧洲纸老虎”。他选中的影片是《我娶了一个女巫》，我觉得它相当不错。在整个战争期间，我可能将在好莱坞工作。

我孤立无援，手头拮据，而诺埃里斯夫妇还写信问我能否为阿尔都斯·赫胥黎找到一份好点儿的工作。他可是位奇才！我这个晦气又孤独的人怎么能够帮助一位著名作家呢？

我听说当时已经征我入伍，我应该上前线去。我给我们驻华盛顿的大使写信，准备听命于他，并请他把我和妻子送回国。他回信说，现在不是时机，形势不明朗。一旦需要，会通知我的。

几个星期之后，战争结束了。

我离开了好莱坞，在那里我无已事可做，我决定去纽约找工作。那是一段黑暗的日子，我准备去做任何事。

在很长时间里，纽约一直保持着热情、慷慨、易找工作的美名，这是神话吗？我认识了一位叫加里的加泰罗尼亚机械师。他是 1920 年和一位提琴手一起来的，刚一到达，那位提琴手就被费拉莫尼卡乐团聘用，而机械师加里则在一家大饭店当舞蹈演员。

后来，加里把我介绍给另一个加泰罗尼亚人，他多少有些赖皮，他认识一个匪徒式的人物，此人领导着厨师工会。他们给我写了一封信，让我去一家旅馆。他们还说我会受到很好的保护，而且肯定会在厨房里找到份工作。

我最终没去那里。我刚刚认识了一位英国妇女埃丽斯·巴里，我欠她很多情，她和现代艺术博物馆的副馆长迪克·阿波特结了婚，埃丽斯·巴里给我来了封电报，她答应为我提供住所。我即刻去见她。

她向我谈起了一项宏伟计划。内尔森·洛克菲勒想创建一个面向拉丁美洲的宣传机构，名为“美洲内部事务协会”。现在只等一向十分轻视宣传，特别是轻视电影的政府批准了。而此时第二次世界大战刚刚在欧洲爆发。

埃丽斯建议我为这个即将创建的机构工作，我接受了。

“首先，”她对我说，“为了让他们认识您，我要请您办一件事。德国大使馆的一位一等秘书（埃丽斯让我保守秘密）为我们秘密送来两部德国的宣传影片。第一部叫《意志的胜利》，是莱尼·里芬施塔尔的，第二部表现了纳粹军队占领波兰。您知道美国政府官员办事的方式和德国人相反，他们不相信电影的宣传效力。我们将让他们看到是他们错了。您把这两部德国影片拿走，回去剪辑一下，因为它们太长了，您把它们缩减到一半，十或十二盘，我们将把它放给决策者们看，让他们看到电影的真正威力。”

他们派一位德国女人给我当助手，因为，尽管我坚持参加了夜校学习，英语也已说得不错，我却几乎完全不懂德语（它仍然是吸引我的一种语言）。虽然要把影片缩减一半，但希特勒和戈培尔的讲话却必须保持连贯。

我在一间剪辑室里工作了两三个星期。就意识形态而言影片是十分可怕的，但制作高超，给人印象深刻。在拍纽伦堡国会时，曾竖立起四根巨大的柱子，仅仅是为了在上面架摄影机。我重新做了剪辑和组接。一切进行得很顺利。这些压缩过的影片在各处放给参议员和领事馆的人看。一天，雷内·克莱尔和查理·卓别林一起观看了影片，两人的反应大相径庭。雷内·克莱尔被影片的力量吓坏了，他对我说：“我们还没有失败！不能放这个！”卓别林正相反，他笑得像个疯子，甚至笑得滚在地上。这究竟是为什么？是《大独裁者》的缘故吗？我至今仍不明白。

这期间，内尔森·洛克菲勒已经得到了创办“美洲内部事务委员会”所需的一切批准。

同一时期，现代艺术博物馆内正组织一场盛大的鸡尾酒会。埃丽斯·巴里告诉我，她将让我面见一位为洛克菲勒效力的亿万富翁，此人将决定我的命运。

鸡尾酒会那天，这个人像君主一样站在博物馆的一间大厅里，人们排着队等候他的接见。

在人群中穿梭着、十分忙碌的埃丽斯·巴里对我说："等我的暗示，你就加入到队伍里去。"

我注意着这个挺神秘的礼仪，身边有查尔斯·拉夫顿和他妻子埃尔莎·兰切斯特，后来我又多次遇见过她。当埃丽斯向我发出暗号时，我就加入到那个行列之中等候着，最后我来到那位亿万富翁面前。

"布努埃尔先生，你到这里多久了？"

"大约六个月。"

"好啊。"

鸡尾酒会结束后，我和他在"普拉萨"酒吧里严肃地进行了交谈，埃丽斯也在场。他问我是不是共产党员，我回答说我曾是西班牙共和派分子。谈话结束后，我被现代艺术博物馆聘用了。第二天，我拥有了一间办公室、二十多名雇员和"总编辑"的头衔。

我的职责是在埃丽斯·巴里的协助下挑选反纳粹的宣传影片（这时我会见了约瑟夫·洛塞，他带给我一部短片），并用英、西、葡三种语言发行。主要面向北美和南美。我们还准备自己出钱，制作两部影片。

我住在第86街和第二大道的街角，这是支持纳粹的街区中心。战争开始时，纽约的街道上常有支持纳粹政权的示威活动，有不少次他们和进行反示威活动的对立的一方发生暴力冲突。当美国政府对德宣战以后，他们就销声匿迹了。

纽约是在处于被动防御的情况下，下令施行夜间灯火管制。我们在现代艺术博物馆内，也像所有地方一样，增加了警报练习。

我们的好友兼房东亚历山大·卡德尔离开了他的寓所到康涅狄格州居住了。我买了一些家具并承担起出租事务。我曾遇到过几位超现实主义团体的成员：安德烈·布勒东、马克斯·恩斯特、马尔塞·杜尚、塞利格曼。团体里最古怪、最放荡不羁的人是画家坦桂，他留着那头粗硬的头发，也待在纽约。他娶了一位真正的意大利公主，她力图禁止他饮酒。一天，他们来访的时候，我们在他们面前排成两列，在街上为他们开道。尽管是大战期间，但我们都想继续搞我们的活动。杜尚、费尔南德·雷日也在纽约和我们在一起，我们甚至计划在一座楼房的平台上拍摄一部黄色影片。不过，我们觉得风险太大了：要蹲十年监狱。

在纽约我遇到了圣德克絮贝里，我们过去已经相识，他那套变戏法的技术让我们颇为吃惊。我见到了克洛德·列维－斯特劳斯，他有时参加我们超现实主义者的聚会；还见到了莱昂诺拉·卡林顿，她因为健康原因离开了在西班牙桑坦德的家，她的英国家庭曾把她囚禁在那里。

和马克斯·恩斯特分手后，莱昂诺拉好像和一位墨西哥作家雷纳多·列杜克一起生活。一次，她来到我们聚会之处，这里的房屋属于一位叫雷斯的先生，她走进洗澡间穿着衣服洗淋浴，然后，她浑身滴着水走进大厅坐在一张扶手椅里，怔怔地望着我。过了一会儿，她抓住我的手臂，用西班牙语对我说：

“您很帅，使我想起我的看护人。”

很久以后，在拍摄《银河》期间，德尔菲娜·西里格对我说起，她小时候在一次的类似的聚会中，曾坐在我的膝上。

达利

达利当时已经很有名气，他也住在纽约。

前几年我们一直分道扬镳。因为 1934 年 2 月，巴黎骚乱的第二天，我去看他，当时发生的事情令我激动不已，而达利——当时他已经和加拉结婚了——却正在塑一个趴在地上的女人裸体像，而且还把她的臀部塑得奇大。他对我的心情完全无动于衷。

后来，西班牙发生内战时，他在一些场合表露了对法西斯分子的同情，甚至还向长枪党提议建一座相当荒谬的纪念碑，就是说要熔合战争中所有死者的白骨，准备铸五十多个基座，然后把真的骨架安放在基座上，放在马德里到埃斯科里亚尔的沿途，每公里放一个。这些骨骼的体积要一个比一个大。而马德里出口处的第一个基座应只有几厘米高，到了埃斯科里亚尔，最后一个要高达三米或四米。

正如预料的那样，该计划被拒绝了。

在当时出版的他撰写的书《萨尔瓦多·达利的秘密生活》中，他把我说成一个无神论者。从某个方面说，这是一种比对共产主义更严厉的指控。

同一时期，一位叫普林德加斯特的先生，他是天主教徒利益在华盛顿的代表，他开始通过政府渠道施加影响，想让人把我赶出博物馆。我本人对此毫无所知。我的朋友们在这一年之中尽力平息了此事，他们并没有告诉我。

一天，我来到办公室，见到我的两位女秘书在哭。她们给我看了电影杂志《电影先驱》刊登的一篇文章，文章中说一个叫路易斯·布努埃尔的外国人——臭名远扬的影片《黄金时代》的导演，正在现代艺术博物馆身居要职。

我耸了耸肩，他们已经辱骂我好几次了，我并不介意，然而我的秘书们说："不，不，这件事很严重，当我到放映室的时候，一个也读过这篇文章的放映员用手指头指着我说：'坏孩子！'"

我去找埃丽斯·巴里，看见她也在哭，仿佛我已经被绑在电椅上了。一年前，她曾告诉过我，自从达利的书问世之后，受着普林德加斯特影响的国务院已向博物馆施加压力，要他们把我赶走。现在，由于这篇文章，这场纠纷公开化了。

同一天，美国舰队在非洲登陆。埃丽斯给博物馆馆长巴尔先生打了电话，他建议我顶住。

我却宁可辞职，一夜之间，我又浪迹街头了。我再一次陷入黑色时期，更何况我的坐骨神经痛得特别厉害，有几天我只能拄着拐杖走动。多亏乌拉迪米尔·波兹奈尔的帮助，我被雇用，为一些关于美军、工程兵和炮兵等的纪录片配解说词。这些影片很快发行到了拉丁美洲。那时我 43 岁。

辞职以后，一天我约达利到"雪利·尼德兰"酒吧。他准时到了。我要了香槟。当时我怒气冲冲，准备揍他。我对他说，他是头猪，因为他，我失业了。他回答了我，他的话我永远也不会忘记："听着，我写这一本书是为自己扎根立业，可不是为你树立根基的。"

我把那记耳光留在了自己的衣兜里。由于喝了香槟——还因为那些怀旧和情感——我们几乎是很友好地分了手。不过，积怨已深。此后我只见过他一面。

毕加索是位画家，但仅仅是画家而已。达利则超越了这一界线。尽管他人格的某些方面令人讨厌——狂热地宣扬和炫耀个人，疯狂追求古怪新奇的姿态或字眼。有些句子，如“你们要互相爱恋”我就觉得很陈旧。但他是一位真正的天才，一位作家，一位雄辩者，一位无与伦比的思想家。我们曾是多年的密友，我们在《一条安达鲁狗》剧本创作上志趣相谐的合作给我留下了美好的回忆。

达利性格中不谙世事的方面被忽视了。人们认为他是位做生意的奇才，冷酷无情的理财人。实际上，在遇到加拉之前，他根本没有钱的概念。比如，我的妻子让娜曾不得不帮助他买火车票。一次，我们和洛尔卡一起在马德里。洛尔卡让他穿过阿尔卡拉大街，到“阿波罗”去买几张票，那里正上演一部说唱剧。达利去了半个小时，没买票就回来了，还说：“我一点也不懂，我不知道怎么买。”

达利在巴黎过马路时，他的姑母得拉着他的胳膊。付钱的时候，他总是忘记要找钱，他干什么事都这样。他是受了加拉的影响，被她所迷惑，从一个极端走到另一个极端。后半生，他把钱（或者是黄金）当成主宰命运的上帝。然而我肯定，即使到今天，他仍然缺乏必要的处世经验。

住在蒙马特的时候，一天，我去他下榻的旅馆看他，见到他光着上身，背上敷着药。原来他感觉到似乎有一只臭虫或其他什么虫子在背上（实际上是个疙瘩或疣子），他就用剃须刀把后背划破了，流了许多血。旅馆老板让人叫来了医生。所有这一切不过源于他想象出来的臭虫。

他说过不少谎言，然而他并不会撒谎。例如，为了让美国人震惊，他写道，有一天，参观自然史博物馆的时候，他受到恐龙骨骼的强烈的刺激，以至于不得不在走廊上鸡奸加拉。很明显，他在说谎。但是他被自己的谎言弄得头晕目眩，他所说的一切都以蒙蔽真相的力量给他留下了印象。

达利的性生活实际上并不存在。那只是一个略有施虐狂倾向的想象，他完全没有情欲，年轻时就不停地嘲笑那些爱上女人或追求女人的朋友……直到被加拉夺去他童贞的那天，他给我写了一封有六页长的信，用他的方式向我解释肉体之爱的所有美妙之处。

加拉是达利唯一与之真正做爱的女人。后来，他也诱惑了另外一些女人，特别是美国的百万富婆们，但他只是敷衍了事。比如，在他的寓所里他把她们脱光了，并把两个鸡蛋放在她们的肩膀上，然后就一声不响地送走她们。

1930年代初，达利首次来到纽约——这是一次由一位画商组织的旅行。他被介绍给那些亿万富翁们，在他们面前达利感到了真正的虚弱。达利被邀请去参加一个化装舞会，当时全美国都沉浸在著名飞行员林白的儿子遭绑架的悲痛之中，而加拉入场时，穿着儿童的服装，脸上、颈部和肩膀上涂着血。达利介绍加拉时说：“她化装成林白被杀害的儿子。”

这个举动受到了异常的冷遇。因为这涉及一个几乎是神圣的人物，一段不得以任何借口触犯的历史。达利受到了他的画商的严厉斥责，随后他立即退却，用深奥的精神分析的语言向记者们说，加拉的化装实际是受到了一个X情结的启发，是弗洛伊德主义式的化装。

回到巴黎，达利不得不面对整个团体。他的过失十分严重，他公开放弃了一种超现实主义的行动。安德烈·布勒东亲口对我说过，在那次我没参加的会议上，萨尔瓦多·达利跪在地上，眼含泪水，合拢双手发誓说，那些记者们在撒谎，而他一口咬定，而且坚持说，那天就是化装成林白遇害的儿子。

过了许久，到了1960年代，达利住在纽约的时候，一天他接待了三位正筹拍一部电影的墨西哥人。卡洛斯·富斯特思写好了剧本，由胡安·伊巴涅斯执导。亚美利哥做他们的制片主任。

他们只求达利一件事：允许他们拍摄达利走进“圣·莱吉斯”酒吧的镜头，拍摄他像日常那样，牵着一只拴着金链的豹，走向他的习惯座位。

达利在酒吧间接待了他们，然后就立刻让他们去找“负责这些事的”加拉。

加拉接待了这三个人，请他们入座并问道：“你们想要什么？”

他们讲了他们的请求。加拉听后突然问：“你们喜欢吃牛排吗？好牛排，又厚又软的。”

这三个人有点不知所措，还以为她在邀请他们吃午饭呢，就做了肯定的回答。

于是加拉说：

“达利也喜欢吃牛排。你们知道一块好牛排要多少钱吗？”

他们不知该如何回答。

而加拉就向他们提出了一个十分过分的要价——一万美元。这三个人空手而归。

达利同洛尔卡一样，十分惧怕肉体痛苦和死亡。他有一次曾写道，在一次事故中遇害的工人们的尸体，塞满了三等车厢，再也没有比这更刺激的场面了。

达利认识的一位王子的死使他认识了死亡。这是上层名流的一个主宰式人物，姆迪那维亲王。他应画家塞尔特之邀去加泰罗尼亚，死于一场车祸。那天，塞尔特和大部分客人乘一条游艇出海。达利留在帕拉莫斯工作。他是第一个接到姆迪那维亲王死讯的人。他赶到事故现场，他说自己惊慌失措，六神无主。

一位亲王的死对他来说是真正的死，而填满工人尸体的车厢与他毫无关联。

我们有 35 年一直没再见面。1966 年的一天，在马德里，当我和卡里埃尔写《白日美人》的剧本的时候，我收到了一封发自卡达克斯的奇怪的电报，用法文写的（冒充高雅），文字浮夸。电报中，他请我立即去见他，和他共同写《一条安达鲁狗》的续集。他肯定地说："我的想法会使你喜极而泣。"并说如果我不能去卡达克斯，他就准备来马德里。

我用那句著名的谚语回答了他："覆水难收。"

不久，他又来了封电报，祝贺《白日美人》在威尼斯获得金狮奖。他同时还想让我与之合作办一份他预备推出的杂志，名为"犀牛"，我没有答复他。

1979 年，在巴黎布堡博物馆举办的大规模的达利画展期间，我同意把我们都在马德里求学那一时期，他为我画的像借给他。这是一幅十分精细的画像，在画布上打小格画的，我的鼻子和嘴唇测得十分精确，而且应我的要求，他在画上添了几缕我非常喜欢的蒙泰格那一幅画中的细长的云彩。

由于这次展览，我们必须在巴黎聚首，但是，因为要有一场官方宴会，要拍照、要沸沸扬扬，故而我拒绝参加。

当我想起他的时候，尽管有对我们年轻时代的一切回忆，并且至今我仍敬佩他，他的作品仍给我以启迪，但我不可能原谅他那种极端以自我为中心的表现癖，他无耻地拥护佛朗哥主义，特别是他公开宣称的对友谊的仇恨。

几年之前，在一次采访中我曾表示，不管怎样，我将很高兴在死前同达利喝一杯香槟。他读了那篇采访录并说："我也很高兴，但是我不喝酒。"

布努埃尔的妻子让娜（Jeanne）
和他们的儿子让－路易斯在纽约
（照片提供：布努埃尔）

17 好莱坞，续篇与尾声

如果我在好莱坞发展，陷入了美国的制度中，又有比墨西哥提供的微薄预算更为优厚的资金，那我的影片当然会是截然不同的。什么样的影片呢？我不清楚。我并没有拍它们，因而我也毫不惋惜。

1944 年我在纽约失业了，同时还遭受着坐骨神经痛的困扰和折磨。纽约外科医生协会主席险些使我彻底变为残废，他的治疗方法太粗野了。一天，我拄着手杖走进华纳兄弟影片公司的一间办事处，他们建议我再回洛杉矶从事西班牙语翻译工作。我接受了。

我带着妻子及两个儿子（二儿子拉法埃尔，1940 年生于纽约）乘火车前往洛杉矶。坐骨神经痛使我备尝艰辛，我只好一直躺在一块平板上。多亏洛杉矶的一位外科医生，经过这位女医生两三个月悉心护理之后，我彻底摆脱了病痛的折磨。

这一次，我在洛杉矶待了两年。头一年，我靠工作过着正常的生活。第二年，这份工作丢了，我只好靠前一年工作收入的积蓄维持生计。拍摄各种电影翻译版本的时代一去不复返了。随着世界大战的结束，明显地出现了各国都热衷于看美国原版影片的倾向，他们要看美国演员演的影片。例如，在西班牙，所有迹象都表明观众宁愿看汉弗莱·鲍嘉讲西班牙语——尽管配音相当糟糕，而且显得难以置信——也不希望由一位西班牙演员扮演同一角色。

配音译制彻底赢得了这场争斗。它立即被推广开来，不仅好莱坞这么做，而且所有电影生产国也都采用了。

无用的设想

我第三次在好莱坞期间，又经常见到雷内·克莱尔和埃里克·冯·斯特劳亨[1]，我对他颇有好感。这时我已决定永不再拍电影了，然而，我经常在纸上记录下一些构思，例如一个小姑娘失踪的故事，她的父母寻找她，而实际上她就和他们在一起（很久以后，我在拍《自由的幽灵》时采用了这个场景）。我甚至还设想用一部只有二本的短故事片，表现几个人物的举动完全像虫子一样，如像蜜蜂，像蜘蛛。

我曾向曼·雷讲过一部影片的构思。我开车去兜风，发现了洛杉矶市的一个庞大的垃圾场，约有两公里长，二三百米深。那里无所不有，残渣废物，三角钢琴，甚至有完整的房屋。在这个大坑的底部，在废物堆中间的一块空地方，有几间住着人的小屋子。

我看见一个十三四岁的女孩从其中一间屋子里走出来，于是我想象她在这个世界末日般的境界中有了一段爱情经历。曼·雷表示愿意与我一起合作，但是没法弄到钱。

同一时期，我和搞配音工作的西班牙作家鲁宾·巴尔西亚共同撰写一部具有神秘色彩的电影剧本《午夜情人》，在影片中可以看到（我认为）反复出现一个死去的女孩……这个故事的背景是

[1] 埃里克·冯·斯特劳亨（Eric von Strolneim）（1885—1957）：生于维也纳的美国导演，主要作品有《贪婪》《风流寡妇》等。

合情合理的，最后我们把一切都理顺了。可这个剧本仍然毫无投拍的可能。

我同样也希望为罗伯特·弗洛雷工作，他正在筹拍《五指怪兽》。他非常友好地请我为该片写一组要由彼得·洛里表演的戏。

我设想了一个场面：里面有一只活的手，怪兽渐渐变成一座图书馆。彼得·洛里和弗洛雷都很欣赏我的创作。他们到制片人的办公室和制片人商谈此事，让我在门口等候。过一会儿，他们出来了，弗洛雷用手指向我比画做了个否定的手势。此事被制片人拒绝了。

后来，我在墨西哥看到了这部影片。我写的场景就在里面，而且丝毫不差。我准备去法院起诉，但有人对我说："华纳兄弟公司雇有 64 名律师，他们全在纽约，你要是愿意，就向他们进攻好了。"

结果我什么也没做。

就在此时，我在洛杉矶遇到了丹尼斯·蒂阿尔。我在巴黎时就已与她相识，当时她嫁给了在《一条安达鲁狗》中扮演主角的皮埃尔·巴舍夫。后来又与她再度相逢，她和罗纳尔·蒂阿尔另结良缘了。

我很高兴与她再度相逢。她问我是否愿意去巴黎，将洛尔卡的《贝尔纳达·阿尔瓦的家》改编成电影。虽然我不太喜欢这部在巴黎获得巨大成功的作品，但还是接受了丹尼斯的建议。

由于丹尼斯还要去墨西哥逗留三四天——让我们怀着敬意去探求偶然性的细微脉络——我就陪她去了。我第一次踏进墨西哥城，住在城里的"蒙泰霍"旅馆，我在那里给在纽约的洛尔卡的兄弟巴基多打了电话。他告诉我，伦敦的几位制片人向他出两倍于丹尼斯的价格购买该作品的一切版权。于是我明白了，一切都成泡影，我把此事告诉了丹尼斯。

我又一次漫无目的地停留在一座陌生的城市里。就在这时，丹尼斯让我会晤了制片人奥斯卡·唐西格尔，战前在巴黎的“德马高”，经雅克·普莱维尔介绍，我已与他相识。

奥斯卡问我：“我有些事要您做，您愿意留在墨西哥吗？”

有人问我，我是否惋惜没有像许多其他来自欧洲的导演那样成为好莱坞导演，我说不知道。偶然机遇只有一次作用，而且几乎是难以逆转的。可我认为，如果我在好莱坞发展，陷入了美国的制度中，又有比墨西哥提供的微薄的预算更为优厚的资金，那我的影片当然会是截然不同的。什么样的影片呢？我不清楚。我并没有拍它们，因而我也毫不惋惜。

几年之后，在马德里，尼古拉斯·雷依[1]请我吃午餐。我们无话不谈，随后他说：“您是怎么安排的，布努埃尔，为什么您能用很少的资金拍出了那么有趣的电影？”

我回答他，这对我不成问题。因为要么用这点钱拍片，要么就什么也别干。我根据手头的资金来筹划我的影片。在墨西哥，我的拍摄工作从未超过二十四天（除了《鲁滨孙漂流记》，我将会谈到原因的）。但我知道预算少也是我自由的一个条件。我对他说：“您是一位著名的导演（他当时正处于荣耀时期），您可以做个试验。您能享有一切。请您力图得到这种自由。比如，您刚拍完一部耗资五百万美元的片子，现在请您用四万去拍一部，您就会看到差别了。”

---

[1] 尼古拉斯·雷依（1911—1979）：美国电影导演，主要作品有《无因的反抗》《热血》等。

他叫道:“根本不用考虑!如果我去干这个,好莱坞所有的人都会认为我在衰落,我的处境不妙,我就完蛋了。我将再也不能拍什么影片了!”

他说得非常严肃。这些话令我颇为伤感。从我个人讲,我想我永远也无法适应这样一种制度。

我一生中只拍过两部英语影片,是由美国公司提供资助的。另一方面,这也是能令我产生愉快回忆的两部影片,即《鲁滨孙漂流记》和《少女》。

《鲁滨孙漂流记》

制片人乔治・佩珀和能讲一口流利西班牙语的著名剧作家雨果・巴特勒向我提议拍《鲁滨孙漂流记》。起初我并没有什么热情,但在拍摄过程中,我对这个故事开始感兴趣了,并在其中加入了一些性生活的因素(梦幻的和现实的)以及鲁滨孙又见到父亲的幻觉。

拍摄是在墨西哥的太平洋海岸,离曼萨尼约不远的地方进行的,这期间我基本上听命于总摄影师阿历克斯・菲利普斯的安排,他是住在墨西哥的美国人,善于处理特写。这是一种动物类型电影:在美国,因为这是第一次用伊斯曼彩色胶片拍摄,菲利普斯准备了很长时间才告诉我可以拍摄了(因此拍片的时间花了三个月,这种情况在我身上是仅有的一次),那些样片每天都送往洛杉矶。

《鲁滨孙漂流记》差不多在所有的地方都大获成功。这部耗资不足三十万美元的影片还在美国的电视台播放数次。除了拍摄过程中某些不愉快的回忆——我们不得不杀死一只小野猪——我还记得为鲁滨孙做替身演员的墨西哥游泳健将在影片开端时穿越巨浪巅峰的出色表演。每年7月，在该地区海岸会出现三天的惊涛骇浪。他住在一个小港口，对于这种运动训练有素，他出色地穿越了狂浪。

对这部由奥斯卡·唐西格尔制片，取得了成功的英语影片，我只得到了一万美元的片酬，这笔钱是微不足道的。不过我从不愿意为钱去争执，再说，我也没有维护我利益的代理人或律师。佩珀和巴特勒知道我的报酬后，提出要将其所获利润的百分之二十分给我，我拒绝了。

我这一生从未因为所签合同中提出的报酬而斤斤计较过。我绝对没能力干这个。我视情况而定，要么接受，要么拒绝，但从不讨价还价。我不认为自己曾经为了钱而去做什么违心之事。可以这样说，付一美元我不干的事，就是付一百万美元我也不会干。

《少女》

许多人以为《少女》是在美国的南卡罗来纳州拍摄的，其实不是。该片全部是在墨西哥的阿加希尔戈地区及墨西哥城的“丘鲁布斯科”制片厂拍摄的。佩珀是制片人，巴特勒撰写的剧本。

所有的技术人员都是墨西哥人，演员是美国人，但克劳迪奥·布鲁克除外，他扮演了牧人的角色，他英语讲得呱呱叫。后来我又和克劳迪奥在《沙漠中的西蒙》《毁灭天使》和《银河》中合作过。

扮演女孩的女演员大约十三四岁，毫无舞台经验和特殊天才。另外，她那可怕的父母一刻也不离她左右，强迫她全心投入工作，

《少女》剧照

让她准确无误地服从导演的指挥。有时候她哭了，这可能是因为种种原因——她缺乏经验、又害怕——而这些又是由于她在影片中的特殊角色引起的。相同的情况同样也会出现在许多孩子的身上。孩子和侏儒是我的影片中最出色的演员。

如今宣称反对善恶对立论的调子很动听。写出首篇小册子的第一位小作者对我们说，在他看来，没有什么比善恶对立论更坏的了（其实他并不十分清楚自己为什么这样说，也不知道这究竟指的是什么）。这种时髦的论调已经广为流行，以至于有时我也会产生天真的愿望，宣布自己是善恶对立论的信徒，并以此去行事。

无论如何，为了电影的完美而创立的美国的道德规范内，永远存在善恶之分。《少女》试图叛逆于这种古老的观念。黑人也有好有坏，像白人一样，白人却在黑人即将被假设的暴力绞死的时候对他说："我不能把你看作一个人。"

这种对善恶对立道德观的否定，可能是影片失败的主要原因。它于1960年圣诞节期间在纽约首映，受到了各界的抨击。说实话，谁也不喜欢这部影片。哈莱姆区的一份报纸甚至提出应该把我的头吊挂在第五大道的灯柱上。这种激烈的反应几乎跟随了我一生。

然而我却是怀着爱意拍这部影片的，只是运气不佳。因为他们的道德观不能接受它。影片在欧洲也无成就可言，现在几乎从不放映该片了。

其他计划

我在美国还有其他一些拍片计划，但无机会去实现，其中值得一提的是《被爱的人》，它是根据埃维莲·沃夫的小说改编的，是一个以美国殡仪服务为背景的爱的故事，我非常喜欢。

我和雨果·巴特勒合作将小说改编成剧本，佩珀设法把剧本卖给一家重要的美国公司。但涉及死亡这种犯忌的题材，最好还是别去触碰为好。

一家电影公司的总裁约佩珀上午十点见面。佩珀准时赴约，人们让他到一间小客厅里，那里已经有几个人也在等候。过了几分钟，突然一个电视屏幕亮起来，银屏上出现了那位总裁的脸，他说道："您好，佩珀先生。感谢您的到来。我们看过你的计划，不过目前还不太感兴趣。我期望今后我们有机会共同合作。再见，佩珀先生。"

然后"咔嚓"一声电视关了。

就连身为美国人的乔治·佩珀对这种会见程序也倍感惊讶。而我觉得这种事太可怕了。

最后，我们把剧本的版权又卖出去了。托尼·理查德森拍摄了这部影片，但我一直无缘看到该片。

另一个计划也很吸引我，就是改编《苍蝇的主人》。我们没能得到版权。彼得·布鲁克后来拍摄了这部电影，我也没看过。

在我看过的书中，有一本给我留下的强烈印象不亚于受到重拳一击，这就是达尔顿·特鲁勃的《约翰尼拿起了枪》。一个士兵在战争中几乎失去了绝大部分的躯体，他躺在医院的床上，用他仅剩下的意识，试图同周围那些他既看不见也听不到的人们进行交流。

我本应在 1962 或 1963 年拍这部由阿拉特里斯特已购了版权的影片。撰写剧本的达尔顿·特鲁勃（他是好莱坞最著名的剧作家之一）有几次到墨西哥和我一起工作。我不停地讲啊讲，他只是记录。虽然最后他仅仅用了我的几个想法，还是很讲义气地以我们两个人合作来署名，但我拒绝如此。

当时这个计划告吹了。十年之后，特鲁勃自己拍摄了这部影片。我在戛纳观看了此片并陪同特鲁勃参加了他举行的记者招待会。在这部受刻板的梦境启发而诞生的过于冗长的影片之中确有一些有趣的东西。

最后，在结束谈论我的美国计划的同时，再补充一点，伍迪·艾伦曾建议我在《安妮·霍尔》中扮演我自己。他提出付三万美元让我工作两天，但是我必须到纽约去一星期。经过反复考虑，我拒绝了。后来，由马克·路汉扮演了出现在影院门厅中的这一角色。后来我看了这部影片，但不太喜欢。

有几次，欧洲和美洲的制片人建议我根据马尔科姆·洛弗里的小说《火山下》拍一部电影。故事全部发生在古埃纳瓦卡。我反复阅读这本书，却没能找出真正的电影的表现方式。影片中如果只有内心活动，看起来会是十分平庸的。如果一切情节都在主人公的心灵深处发展，又怎样才能把内心世界的矛盾转化成具体影像呢?

我读了八种不同的改编本。没有一种能让我满意。此外，我也知道有好几位导演的感觉和我一样，虽然他们被小说的美感吸引，但都放弃了去拍摄它。

归来

1940 年，我被现代艺术博物馆聘用后，不得不去参加一个小型测试，他们向我提出各种问题，特别是关于我和共产主义关系的问题，这是准备让我成为美国的正式侨民。随后，我和全家去加拿大，我们在尼亚加拉瀑布待了几个小时就返回来了。这只是例

布努埃尔1972年在洛杉矶。左起为：罗伯特·穆里根（Robert Mulligan）、威廉·惠勒（William Wyler）、乔治·库克（George Cukor，受访者）、罗伯特·怀斯（Robert Wise）、让－克洛德·卡里埃尔（Jean-Claude Carrière）、塞尔日·西尔贝曼（Serge Silberman）、评论家查尔斯·卓别林（Charles Champlin）和拉菲尔·布努埃尔（Rafael Buñuel）。坐着的是比利·怀尔德（Bi Wilder）、乔治·史蒂文斯（George Stevens）、路易斯·布努埃尔（Luis Buñuel）、阿尔弗雷德·希区柯克（Alfred Hitchcock）和鲁宾·马莫利安（Ruben Mamou）

行手续。

1955年，这个问题又重新提了出来，而且更为严重。拍摄完《这叫曙光》之后，我从巴黎回来，在机场就被逮捕了。他们让我进入一个小房间，在那里我得知自己的名字曾出现在《自由西班牙》杂志的一个委员会里，这份杂志激烈反对佛朗哥，也曾攻击过美国。由于同一时期我还在一次反原子弹的示威活动中签过名，我再次受到讯问，又重复了涉及我政治立场的同样问题。我甚至还上了那份著名的黑名单。每次我路过美国，都要受到这种歧视性的对待，就像对待一个匪徒似的。我被纳入了黑名单，直到1975年才撤销。

到了1972年我才回到洛杉矶，参加《资产阶级的审慎魅力》在电影节的展映活动。我很愉快地踏上了贝佛利山那些宁静的街道，它给人以井井有条、安全及美国式的热情的印象。一天，我收到了乔治·库克约我赴宴的邀请，这次邀请很奇怪，因为我并不认识他。他还邀请了塞尔日·西尔贝曼和让－克洛德·卡里埃尔，他们当时和我在一起。被邀请的还有住在洛杉矶的我的儿子拉法埃尔。他告诉我说还有“几位朋友”也要去。

那是一次不寻常的宴会。我们是第一批到达库克那座雄伟宅邸的，他热情地迎接我们，这时我们看到一个瘦骨嶙峋、站立困难，而且一只眼上贴着膏药的老人，他由一个黑奴似的肌肉发达的人半架着走了出来，我认出他是约翰·福特[1]。我们从没交往过。他坐在我身边的沙发上，说他很高兴我回到好莱坞，这令我很吃惊，我还以为他甚至不知道有我这么个人呢。他还告诉我，他在筹备一部影片，“一部伟大的西部片”，但几个月之后他就去世了。

就在我们谈话的时候，我们听到拼花地板上响起了脚步声。我转过身，看到希区柯克走进大厅，他又矮又胖，满面红光，张开双臂朝我走来。我和他并不熟识，不过我知道他曾在一些场合公开赞扬过我。他在我身边坐下，就餐时他还提出坐在我左边。他一只手揽住我的肩膀，整个人简直都压在我身上，他不停地谈他所藏的酒及他的养生之道（他吃得很少），特别提到了《特丽斯塔娜》中那条被砍断的腿：“啊，那条腿……”

[1] 约翰·福特（1895—1973）：美国电影导演，主要作品有《关山飞渡》等。

后来威廉·惠勒[1]、比利·怀尔德、乔治·斯蒂文斯、鲁宾·马莫利安、罗伯特·怀斯[2]及一位年轻的导演罗伯特·缪里根也来了。喝过开胃酒之后，我们来到宽敞的餐厅中入坐，虽然光线昏暗，但点上了蜡烛。这是他们为我举行的奇特的、幻觉似的聚会，而过去他们从未举办过这样的聚会，所有的人都在高谈阔论，从影片《美好时光》到那些美好的时代，从影片《宾虚传》到《西区故事》，从《热情似火》到《美人计》，从《关山飞渡》到《巨人》，围坐在那张桌子的人涉及了那么多的影片……

宴会后，有人提出请一名摄影师来拍一张全家福。照片成为当年的"收藏家的宠物"。很不幸，约翰·福特没有入照，他的"黑奴"在宴会期间曾来找过他。他虚弱无力地向我们道别，然后一眼也不看我们就走了，他还撞了桌子。

席间，大家相互多次祝酒。乔治·斯蒂文斯还特地举杯说："向使我们排除了身世与信仰的差异，聚到这张桌子旁的人致意。"

我起身接受了他的祝酒，但我一直怀疑文化界的这种团结气氛，它被烘托得过分了。"干杯！"我说，但我的疑问一直存在。

第二天，弗立茨·朗格邀请我到他家拜访。他由于太疲劳，没能去参加库克家举办的宴会。那年我 72 岁，弗立茨·朗格已年逾八十。

我们第一次见面了。我们谈了一个小时，我终于有机会告诉他，他的电影对我一生的选择所起的决定性作用。后来在我们临分手之时，我请他给我一张有他题词的照片——这绝非我的习惯。

---

[1] 威廉·惠勒（1902—1981）：美国电影导演，主要作品有《罗马假日》等。

[2] 罗伯特·怀斯（1914—2005）：美国电影导演，主要作品有《西区故事》等。

他相当惊讶，找出一张照片签上名字。但这是他年迈时的照片。我问他有没有1920年代拍的照片，《疲倦的死》和《大都会》时期的照片。

他找到一张，写了一段美妙的题词。然后我向他告别，返回旅馆。

我不太清楚自己是怎么处理这些照片了。我把其中一张给了墨西哥的电影工作者阿图罗·里普斯坦，另一张可能还保留在某个地方。

18 墨西哥 1946—1961

我总是对朋友们说："如果我失踪了，你们去哪里找我都行，就是不要去拉丁美洲。"然而我却从 36 年前就开始住在墨西哥，而且自 1949 年起我成为了墨西哥公民。

我曾感到，拉丁美洲对我一直极缺少吸引力，我总是对朋友们说："如果我失踪了，你们去哪里找我都行，就是不要去拉丁美洲。"然而我却从 36 年前就开始住在墨西哥，而且自 1949 年起我成为了墨西哥公民。内战结束时，很多西班牙人选择了墨西哥作为流亡之地，其中有不少是我的挚友。这些西班牙人来自各个阶层。有工人，也有作家、科学家，他们都不太费力地适应了他们的新国家。

说到我，在奥斯卡·唐西格尔建议我去墨西哥拍片的时候，我在美国马上就要拿到第二期居留证，可以成为美国公民了。当时，我认识了墨西哥伟大的人种学家费尔南多·贝尼台兹，他问我是否愿意留居墨西哥。我肯定地回答了他之后，他把我带到堂埃克多·佩雷斯·马丁内斯的家中，此人是一位部长，他若不是过早去世的话，所有的人都认定他会成为总统。第二天他接见了我并向我保证我们全家人都能很容易地取得签证。我又找奥斯卡，告诉他我同意了，并去洛杉矶把妻子和两个儿子接过来。

1946年到1964年间，从《大赌场》到《沙漠中的西蒙》，我在墨西哥拍摄了20部影片（我总共拍过32部）。除了已经提到过的《鲁滨孙漂流记》和《少女》之外，其他所有影片都是用西班牙语拍的，演员和工作人员都是墨西哥人。拍片周期除了《鲁滨孙漂流记》，一般在18至24天之间（这是相当快的）。拍片的条件有限，工资也低廉，有两次，我在一年中拍了三部影片。

我当时需要靠工作来维持生活，养家糊口，也许这可以解释为什么那些影片今天会受到不同的评价，我明白这一点。有时我不得不接受并非自己选中的题材，而且要和根本没有能力把握角色的演员合作。然而，我经常说起，我从未拍过一个与我的信念和个人道德观相悖的场景。在这些各式各样的影片中，没有任何东西令我感到有失尊严。此外，大多时候我和那些墨西哥技术人员的关系都是极为融洽的。

我不想对我拍的所有影片进行回顾和评述，因为这不是我要做的事。此外，我认为生活是不能和工作相混同的，我只是想谈谈在墨西哥生活的这些年里，我拍的这些影片中每一部我能记住的东西、那些曾引起我注意的东西（经常是某个细节），这些回忆也许有助于以一种完全不同的方式，从电影的角度来认识墨西哥。

奥斯卡·唐西格尔为我的第一部墨西哥影片《大赌场》聘用了两位拉丁美洲的大明星，一位是歌唱家豪尔赫·内格莱特，他正红极一时，是个真正的墨西哥骑手，每次入座之前总要唱“贝内迪西特”，而且与他的马术教师形影不离。另一位是阿根廷女歌星利维尔塔·拉马尔克。要拍的是一部音乐片。我提议用米歇尔·维贝尔的故事，它发生在油田地区。

这个建议被接受了。我第一次来到在米乔甘的圣·何塞·普鲁阿疗养地，这是个大型的温泉旅馆，坐落在一个美丽的亚热带山谷中，在这里我撰写了二十多个电影剧本。这个绿树成荫、鲜花盛开的疗养地被称作天堂是不无道理的。美国人的旅游车定期开到这里，人们度过 24 小时的美妙时光。他们共在池中洗温泉浴，共饮一个杯子里的矿泉水，共饮混合酒，共食同样的饭菜，第二天一大早就走了。

从我在马德里的时候算起，我已有 15 年没有站在摄影机后面了。不过，如果说这部影片的故事没什么意思的话，我认为它的技巧还是相当不错的。

这个情节剧的故事是，利维尔塔从阿根廷赶来寻找杀害她兄弟的凶手。开始，她怀疑内格莱特，后来两位主人公互相谅解，不可避免的爱情场面就来临了。像通常所有的爱情场面一样，这一个也令我厌烦，我想把它破坏掉。

因此我让内格莱特在这场戏里拿起一根棍子，把它插入脚边的石油泥沼里。然后我拍了另一只手和在泥沼中移动的木棍的近景镜头。在银幕上，人们肯定会联想到与石油不同的另一种东西。

尽管有两位大明星，可这部影片获利甚微。于是我受到了“惩罚”。有两年半时间我没有工作，只好无聊闲等。我们依靠母亲寄来的钱维持生活。莫莱诺·比利亚天天都来看望我。

我和西班牙最伟大的诗人之一，胡安·拉莱阿一起着手编写一个剧本。片名叫《吹笛人的儿子》，它像是一部具有超现实主义特点的片子，其中有几段很好的构思，但却都聚集在一个有争议的主题上了——古老的欧洲终结了，一种新精神在拉丁美洲日渐崛起。奥斯卡·唐西格尔曾试图拍这部片子，但没成功。很久以后，1980 年，墨西哥杂志《回旋》刊登了该剧本。但是拉莱阿不和我打声招呼就擅自加入了一些我不喜欢的象征性因素。

1949年，唐西格尔告诉我一个新计划。墨西哥大明星费尔南多·索莱尔将要自己拍一部影片，他还在片中担任主角。他觉得拍片任务对一个人来说太重了，因而正在找一位很顺从的名义上的导演。奥斯卡让我去干，我立刻同意了。

影片名叫《大傻瓜》。

我并不觉得它有什么动人之处。不过它取得了成功，所以奥斯卡对我说："我们一起来拍一部真正的影片。先来选题材吧。"

《被遗忘的人》

奥斯卡认为，拍一部描写濒临被抛弃的，过着无指望生活的穷孩子们的影片会很有意思（我个人则喜欢维多里奥·德·西卡的《擦鞋童》）。

在四五个月的时间里，我奔波于"废弃的城镇"之间，就是那些在墨西哥城周围胡乱搭建的贫民区，有时我和我的布景师、加拿大人菲茨杰拉德一起去，有时和路易斯·阿尔科里萨一同前往，但一般都是我独自前往。我简单地化装，穿上最破旧的衣服，我观察、聆听、询问，和那里的人交朋友。我看到的有些东西被直接搬上了银幕。首映式之后我收到了大量的谩骂信件，比如伊格纳西奥·帕拉西奥斯写道，在影片中我表现了一间简陋的木棚里放着三张铜床，这是令人难以接受的。但事实确实如此。我曾在一个木棚里见过三张铜床。有几对情侣婚后倾其所有，才买了这些床。

我在写剧本时，想加入一些不易解释的、转瞬即逝的影像，使观众会问："我看清了吗？"例如，当孩子们在空地上跟着那个

《被遗忘的人》中的一幕

盲人的时候，他们经过了一座正在建造中的楼房，我想在脚手架上安排一百名乐师在演奏，但听不到音乐声。奥斯卡·唐西格尔担心影片失败，阻止了我。

拍影片主人公佩德罗的母亲不让儿子进家门这场戏的时候，他甚至不准我在剧中用一顶高顶帽。女化妆师一定是因为拍这场戏而宣布辞职的。她明确地说，没有一位墨西哥母亲会这样做。而就在几天前，我在报上看到一则消息，一位墨西哥母亲把她的幼子从火车车窗扔了出去。

全体剧组人员虽然对工作很认真，但不管怎么说，他们对这部影片还是表现出了敌意。例如，一位技师曾问我："您为什么不拍一部真正的墨西哥影片，而拍这部悲惨的影片呢？"帮助我在影片中加入墨西哥短语的作家佩德罗·德·乌尔德马拉斯拒绝把他的名字列入演职员表里。

影片用 21 天就拍完了。像我所有的影片一样，是在预期时间内完成的。我认为，我从来没有比原工作计划多用一个小时。另外，由于我的拍摄方法，剪辑也从来不需超过三四天的时间，而且我拍一部影片从不耗费两万米以上的胶片，这是很少的数量。

因为撰写《被遗忘的人》的剧本并执导该片，我共获酬金两千美元。但我从没有得到哪怕是极少的利润分成。

影片在墨西哥的首映相当可怜，海报只贴了 4 天，而且引发了激烈的反响。我认为无论是今天还是过去，墨西哥最大的问题之一就是民族主义走向极端，并引起深度邪恶的变态心理的膨胀。工会和各种协会要求立即驱逐我，报刊也对这部影片进行抨击。稀稀落落的观众走出放映厅像刚从墓地出来。当内部放映结束后，画家迭哥·里维拉的妻子鲁佩露出鄙夷不屑的神情，对我不理不睬。而另一位妇女，嫁给西班牙诗人路易斯·费利佩的贝尔达，却气得发疯，她扑向我，伸着手指甲直冲我的脸抓来，还叫喊着，说我对墨西哥犯下了诽谤罪，是一桩滔天罪行。我竭力使自己保持镇定，一动不动，而她那危险的指甲就在离我眼睛 3 厘米的地方晃动着。幸好，在场观影的另一位画家西盖罗斯劝阻了一番，他还向我表示了热烈祝贺。许多墨西哥知识分子同他一样，赞扬了这部影片。

1950年末，我回到巴黎介绍该片。离开十多年之后重又踏上这些街道，在这里漫步，我感到双眼饱含热泪。我所有的超现实主义的朋友们都在“28摄影棚”看了这部影片，我认为该片给他们留下了深刻印象。然而，第二天，乔治·萨杜尔给我送来一张便条，表示有要紧事告诉我。我们在星星广场附近的咖啡馆见面，他很不安，甚至连脸色都变了。他对我说，法国共产党刚刚要求他不要谈论这部影片。我吃惊地问为什么。

“因为这是一部资产阶级影片。”他答道。

“资产阶级影片？这怎么可能？”

“首先，”他说，“在片中透过商店的窗子看到一个年轻人被一个鸡奸者撞上，后者向他提出建议的时候，一个警探走来，鸡奸者就跑了。这意味着警察是起作用的：绝不能这样表现！而且，结尾时在教养院里，你表现了一个和蔼的有人情味的院长，他允许一个孩子出去买烟。”

我觉得这些理由幼稚可笑，我对萨杜尔说，我对此无可奈何。幸而几个月后，苏联导演普多夫金看了这部影片，并在《普拉乌达》上发表了一篇热情洋溢的文章。法国共产党的态度在一夜之间又变了过来。萨杜尔为此感到很高兴。

这种行为是共产党常有的，我一直不能与之相适应。还有另一种行为，经常和第一种绕在一起，我总是被它撞上，就是在一个同志“叛变”之后，便断定“他耍的伎俩隐藏得很巧妙，其实他从一开始就叛变了！”

在巴黎内部放映时，另一个反对这部影片的人是墨西哥大使托雷斯·包德特，他很有文化修养，曾在西班牙住过许多年，还参加过《文学报》的工作。他也认为《被遗忘的人》侮辱了他的祖国。

戛纳电影节之后一切都变了。电影节上，诗人奥克塔维奥·帕斯[1]——布勒东最先对我谈起过他，多年以前我就很尊重他——在大厅门口亲自散发他写的一篇文章，那无疑是我读过的最好的文章，写得十分精彩。影片大获成功，受到了极高的评价，我也获得了最佳导演奖。

只有一件事让我伤心，一件不应该的事，该片在法国的发行人以为在片名上加个副题很合适：被遗忘的人——怜悯他们。真是荒唐。

在欧洲获得成功之后，墨西哥方面就宽恕我了。辱骂平息了，影片在墨西哥一家一流的影院首映，并在那里连续上映了两个月。

同年，我拍摄了《苏珊娜》，对该片我没有什么可说的，只是遗憾在结尾处没有突出讽刺意味。没被提醒的观众也会严肃认真地对待这个结局。

影片开头的几场戏，当苏珊娜在监狱里的时候，剧本中写道，要出现一只巨大的蜘蛛横穿过牢房栏杆投在地上的影子，那里画着一个十字。当我提出要蜘蛛时，制片人说："没有，我们一个也没找到。"我感到不悦，正准备舍去这场戏接着往下拍的时候，负责道具的人告诉我，在一个小盒子里肯定装着蜘蛛。制片人对我说了谎，因为他怕我浪费时间。

实际上，我们在画面之外放好装蜘蛛的笼子，打开笼子，我用一截木棍儿推推它，它就直接爬过铁栏投下的影子，正如我希望

---

[1] 奥克塔维奥·帕斯（Octavio Paz）：墨西哥作家，1990年获诺贝尔文学奖。

的那样。这只不过花了一分钟。

1951年我拍了三部影片。第一部是《骗子的女儿》，唐西格尔用了这么个糟糕的片名，实际它不过是唐西格尔的《痛苦的堂·金廷》的新版。1930年代在马德里时，我根据这部作品拍过一部影片。接着拍的是《一个没有爱情的女人》，无疑这是我最差的影片。安德烈·凯亚特在法国根据莫泊桑的《皮埃尔和让》拍了一部不错的影片，他们让我照此制作一个“翻版”。就是在拍摄场地安置一个声画机，好让我逐镜头地抄袭凯亚特。我当然拒绝了，并决定用自己的方法拍，结果却很平庸。

但我对《升天》留有美好的回忆，这是一个乘公共汽车旅行的故事，也是在1951年拍的。剧本是根据影片制片人、诗人阿托拉吉雷的几次经历写出来的，他是我在马德里时的老朋友，他和一位极富有的古巴女子结了婚。故事发生在格雷罗执政时期，那无疑是迄今为止墨西哥最残酷的年代之一。

拍摄进展得很快，但公共汽车的模型却做得很差，在山坡上爬行时摇摇晃晃；在墨西哥拍摄时也出现了一些意外情况：原计划用三个晚上的时间在一个墓地拍摄安葬一个小姑娘的重头戏，小姑娘是被蝰蛇咬死的，墓地搭起了一家流动影院。在最后一刻我被告知，由于工会方面提出的理由，三个夜晚的拍摄时间被减为两个小时，我只好重新安排一切，改为拍一个镜头，取消了影院原定的放映之后，尽快去完成拍摄。在墨西哥，我曾迫不得已飞速实施拍片计划……有时事后又懊恼起来。

也是在《升天》的拍摄期间，由于无法结账，制片主任助理被扣在阿卡布尔戈的“拉斯帕尔梅拉斯”旅馆里做抵押。

《他》

《他》拍摄于1952年，在《鲁滨孙漂流记》之后。《他》是我喜爱的影片之一。其实它没有什么墨西哥风格，故事可以放置在任何背景中，因为这是为偏执狂画的像。

偏执狂像诗人一样，他们生性如此。此外，他们总是用偏执的观点来解释现实，并把一切都适应于这种偏执。比如，我们设想一位偏执狂的妻子在弹奏钢琴，她的丈夫马上就会认为她弹的曲调是和躲藏在街上的情人交换的信号。所有的情况都是这样。

《他》中包含了一些真实的细节，这是从日常的观察中获得的，此外的大部分是杜撰的。例如影片开始的"濯足礼"这场戏，教堂里，在脚放在脚盆里的这场戏中，偏执狂立刻就发现了他的牺牲品，就像游隼发现一只云雀一样。我自问这种本能是否也有现实的依据。

戛纳电影节期间，为老兵和因战争致残者组织放映了影片《他》——我不明白这是为什么——他们表示了强烈的抗议。总之，这部片子不受欢迎，仅有几次例外，报界也显得毫不客气。前几年，让·谷克杜在《鸦片》上发表过评介我的文章，他甚至声称我用影片《他》自杀了。当然，后来他改变了看法。

雅克·拉康在巴黎电影资料馆内为52名精神病科医生放映了该片。拉康给了我宽慰，和我长时间地谈论这部影片，并识别出片中的真实符号。他还把影片向他的学生们介绍过几次。

影片《他》在墨西哥的放映情况糟透了。上映的第一天，奥斯卡·唐西格尔极度沮丧地离开影院，他对我说："他们在笑呢！"我走进影院，看到正放映到男人朝锁眼里捅一根针，去扎他想象中

布努埃尔拍摄影片《他》

的、藏在门后的窥视者的眼睛——这个场景是对圣塞巴斯蒂安市浴室的遥远的回忆。的确，人们在放声大笑。

正是有赖于扮演主角的阿尔图罗·德·科尔多瓦的出色表演，影片连映了两三周。

谈到偏执狂，我可以讲一讲我一生中最大的恐惧之一，那是1952年，差不多与《他》同一时期。我得知在墨西哥城，就在我们的街区有一位军官，他和影片中的角色十分相像。例如，他声称要去演习，而夜里却溜回来，用假嗓音在门外对自己的妻子说："你丈夫已经走了，给我开门……"

我把这件事和其他几件讲给一位朋友听了，他把这些写成文章登在报上。由于了解某些墨西哥人的习性，我确实感到恐惧了：瞧我做的“好事”。他的反应会如何呢？如果他拿着枪来敲我的门，要伸张正义，我该怎么办？

但什么事也没发生，也许他不看那份报纸。

顺便谈谈谷克杜：他是1954年戛纳电影节评委会主席，我也是成员之一。一天，他说要跟我谈一谈，约我下午在人少的时候去“卡尔顿”酒吧。我像往常那样，准时到了酒吧，找遍了所有的地方也没有看到谷克杜（当时只有几张桌子有客人），我等了半小时就走了。

晚上，他问我为什么不去赴约，我把事情的经过对他讲了。于是他对我说，他做的和我完全一样，也在同一时刻去了，但没看见我。我确信他没说谎。

我们做了许多必要的验证，也没能对这次神秘的失约做出一点解释。

1930年，我和皮埃尔·尤尼克根据《呼啸山庄》一书写了剧本。像所有的超现实主义者一样，我感到自己也被这本书所吸引，并希望把它拍成电影。1953年，在墨西哥，机会来了。我重又拿起这个剧本，它无疑是我手中最好的剧本之一。不幸的是，我不得不接受奥斯卡为一部音乐片聘用的演员，豪尔赫·米斯特拉尔、埃内斯托·阿隆索，还有女歌手和伦巴舞演员，莉迪亚·普拉多，她扮演一位浪漫的姑娘，还有波兰女演员伊拉塞玛·迪里安，尽管她有斯拉夫人的外表，却要演一个墨西哥混血人的姐姐。我宁可不去谈在拍摄期间我必须要解决的那些问题，因为结果是极有争议的。

在《呼啸山庄》的一场戏里，一位老人给一个孩子读了一段文字，我认为它是圣经中最美的段落，远远超出《诗篇》。它出现在《智慧书》中，这一部分根本没有在任何版本中出现过。作者让这些令人钦佩的言辞从不信神的人口中说出。我在此引用前几段，读一下就够了：

（不肯因循求理的人愚蠢地对自己说）：我们的生命短暂而悲哀，人生一旦终结就无可挽救，也无人知晓何人能逃脱天意的安排。

我们偶然地生存于世，此生之后我们又一如以往那样虚无；因为烟是我们的呼吸，思想是我们心脏跳动的火花。

当它泯灭之后，躯体又化作飞灰，精神如轻风一样消散。

随着时间的推移，我们的名字将被遗忘，无人会记住我们的作品，而我们的生命如流云般逝去，如雾霭般被阳光刺伤，并在它的炽灼下消失。

我们的生命是一个行走的影子，我们的结局有往无回，因为封印已经加盖，无人能够挣脱出来。

来吧，就让我们享受眼前的欢乐，快来享受我们的青春。

让我们享尽荣华富贵、香醇美酒，不放过每一朵春花。

让我们在玫瑰凋谢之前把它们戴在头上，没有一片草地不留下我们快乐的足迹。

我们当中没有人缺少狂欢，我们的狂放行之四处，因为这是我们的本分，是我们的命运。

对这段远古神话的无神论的阐述，我一字未改，人们会认为是在读“神圣的侯爵”的美妙的文字。

拍完《电车上的幻觉》之后，同一年我又拍摄了《河流与死亡》，该片在威尼斯电影节上放映了。由于我受到一个人可以轻易地杀死他人的启发，这部影片充满了大量的、明显的、轻而易举甚至不付代价的凶杀。看到一次凶杀，威尼斯的观众们就笑着喊道：“再来一次！再来一次！”

然而，这部影片叙述的大部分事件都是真实的，可以借此让大家对墨西哥人在这方面的习性做一次有趣的观察。墨西哥并非唯一经常使用手枪的地方。拉丁美洲大部分地区都存在着这种情况，特别是在哥伦比亚。在这块大陆的一些地区，人命——自己的和他人的——不如别的地区的重要。人们为了争个是与非动辄杀人，就因为不友善的一瞥，甚至仅仅因为“我想干”就杀人了。墨西哥的报纸每天早晨都刊登一些令欧洲人大惊失色的事件。例如，有一件奇特的案子，一个人正在安静地等候公共汽车。“这趟车去查布特佩克吗？”“是的。”第一个人回答。“去这个地方吗？”“是的。”另一个人回答。“你去圣安赫尔吗？”“啊，不。”被问的人答道。“好！”另一个人说，“三枪你就到那啦。”说着就把三颗子弹射入那人的身体，让他的血都流干了。像布勒东说过的一样，这是一个纯粹的超现实主义行动。

还有（这是我初到时从报上获悉的最初的几个案子之一），一个人走进一条街的 39 号，打听桑切斯先生。守门人说他不认识什么桑切斯先生，他一定住在 41 号。这人就去 41 号打听桑切斯先生。41 号的守门人回答说桑切斯住在 39 号，没错，前一所房子的守门人弄错了。

这个人又回到39号，叫出守门人，告诉他事情经过。守门人让他等一会儿，就进了另一间屋子，出来的时候，他拿着枪，把来访者一枪撂倒了。

这个故事最令我吃惊的地方是记者叙述的口气，他仿佛在为守门人辩解，标题是“啰唆的提问者被杀”。

影片中有一场戏回顾了格雷罗执政时期的一个习惯，国家经常实行禁枪运动，但运动过后大家又急忙再把枪弄到手。这场戏里，一个人杀了人后逃走了。死者的家人抬着尸体挨门挨户走过，向亲友邻里告别。在经过每一户门前人们都饮酒、拥抱，有时还唱歌。这一行人最后来到了杀人者的门前，他的门紧闭着，怎么叫也叫不开。

某个镇的镇长有一次若无其事地对我说：“每个星期天都死人。”

我不太喜欢似乎是支持该片的一个观点，它来自一本书，写道：“让我们教育自己、培养自己，都成为大学生，让我们不要再自相残杀。”我不相信这些。

关于《河流与死亡》，我想再谈几件个人逸事，主要是对拍摄工作的回忆。顺便坦白地说明，从童年时代起我一直很喜欢武器，直到最近几年，我在墨西哥还总是随身携带一件武器。但我要肯定地说我从未用它去对付过别人。

此外，谈到墨西哥人的彪悍之气，也许应该提一提这种“伟男”态度和由此导致的妇女在墨西哥的地位都源于西班牙，这是无法掩盖的。阳刚气概来自男人尊严的一种强烈而虚荣的感情。它极其敏感、多疑，没有什么比一个热情地注视着你并柔声细气和你说话的墨西哥人更危险了，因为——例如你拒绝和他干第十杯龙舌兰酒时——他这句话会很可怕："您在冒犯我呢。"

这时候，你最好喝下第十杯酒。

除了这些纯粹的墨西哥男子气概的表现，有时还有一些非同一般的肆意报复的行为。在《升天》中为我做助手的达尼埃尔给我讲了下面的故事：某星期天，他和七八个朋友出去打猎。中午，他们停下来吃饭。突然，一伙骑马的武装分子包围了他们并抢走了他们的靴子和猎枪。

其中一个打猎者是当地某位要人的朋友。他们向这位要人讲了这件事，要人询问了袭击者的一些详情，说道：

"我请你们星期天来喝酒。"

第二个星期天他们去了。主人热情地接待了他们，拿咖啡和酒招待他们，然后请他们到邻近的一个房间里去，那里放着他们的靴子和猎枪。打猎的人们问那些袭击者是谁，能不能见见他们，主人笑着说不必了。

他再没有见过他们。在拉丁美洲，每年都有成千上万的人这样"失踪"。人权联盟和国际特赦组织的干预根本无效。失踪继续发生。

对于墨西哥的杀人犯总是用他欠的人命定价。人们就说他欠多少人命。有的杀人犯甚至欠百余条人命。对这种案子的处理，如果警察局长帮助他们，就不会局限于形式了。

拍摄《花园中的死亡》时，在卡特马科湖地区，进行过强有力的肃清犯罪活动的当地警长，发现法国演员乔治·马尔夏尔喜欢武器和射击，就邀他一同去追捕一个人，仿佛这是件很自然的事情。马尔夏尔惊恐地拒绝了这一邀请。几个小时之后，我们看到警察们回来了。那位警长若无其事地告诉我们，事情已圆满地解决了。

某天，我在摄影棚里看到一位名叫查诺·乌鲁埃塔的出色的导演在工作，他炫耀地在腰间别了把柯尔特枪。我问他带武器有什么用，他回答说："谁也不知道会发生什么事。"

还有一次，拍摄《阿基巴尔多·德·拉·克鲁斯的犯罪生活》时，工会要求我录一段音乐。录音室来了三十多名乐师，因为天很热，他们都脱了上衣。我看到他们当中四分之三的人腋下都挂着一把手枪。

我的摄影师奥古斯丁·希梅内斯抱怨，在墨西哥大街上不安全，特别是夜间。那时是1950年代，人们提醒说，如果你遇到一辆出故障的汽车，旁边有人向你招手，你千万不要停车。因为已经出过好几起奇特的案子，其实就是以这种方式干的。

为了证实他的叙述，希梅内斯又以他姐夫的事作为补充：

有天晚上，他从托鲁卡回墨西哥——公路上车很多，像条高速公路，忽然他看见路边有一辆车，还有几个人请他停车。他当然加速开过去。车经过他们身边时，他们开了几枪。真的不能在夜里开车！

还有一件事，不妨称为"墨西哥轮盘赌"。哥伦比亚著名作家巴尔加斯·比拉于1920年来到墨西哥。二十多位哥伦比亚知识界人士迎接他，并为他举行了宴会。宴会快结束时，大家都喝了不少酒，他看见那些墨西哥人在低声交谈。随后，他们当中一个人请比拉离开大厅。

他十分好奇地问他们准备干什么。于是，其中的一个知识分子掏出了手枪，打开扳机解释道：

"您瞧，这支手枪装了子弹。我们把它抛起来，让它落在桌上，可能什么事都没有，也可能因为撞击射出一颗子弹来。”

由于巴尔加斯·比拉激烈地反对，他们只好留待日后再找机会玩这场游戏。

很长时间以来，对火器的崇拜是墨西哥的一个特征，某些知名人士也参与其中，例如画家迭哥·里维拉，他曾朝一辆卡车开枪。拍摄了《玛丽亚·康德雷丽娅》和《珍珠》的电影导演、“印第安人”埃米里奥·费尔南德斯，因为热衷玩柯尔特45手枪，还蹲过监狱。那是他从戛纳电影节回来之后，电影节上他的一部影片获得了最佳摄影奖（他的总摄影师是加夫里尔·费格罗阿，我也经常与他合作），他在墨西哥城令人惊羡的城堡式住宅里，接待了四位记者。他们聊了一会儿，记者们提到那个最佳摄影奖，他回答说其实那是一项导演奖，或者说是一项大奖。记者们拒不相信这一说法，而他一再坚持，最后他说：“稍等一会儿，我去拿些文件。”

当他走出房间的时候，一个精明的记者对其他几个人说，费尔南德斯肯定不是去找什么文件，而是去拿枪了。于是他们起身就跑，但是逃得还不够快，这位导演从一楼的一个窗口朝他们开枪，打伤了其中一人的胸部。

这个“墨西哥轮盘赌”的故事是墨西哥最伟大的作家阿丰索·雷依斯给我讲的，我经常在巴黎或西班牙遇到他。他告诉我，1920年代初的某天，他去了时任国家公共教育部书记的巴斯康塞罗斯的办公室，和他谈了几分钟——都是关于墨西哥人习性的事——然后雷依斯就下结论说：“我相信除了你我，所有的人都带着枪。”

“只说你自己吧。”巴斯康塞罗斯答道，同时把藏在外衣下面的45手枪给他看。

最动人的一个故事是画家西盖罗斯给我讲的，我在其中发现了奇特的意义。在革命的末期，有两名军官，他们曾在军校一起学习，是老朋友了，然而他们却分别为对立的双方作战（比如奥夫雷贡和比利亚两方）。一个是另一个的战俘，而且就要被另一个枪毙（只杀军官，士兵们只要高呼“万岁”，然后追随到获胜的将军旗下，就可被赦免）。

夜里，胜方的军官把战俘从牢房里放出来，请他和自己同席共饮。两人拥抱之后，面对面坐下。他们的心情都很沉重。声音颤抖着，回忆起青年时代和友谊，谈到无情的命运竟使一个人成为另一个的刽子手。

“谁曾想到有一天我不得不枪毙你？”一个人说道。

“完成你的任务好了！”另一个回答，“你也没有办法。”

他们继续喝酒，结果都醉了。最后，由于陷于这样一种可怕的境地，战俘对他的朋友说：“听着，朋友，最后再帮我一个忙。我宁愿死在你手里。”

于是，胜利一方的军官眼中噙着泪，并没有站起来离开桌子，就掏出了手枪，满足了老同学的愿望。

在结束这一大段离题话的时候（我要重申，我一直非常喜欢武器，这一点我感到很像墨西哥人），我不希望人们将我讲述的墨西哥人的形象仅仅归于一连串的拔枪乱射。这种墨西哥习俗看来正逐渐消失，特别是在关闭了武器商店之后——开始，所有的武器都要注册，但据统计仅在墨西哥城就有五千多只枪失控——除去了这个习俗。应该说，在那些工业化国家里常发生的真正卑劣肮脏的罪行（兰德鲁、佩迪奥特、集体屠杀、屠夫卖人肉）在墨西哥却是极为罕见的。我只知道一桩案件：在北方某地，人们发现一个妓院的妓女们——人们叫她们“波姬安查”——失踪了。原来是老鸨认为她们太缺乏吸引力、过于懒惰或年老不能赚钱之后，就让人把她们都杀了，尸体埋在花园里。这件案子引起了政治风波和某些轰动。不过说到底，这还是很简单的凶杀，就是明明白白地打一枪，没有什么像在法国、德国、美国出现的“恐怖细节”。

应该说墨西哥是一个真诚的国家，它的人民可以被某种冲动，某种学习或进步的愿望所鼓舞，这在其他地方是不多见的。它还是一个极为热情、友好和善良的国家，这使得从西班牙内战（向伟大的拉萨罗·卡德纳斯致敬）到智利皮诺切特政变时期，墨西哥一直是一个可靠的避难所。甚至可以说土生土长的墨西哥人与“加丘比内”（西班牙移民）的分歧已经不存在了。

在所有的拉丁美洲国家中，可能墨西哥是最稳定的。几乎从60年前起，它一直处于和平环境中。军人叛乱和专制主义不过是一个血腥的回忆。它的经济和国民教育取得了显著的发展，和诸多属于不同政治阵营的国家保持着良好的关系，而且，它还有石油，大量的石油。

在批评墨西哥的时候，应该注意到它有些习惯行为在欧洲人看来很卑劣，然而却未被宪法所禁止。例如任人唯亲。总统在重要的职位上安排其家庭成员是正常和符合传统的。没有人严正地抗议过。事情就是如此。

一位智利难民曾经给墨西哥下过一个微妙的定义：“它是一个因腐化而变温和的法西斯国家。”无疑，这道出了某些实情。这个国家因总统专权而像法西斯国家。虽然他确实没有任何借口可以连任当选总统，但在他六年的任职期间，他可以绝对地随心所欲。

几年前，路易斯・埃切维利亚总统就做了一个很特殊的范例。他是一个聪明并有善良愿望的人，我对他略知一二。他有时会给我寄来几瓶法国葡萄酒。西班牙处决了五名无政府主义积极分子（当时佛朗哥仍在掌权），国际舆论曾群起反对这次处决。第二天，埃切维利亚在几小时之内就决定并采取了一系列惩罚措施：中断与西班牙的经济往来，停止通邮、通航，还将几个西班牙人驱逐出墨西哥，就差派若干飞行小队去轰炸马德里了。

在过度使用权力——我们称之为“民主独裁”——的同时，还有腐化的问题，人们说行贿是全体墨西哥人生活中必不可少的一部分，它存在于各种水平层次上（不仅在墨西哥），所有墨西哥人都承认这一点，所有墨西哥人都是腐败的牺牲品或受益者。很遗憾，如果没有这些，世界上最完备的宪法之一，墨西哥宪法，可以成为一种拉丁美洲民主制度的典范。

墨西哥要还是不要腐败是一个唯有墨西哥人才能解决的问题。所有的人都意识到腐败，这是一个征兆，可以使人们期望，至少能部分地克服它。愿美洲大陆的国家迈出第一步——包括美国——愿它们从这种痼疾中解放出来。

至于总统权力过大的问题，如果人民接受了他，也只应由人民来解决这个问题。我们不应该比教皇管得更宽。另外，虽然我是墨西哥人——不是土生土长，却是自愿来的——我仍认为自己是彻底的世界公民。

最后，墨西哥还是世界上人口增长最为迅速、最为明显的国家。总体来说，墨西哥人处在贫困线上，因为国家的自然资源分布极不平衡，人们离开乡村，使得环绕大城市的“废城”迅猛扩展，特别是在墨西哥城。谁也说不出这座巨大的首都有多少人口。

但它被肯定是世界上人口最多的城市。人口增长迅猛（几乎每天都有上千名农民从农村来到这里，他们急切地想找到工作，随处栖身），到2000年将达到三千万。而因此导致了一些直接后果——令人震惊的污染（几乎从未对此采取过有效措施），缺水，正在扩大的贫富差别，生活必需的农产品（玉米、豆角）价格上涨，以及美国在经济上的绝对控制。如果说墨西哥已经解决了它所有的问题，那就是胡说八道。我还忘记说到墨西哥的治安问题也日趋严重。要想证实这一点，看看报纸上的事件专栏就足够了。

一般来说，墨西哥演员从不在银幕上做那些他在生活中不愿做的事情，当然也有一些令人愉快的例外。

1954年，当我拍摄《野蛮人》的时候，经常在摄影棚里舞刀弄枪的佩德罗·阿门达利斯[1]态度强硬地拒绝穿短袖衬衫，他说那是给同性恋者穿的。

我看得出来，他十分害怕可能会被人当作同性恋者。这部影片中，当他被屠宰场的几名屠夫追赶的时候，碰到一个年轻的孤女，他用手捂住她的嘴不让她喊叫，等追踪者走远了以后，他因为背上被插了一把刀，只好对孤女说；“你把插在我后面的刀拔出来。”

排练的时候，我忽然听到他气愤地喊起来：“我不说‘后面’这两个字！”他害怕使用“后面”这个词会

[1] 佩德罗·阿门达利斯（Pdero Armendariz）：墨西哥著名男演员，曾主演了《珍珠》《被遗弃的人》等。

致命地损害他的名誉。我毫不犹豫地把这个词删去了。

1955 年拍摄的《阿基巴尔多・德・拉・克鲁斯的犯罪生活》是根据一本小说改编的，我想它是墨西哥剧作家鲁道夫・乌西格里写的唯一的一部小说。

影片获得了巨大成功。如今我只记得一件奇特的戏剧性的事情。有一场戏，主角埃内斯托・阿隆索在陶瓷炉里烧一个按照女演员米洛斯拉娃的体型精确复制的模型。而拍完此片后不久，米洛斯拉娃就因为爱情的矛盾自杀了，按她本人的意愿将遗体焚化了。

恢复了与欧洲的接触后，1955 年和 1956 年，我拍了两部法语片，一部是在科西嘉拍的《这叫曙光》，另一部是在墨西哥拍的《花园中的死亡》。

《这叫曙光》是根据埃马努尔・罗布莱斯的小说改编的，完成后我没有再看过，但我非常喜欢这部影片。我的朋友，曾在其他几部影片中演过小角色的克劳德・雅埃热担任制片，马尔塞・加缪是我的第一助手，一个叫雅克・德雷的又胖又高的小伙子保护着他。拍这部影片的时候我又认识了乔治・马沙尔和朱里安・贝尔托，他们后来再度与我合作过。露西娅・鲍塞那时是斗牛士路易斯・米盖尔・多明基恩的未婚妻，拍摄开始前她不停地来电报询问："喂，谁演主角？乔治・马沙尔吗？他是哪种类型的人？"

我和一位超现实主义者的朋友让・费雷一起写剧本。一件很特殊的事使我们产生了对立。他写了一场叫"爱情的精彩一幕"的戏（实际上是一段相当拙劣的对话，占了三页纸），而我几乎把它全删了，代替他写的那场戏是这样的：乔治・马沙尔走进来，疲倦地坐下，脱掉鞋子，让露西娅・鲍塞给他端汤，并送她一只小龟作礼物。克劳德・雅埃热（瑞士人）帮我写了一些我需要的对白，让·费雷很不高兴，写信给制片人，抱怨这场戏中的鞋子、汤、乌龟并谈到了我们写的对白："那似乎是比利时或瑞士模式的，但肯定不是法国的。"他甚至还想把自己的名字从演职员名单上撤去，制片人没有答应。

我坚持认为这场戏里有汤和乌龟更好一些。

我和保罗·克洛岱尔的家人也有不和。在影片中可以看到，他的作品和一副手铐一起放在警察局长的桌上。保罗·克洛岱尔的女儿给我写了一封我并不感到意外的信，全是惯用的辱骂。

至于《花园中的死亡》，这个最差的剧本中有诸多惊人的问题令我记忆犹新。可我没能解决它们。我时常凌晨两点起床，在夜间写出几场戏，天亮时交给加布里埃尔·阿鲁，让他帮我修改法语。白天我进行拍摄。雷蒙·格努来墨西哥住了十五天，想帮我摆脱困境——结果没用。我记得他很幽默，又乖巧，他从来不说："我不喜欢这个。这不好。"而总是用他自己的话开场："我问自己如果……"

他写了巧妙的一幕：西蒙娜·西尼奥雷[1]演一个小矿区的妓女，那里正发生骚乱，她在商店里买东西，买了沙丁鱼、针等几件东西，还要了一条肥皂。这时，传来了赶到小镇维持秩序的士兵们的号角声。于是她迅速改变了主意，要了五条肥皂。

不幸，由于一些我不记得的原因，格努写的这短短的一场戏没有在影片中出现。

我想西蒙娜·西尼奥雷并不愿意来拍《花园中的死亡》，她更

[1] 西蒙娜·西尼奥雷（Simone Signoret，1921—1985）：法国著名女演员，曾主演了《上流社会》等影片。

喜欢和伊夫·蒙当[1]留在罗马，由于必须经纽约来墨西哥，她把共产党或苏联的签证偷偷夹入护照中，等待着被美国当局驱逐……，而他们查都没查就放她过去了。

拍摄过程中现场很混乱，分散了演员的注意力。有一天，我请布景师拿出皮尺，从摄影机开始量一百米距离，然后把法国演员的椅子放到那边去。

有幸的是，由于《花园中的死亡》，我认识了米歇尔·皮科利，他成了我最好的朋友之一。我们一起拍了五六部影片。我喜欢他的幽默，他那从不显摆自己的大度之气，有点疯狂劲，还有他对我的从未表白过的尊敬。

《纳萨林》

《纳萨林》是1958年在墨西哥城和瓜特拉地区几个美丽如画的村庄拍摄的，这是我第一次改编加尔多斯的小说，也就是在这次拍摄中，我向加夫列尔·菲格罗亚大发雷霆，因为他给我准备了一个从美学角度看毫无瑕疵的取景，背景处有波波卡特佩特火山和必不可少的几朵白云。而我要做的只是把摄影机转180度，取一个平常的但使我感觉更真实贴切的景。我从不喜欢匠造之气的电影美景，因为它会使人忘记影片要讲述的事。就个人而言，它不能打动我。

按照加尔多斯小说中的人物发展，我保留了纳萨林这个角色的本质，但是我把一些几乎在一百年前形成的见解纳入了我们的

[1] 伊夫·蒙当（Yves Montand，1921—1991）：法国著名男演员，曾主演了《恐惧的代价》等影片。

布努埃尔拍摄影片《纳萨林》（照片提供：庞塞制片公司）

时代。在书的最后，纳萨林梦见自己在做弥撒，我把它改换成施舍的场面。另外，在整个故事中我都加入了新的东西，例如罢工，还有在瘟疫流行期间垂死者的那场戏——它受到了萨德的《神甫与临终者的对话》的启示——那个女人呼唤她的恋人而不要上帝。

我在墨西哥拍摄的影片当中，《纳萨林》无疑是我比较偏爱的一部。而且，该片受到了欢迎，当然也出现了对影片内容本意的误解。这样，在戛纳电影节期间，影片获得了该届特设的国际大奖，还差一点得到天主教教会奖，因为评委会中有三位成员十分坚决地维护该片，但他们是少数。

当时，坚定地反对教会的雅克·普莱维哀叹我竟用一个教士作为影片的主角，他觉得所有的教士都是该诅咒的。“对他们的问题感兴趣是没用的。”他对我说。

对影片的这种误解还在继续，有人称为“复原的意图”。在选举了教皇胡安二十三世之后的某天，我在墨西哥城接待了一次来访。他们请我去纽约，一位接替令人讨厌的斯贝尔曼的新红衣主教，想在纽约给我颁发该片的荣誉证书，我当然拒绝了。不过影片的制片人巴尔巴查诺去了。

19 赞成与反对

在超现实主义活跃的时代，我们之中有个积习，那就是最终要把事物判断为好与坏、正确与错误、美与丑。

在超现实主义活跃的时代，我们之中有个积习，那就是最终要把事物判断为好与坏、正确与错误、美与丑。有些书是必须读的，而另一些书则不能过目；有些事情必须去做，而另一些事则不能去干。这些古老的玩意儿使我受到启发，我顺其自然地写出这一章，就像所有偶然发生的那样，其中有我憎恶的，也有我喜欢的。我奉劝诸位不妨在某一天也试一试。

我曾经酷爱法布尔写的《昆虫记》。由于偏爱观察及对生物的无限眷恋使我觉得这本书是无与伦比的，远远超过了《圣经》。有好长一段时间我对自己说，我只携带这本书到一个荒岛上去。但今天我改变了主意：我什么书也不带。

我喜欢萨德[1]。当我第一次在巴黎看到他的著作时，只有25岁。他的书给我留下的印象比达尔文的著作更深刻。

《索多玛的120天》首次在柏林出版时印数很少。一天，我在罗

---

[1] 萨德（Sade，1740—1814）：法国作家，主要作品有《朱斯蒂娜》等。

兰·杜瓦尔的家里看到了其中的一本，当时我和罗伯特·特斯诺斯在一起。这本书已残破不堪。马塞尔·普鲁斯特[1]和其他人早已拜读过这本难以寻觅的书，杜瓦尔把书借给了我。

在这之前，我对萨德一无所知。看完该书后，我惊愕之极。在马德里，在大学中，基本上没有人向我隐瞒世界文学的大师巨作，从卡蒙斯到但丁，从荷马到塞万提斯。可是，我怎能忽略这本杰出著作的存在，它竟以权威方式，不顾文化、各自方的观点来分析社会。它对我的震动很大。大学骗了我。我认为，其他的"大师之作"在一瞬之间便失去了他们的全部价值及重要性。我想，若是重新阅读《神曲》，我会觉得这是一本世界上最缺乏诗意，甚至比《圣经》更缺乏诗意的书。那又该怎么评价《卢西塔尼亚之歌》和《解放了的耶路撒冷》呢？

我对自己说：在做其他所有的事情之前，他们应该让我看萨德的书！然而他们却让我读了那么多无用的书！

当时我想竭尽全力找到萨德的其他著作，但他的书是被严禁的。只在18世纪出版过极为少量的版本。波拿巴特大街一家书店的店员——布勒东和艾吕雅曾带我去过该店——在登记要买《朱斯蒂娜贞节之厄运》一书的名单上写上了我的名字。但他未能给我找到这本书。相反的是，我手中倒有《索多玛的120天》的手抄本，我差点把这个手抄本买下来，最后是诺埃里斯子爵得到了它，那是厚厚的一大捆。

几个朋友借给了我喜欢的《闺房的哲学》，及《神甫和临终人的对话》《朱斯蒂娜贞节之厄运》《朱丽叶恶行之鸿运》。我特别欣

[1] 马塞尔·普鲁斯特（1871—1922）：法国作家，代表作品为《追忆似水年华》。

赏后一本书中所写的朱丽叶和教皇在一起，教皇承认他的无神论的那段故事。此外，我有个孙女也叫朱丽叶，这个名字是由我的儿子让·路易斯挑选的。

布勒东有一本《朱斯蒂娜贞节之厄运》，雷内·克勒维尔也有一本。当克勒维尔自杀后，第一个赶到他家的是达利，随后是布勒东。团体的其他人员也接踵而至。克勒维尔的一位女朋友在几小时后乘飞机从伦敦赶来。是她在人死之后的混乱中发现《朱斯蒂娜贞节之厄运》一书不翼而飞。定是有人把书偷走了。是达利干的吗？这不可能。怀疑布勒东吗？也未免太荒谬。再说，他已有这本书了。定是熟悉他的图书室的克勒维尔家中的一员偷了这本书。但行窃者却依然逍遥法外。

我还被萨德的遗嘱深深触动。在遗嘱中，他要求把他的骨灰随便撒在任何地方，他要求人类忘却他的作品甚至他的名字。我也愿意提出和他同样的请求。我认为，所有的纪念仪式，所有为伟大人物矗立的塑像都是虚伪的，也是有害的。这些有什么用？我只看到了虚无缥缈的尊严，还是都忘了吧。

尽管今天我对萨德的兴趣已时过境迁——可是对一切事物的热情却依然浮现——但我不能忘却这场文化上的革命。无疑，他对我的影响是深的。我确实在《黄金时代》中引用过萨德的话，莫里斯·海涅写了一篇反对我的文章，强调“神圣的侯爵”[1]会对此深感不快。实际上，萨德全面彻底地向所有的教派发起了进攻，而我只是抨击了基督教。对此，我的答复是，我的目的不是尊重一位已故作家的思想，而是拍一部影片。

---

[1] 这里指的是萨德。

我十分敬重瓦格纳，从我的第一部影片（《一条安达鲁狗》）到最后一部（《欲望的隐晦目的》），在数部影片中我都采用了他的乐曲。我相当熟悉他的音乐。

我晚年最大的一个悲哀就是无法欣赏音乐。很久以来，差不多有二十多年了，我的耳朵不能辨别音乐，就像在一篇文章中胡乱颠倒词语使人无法看懂。若能发生奇迹，让我恢复听觉，那我的晚年就会获得新生。我感到音乐是一种甜美的吗啡，它可以使我平静地走向死亡。但是，唯一的办法也只能到鲁德尔[1]做一次旅行。

我年轻时拉小提琴，到巴黎后我弹班卓琴。我喜欢贝多芬、西撒·弗兰克、舒曼、德彪西和其他许多音乐家。

情系音乐使我从年轻时起就有了彻底的变化。记得那时，我们在几个月前得知了享有盛誉的马德里大交响乐团要来萨拉戈萨演出时，我们立即陷入难以言表的快乐和激动之中，是一种真正的期待的乐趣。我们为此进行了准备，找来了乐谱，开始哼唱，可谓屈指度日。在观赏演出的那天夜晚，我感到了一种无与伦比的兴奋。

今天，在自己的家里，只要一按电钮立刻就可以听到世界上的各种音乐。但我清楚地意识到已失去某些东西。可得到了什么呢？我认为要实现尽善尽美有三个条件是必不可少的：期望、奋斗和获取。

我喜欢早睡早起，也喜欢比正常吃饭时间提早吃饭。我这一点是完全有悖于西班牙人的习惯。

---

[1] 鲁德尔是法国一城市，也是朝圣的中心。

我喜爱北方、寒冷和雨。这方面我是个地道的西班牙人。我出生在一个干旱的地区，无法想象雾气萦绕、湿润的、广阔的森林特有的美。我已讲到，童年之时我到西班牙最北部的圣塞巴斯蒂安度假。当看到蕨类植物及树干上的苔藓时，我感到无比的激动。我喜欢自己不甚了解的斯堪的纳维亚国家和俄国。7岁时，写了一个只有几页纸长的故事，那是关于经过茫茫雪原横穿西伯利亚的故事。

我喜欢落雨的声音。我认为它是世界上最美妙的声音之一。现在我非得带上助听器才能听到它，但它的响声与以往大不相同了。

雨可以滋润大地使国家富强。

我确实酷爱严寒。整个青年时代，我在最寒冷的冬季，也不穿大衣，只穿一件衬衫和一件外衣到外面散步。我感到寒冷袭人，可我硬挺着，因为这种寒冷使我乐不可支。我的朋友们称我为“那个不穿大衣的”。有一天，他们给我拍了一张我一丝不挂地站在雪地里的照片。

巴黎的一个冬季，塞纳河已开始结冰，我在奥尔塞火车站等候从马德里乘车前来的胡安·维森斯。寒风刺骨，我只得从站台的一端跑到另一端来防寒。就是这样我还是未能逃脱肺炎的厄运。只为了尽快康复，我买了御寒的服装，这是我一生中最初穿的御寒服。

1930年代，我和贝宾·贝略以及另一个朋友、炮兵上尉路易斯·萨里纳斯经常在冬季去瓜达拉马山。说真的，我们不是去进行雪上运动，而只是隐居在我们的栖身之所。我们围着熊熊的篝火，当然手边有几瓶酒。我们用围巾捂住鼻子，而且捂得严严实实，并不时地到外面站几分钟去呼吸新鲜空气，就像费尔南多·雷依在《特丽斯塔娜》里穿戴的那样。

当然，登山运动员对我们的行为会嗤之以鼻的。

我不喜欢热带国家，这是有了上述爱好之后产生的必然结果。我生活在墨西哥纯属偶然。我不喜欢荒漠、沙土和阿拉伯的文化，也不喜欢印度，更不喜欢日本。在这一点上看，我不像是这个时代的人。实际上，我只钟情于希腊罗马文化，因为我在它的怀中长大。

我酷爱18世纪、19世纪那些由英国、法国旅行者们撰写的在西班牙旅行的故事。由于我们生活在西班牙，我喜爱流浪汉小说，特别是《瞎子领路人》、克维多的《扒手》及《吉尔·布拉斯》。后一部小说是由法国人勒萨热写的，但在18世纪就由伊斯拉神父准确地翻译过来，使其成为西班牙作品。我个人认为，该书如实地表现了西班牙。我先后阅读了这本书达十二遍。

像大多数聋子一样，我不太喜欢盲人。在墨西哥，有一天我看到两个瞎子坐在一起，一个瞎子正在为另一个进行手淫，面对此景我惊异不已。

我扪心自问，难道真像人们说的那样，瞎子比聋子更快乐。我对此不以为然。可是，我认识一位名叫拉斯·埃拉斯的卓越的盲人。他18岁时就失明了，他数度企图自杀，他的父母只好把他关在他的房间里，把百叶窗也锁上。

此后，他逐渐适应了这种新的环境。1920年代，在马德里人们经常可以见到他。每个星期天他都赶到位于卡雷塔斯大街的“庞波”咖啡馆，因为那里举行由戈麦斯·德·拉·塞尔纳主持的聚会。他写的东西并不多。晚上，他也与我们一起闲逛。

在巴黎，当时我住在索保那广场。一天早上有人敲门。我开了门，看到拉斯·埃拉斯站在门前，我十分吃惊。我扶他进来，他告诉我，他是刚刚到巴黎的，此行是为了生意上的事情。他孤身一人，法语讲得糟透了。他问我，我是否能够送他到公共汽车站。我陪他前往，然后望着他乘坐的汽车渐渐远去。他孤身一人，在一个不熟悉也看不见的城市里，这真令我难以置信。他是一个神奇的盲人。

在世界上众多的盲人之中有一个人我不太喜欢，他就是豪尔赫·路易斯·博尔赫斯。毋庸置疑，他是位优秀的作家，但是世界上到处都有作家。此外，尽管他是位优秀的作家，我也没必要非要尊重他。更何况他还缺少其他的品德。六十年前，我曾与豪尔赫·路易斯·博尔赫斯有过两三次接触，我感到他相当的傲慢并且自以为是。在他所有的声明中，我都发现了他那一本正经和好自我表现的痕迹。我不喜欢他讲话中的拿腔拿调，也不喜欢他对西班牙的蔑视。像许多瞎子一样，他能说会道。他在答记者问时，总是重复对获得诺贝尔奖的愿望，这十分清楚地表明，他梦想得到它。

与他这种态度截然相反的是让-保罗·萨特，当瑞典科学院授予他奖的时候，他拒绝接受这一荣誉和奖金。我从报纸上得知他的这种举动之后，立即给萨特发了一封电报，表示我的祝贺。我深受感动。

当然，如果我重新与博尔赫斯见面时，也许我会彻底抛弃我原来对他的看法。

若不是想起本哈明·贝雷特的一句话，我也就不会想到盲人们：（像其他部分一样，也用记忆的话语）粗香肠真的是由瞎子们做的吗？对我来说，以问话的方式给予的这种肯定犹如福音书所具有的真实性那样真实。当然，有些人可以找出瞎子与大肠之间的不合理联系。对我来说，这是绝对非理性句子的魔幻的范例，这句话被真理的光辉照耀，它突然而又神秘地滞留在那里。

我讨厌卖弄学识和晦涩语句。有时，当我看到《电影手册》上的一些文章时会笑得流出眼泪。在墨西哥，我被任命为“电影培训中心”的名誉主席。这是一所高等的电影学校。一天，我应邀去参观那里的设备，他们向我介绍了四五位教师，其中有一位是穿戴很得体的年轻人，他因害羞而脸红。我问他教授什么，他回答我：“克隆影像症状符号。”我真想宰了他。

令人不知所云地卖弄学识是典型的巴黎现象，它给不发达的国家造成了可悲的毒害。这显然是彻头彻尾的文化殖民的现象。

我讨厌该死的斯坦贝克[1]，特别是因为他在巴黎发表了一篇文章。在该文中他严肃地说，他看见一个法国男孩儿手里拿着长棒面包走过凡尔赛宫时，用长棒面包向卫兵行持枪礼。斯坦贝克说，他看到此景“深受感动”。这篇文章让我火冒三丈，他怎么能如此地少廉寡耻！

若没有美国的大炮，斯坦贝克就什么都不是。我把多斯·帕索斯和海明威放在同一个位置上。如果他们出生在巴拉圭或是土耳其，又有谁会去读他们的作品呢？是一个国家的实力造就了这些伟大的作家。人们经常把小说家加尔多斯与陀思妥耶夫斯基相比，但是，在西班牙之外，又有谁知道他呢？

我喜欢罗马和哥特式的艺术，特别喜欢塞哥维亚的大教堂、

---

[1] 约翰·斯坦贝克（John Steinbeck，1902—1968）：美国小说家，著有《愤怒的葡萄》等，1962 年获诺贝尔文学奖。

托莱多的大教堂以及礼拜堂，它们是具有活力的天地。

法国的大教堂只具有建筑形式上的美，是冷气调。我认为西班牙表现的组画是无与伦比的，几乎是由无数的曲线绘成的画面，想象会迷失在巴洛克风格纤细、曲折的线条之中。

我喜欢修道院，我对埃尔·保拉尔修道院有一种独特的亲切感。在我所有熟知并深深眷恋的地方中，它是我来得最多的地方。

当我和卡里埃尔在埃尔·保拉尔工作时，差不多每天5点钟我们都到那里去冥想。这是一座巨大的哥特式的修道院。它不处于石柱的环绕之中，尽管建筑相同，但它的葱形窗子却用木板封起来。轮廓清晰的房顶用罗马式的瓦覆盖着，门板已支离破碎，墙头上杂草丛生。但这里却保留着一种过去时代的宁静。

在修道院中间，用以遮挡石凳的一个微型的哥特式建筑上有一个月型的钟，修士们把它视为珍品，它是夜晚明月当空的征兆。

年代已久的黄杨篱笆伸延到截断了的柏木上，它们已有好几百年了。

三座紧紧相邻的坟墓吸引了我们这些来访者。第一座坟墓最庄严，它建造于15世纪，是埋葬大人物的地方，是修道院院长的陵墓。无疑，这里埋藏着一些美好的回忆。

第二座墓穴埋葬了两个女人，母亲和女儿。她们丧生于车祸，悲剧就发生在离修道院几百米远的地方。因为无人认领她们的尸体，所以就在修道院找了个埋葬她们的地方。

第三座墓——一块很小的石碑，已被干草盖上——上面刻着一个美国人的名字。修士们告诉我们，在这块石碑下面安息的人，在广岛原子弹爆炸时，是杜鲁门的一名参谋。像所有参加这次毁灭性行动的人一样，如：飞行员，这个美国人也变得精神失常。

他抛弃了家庭和工作，出来躲避。他曾在摩洛哥游荡了一些时候，又从摩洛哥来到西班牙。一天夜晚，他敲了这座修道院的门，看到他筋疲力尽的样子，修士们收留了他，一个星期之后他死了。

一天，修士们邀请卡里埃尔和我——我们住在附近的旅馆里——在他们哥特式的大饭厅里用午餐。那是一顿相当丰盛的午餐，有羊肉和土豆，进餐之时禁止讲话。一个本笃会僧侣宣讲着某个教会的神父的事迹。

为了补偿自己，午饭后我们到另一个有电视、咖啡和巧克力的房间里海阔天空地聊起来。这些修士们都是非常朴实的人，他们自己制作奶酪和杜松子酒（由于他们没有纳税，被禁止卖杜松子酒）。星期日他们向游客出售明信片和雕刻的手杖。院长知道我的影片有些名声不佳，但他对此付之一笑。他带有解释似的对我说，他从未进过电影院。

我讨厌报纸的摄影师。一天，我在离埃尔·保拉尔不远的公路上散步时，确实有两个摄影师“袭击”了我。他们转到我身边，尽管我想一个人待着，但他们还是不停地给我拍照。我太老了，无法教训他们。我后悔没带武器。

我喜欢准确遵守时间。说实话，这也成为我的癖好。在我的一生中，我不记得自己曾迟到过，甚至连一次也没有。若是我到早了，我就在门前散步，然后按约定的时间准时敲门。

我对蜘蛛是爱憎相兼的。这种怪癖是我和弟弟、妹妹们共有的。蜘蛛吸引我们，同时又令我们厌恶。当家人相聚时，我们竟能用全部的时间去谈论蜘蛛。蜘蛛被描绘成谨小慎微和令人恐怖的。

我酷爱酒吧，嗜好烈性酒和烟。我已用了整整一个章节谈论了我生活中这个最基本的方面。

我惧怕人多。超过六个人的聚会，我就称之为人多。至于大规模的人群聚集——使我想起威吉拍摄的表现星期日康尼岛海滩的著名照片——会令我感到一种具有神秘色彩的恐惧。

我对各类小工具爱不释手，如：钳子、剪子、放大镜、螺丝刀等。它们像我的牙刷一样，形影不离地跟随着我到各处去。我仔细地把它们装在一个抽屉里，它们对我很有用。

我喜爱工人，尊敬他们，羡慕他们的技能。

我喜欢库布里克执导的影片《光荣之路》，费里尼的《罗马》，爱森斯坦的《战舰波将金号》，马尔科·费雷利的《狼吞虎咽》，该片为享乐主义树碑立传，反映了偏爱食肉的悲剧。我还喜欢雅克·贝盖尔的《红手古比》、雷内·克莱尔的《禁止的游戏》。我特别喜欢（我已谈过）弗立茨·朗格、勃斯特·基登和马尔斯兄弟早期拍摄的影片。我还钟情于哈斯根据波托斯基的小说拍摄的《在萨拉戈萨找到的手稿》，这部影片我看了三遍，这对我来说是破天荒的。我委托阿拉特里斯特用《沙漠中的西蒙》的拷贝为墨西哥交换了该影片。

我非常喜欢雷诺阿从影初期直到战争期间拍摄的影片，当然还有伯格曼的《假面》。在费里尼执导的影片中，我喜欢《大路》《卡比利亚之夜》《甜蜜的生活》。遗憾的是，我没看过他拍摄的《浪荡儿》。但另一方面，我在看他的《卡萨诺瓦》时，只看了一半就离开了。

在维多里奥·德·西卡的影片中，我喜欢《擦鞋童》《温别尔托》和《偷自行车的人》。在后两部影片中，他把谋生的工具作为主线。德·西卡是我熟悉的人，我感到我和他很接近。

我喜欢埃里克·冯·斯特劳亨和斯登堡的影片。我认为《芝加哥的夜晚》在当时是一部壮观的影片。

我讨厌的影片是《乱世忠魂》，这是一部人们已熟知的军国主义、民族主义的情节剧，但它取得了很大的成功。

我极为喜欢瓦依达和他的影片。我本人并不认识他，但在很久前，他在戛纳电影节上公开声明，我早期拍摄的几部影片激起他想拍电影的愿望。这使我想起了自己对弗立茨·朗格最初的几部影片的崇敬，它决定了我一生的道路。从一部影片到另一部影片，从一个国家到另外一个国家，这种无形的延续使我有所感动。一天，瓦依达给我寄来了一张明信片，他幽默地署名："您的学生。"处在他那样的情况下，这么做使我为之感动。特别是看过他拍摄的影片，我更觉得此人可敬。

我喜欢克鲁佐执导的《曼侬》和让·维果的《驳船阿塔兰特号》。在他拍摄该片期间，我曾去看望过他。我记得他很年轻，弱不禁风，是个和蔼可亲的人。

在我喜爱的影片中还有英国影片《深夜》，该片是将几个恐怖故事巧妙地组合而成。我认为，《南海的白色影子》大大超过了茂瑙的《禁忌》。我非常喜欢由杰尼弗·琼斯主演的《杰尼韵画像》，这是一部鲜为人知的、神秘的、具有诗意的影片。在某些场合我曾表示了我对这部影片的推崇。为此，塞尔兹尼克给我写信表示感谢。

我厌恶罗西里尼的《罗马，不设防的城市》。影片中一个房间里面是被严刑拷打的牧师，在隔壁房间里德国军官喝着香槟，膝上坐着一个女人，我觉得这种幼稚的对比是一种令人生厌的方式。

布努埃尔与西班牙导演卡洛斯·绍拉（中）（1961 年）

卡洛斯·绍拉[1]和我一样也是阿拉贡人，很久之前我们就相识了（他还邀请我在他的影片《为强盗而哭泣》中扮演了刽子手的角色）。在绍拉的作品中，我很喜欢《狩猎》和《安赫利卡表妹》。我对他的影片总是怀有特殊的感情，当然也有例外，如《姑息养奸》。他最近拍摄的两三部影片我没看过。我现在任何影片都不看了。

我喜欢约翰·休斯登在圣·何塞·普路亚附近拍摄的《圣母山的宝藏》。休斯登是一位伟大的导演，一位十分开朗的人。《纳萨林》能在戛纳电影节映出，很大程度上是由于他的努力。他在

[1] 卡洛斯·绍拉（Carlos Saura）是西班牙著名电影导演，主要作品有《妈妈一百岁》《卡门》《探戈》等。

墨西哥看了这部影片之后，整整一个上午都在往欧洲打电话。我没有忘记他。

我爱好含蓄的表现手段，爱宁静的图书馆，喜欢那些消失在远处的台阶，爱隐蔽巧妙的保险柜（我家里就有一个，但我不能说出它放在哪里）。

我喜欢武器和射击。我曾拥有过 65 把左轮手枪和步枪，但在 1964 年我把收藏的绝大部分枪支卖掉了，因为我觉得那一年我要死了。我到哪里都要练习射击，甚至在我的办公室里。我把一个特殊的金属盒放在我面前的一个书架上，我对它练习瞄准。请永远也不要在一间封闭的房间练习射击，我就是这样在萨拉戈萨弄聋了一只耳朵。

我擅长的是用左轮手枪进行快速反应射击。一个人走着走着，突然转过身，面向影像射击，就像西部片里表现的那样。

我爱好壳里装着剑的手杖，我有半打这种手杖；当我散步时，拿着它会有一种安全感。

我不喜欢统计学。它是我们时代的一个不幸。在一张报纸上不可能看不到统计数字，再说，所有的统计都是虚假的。我保证确实如此。我也不喜欢缩写字母，这是当今的又一个怪癖，主要是美国人的怪癖。在 19 世纪的作品中就找不出任何缩写字母。

我喜欢蛇，对老鼠更有偏爱。除了这几年外，我一生都和老鼠相伴。我全力驯养它们，通常要剪掉它们的一段尾巴（老鼠的尾巴难看）。老鼠是一种使人着迷的、乖巧的动物。在墨西哥我养了四十多只老鼠，后来我拿到山上把它们都放了。

我害怕进行活体解剖。在我上大学的时候，有一天我必须让青蛙受难，要用刮脸刀进行活体解剖，以观察它心脏的功能。这是一次（说真的，这么做毫无价值）令我这一生都难以忘怀的经历，至今我都难以原谅自己。我热心地赞成我的一个外甥停止了对活体解剖学的研究，他是一位正在迈向获得诺贝尔奖之路的美国神经科医生。在某些情况下，应该让科学见鬼去吧。

我酷爱俄国文学。在巴黎时，我比布勒东和基德更了解俄国文学。在西班牙和俄国之间确实存在着一种通过欧洲的潜在——或者是明面上——的隐蔽的来往。

我喜欢歌剧。13岁时，父亲就带我去看歌剧。最初我是听意大利的歌剧，最后是瓦格纳的剧作。有两次我借用了歌剧的唱词，在《被遗忘的人》一片中用了《弄臣》（关于口袋的片断），在《野心家》中用了《托斯卡》（总体情境是同样的）。

某些电影院的门前令我生畏，特别是在西班牙影院。有时那些好表现的人真够可怕的，这让我感到丢脸，我赶紧离开。

我喜欢蜡画。有几次我萌生了要把蜡画的场景安排进我所拍的一部影片中的强烈愿望，但在最后时刻我又总是放弃了这种想法，真是太可惜了！

我特别爱好乔装打扮，这从童年时就开始了。有时候我在马德里乔装成神父，而且到大街上散步，这可是足以被判处五年监禁的不法罪行。我也打扮成工人。在电车里没人注意我，人们对我视而不见。

在马德里，我同一位朋友总是爱打扮成鲁莽汉子。我们走进一家酒店，我挤眉弄眼地对老板娘说："给我这个朋友一根香蕉，你瞧着吧！"我的朋友抓起香蕉，连皮一起吞下去。

有一天我乔装成军官，我斥责两个不向我敬礼的炮兵，我命令他们去找值勤的军官。还有一天，我和洛尔卡在一起，他也乔装了。我们遇到一位当时很有名气的年轻人，后来他英年早逝。费德里科开始辱骂他，可他并没有认出我们。

很多年之后，在墨西哥，路易·马莱正在秋鲁布斯科电影制片厂拍摄《玛丽亚万岁》，这家制片厂里的所有的人都认识我。我戴上一个朴素的假发到拍摄现场去。我从路易·马莱面前走过，他没认出我。其他人没认出我。技术人员没认出我，和我一起拍过片的让娜·莫罗也没认出我，甚至连影片的助理导演、我的儿子胡安·路易斯也没认出我来。

我极力推崇乔装这种令人着迷的经历，它可以使人看到另一种生活。比如：当某个工人过来时，卖东西的人会自动给他最便宜的火柴。走过他面前的人都对他视而不见，姑娘们从来不会青睐于他。这个世界是不会为某个工人做什么的。

我特别厌恶宴会和颁奖典礼。这些犒赏经常会引出可笑的插曲。1978年在墨西哥，文化部部长向我颁发了"国家艺术奖"，一块华丽的金奖章，上面把我的名字刻成"布努埃罗斯"。当天晚上他们把这个错误改正了。

还有一次是在纽约，盛大宴会的最后，他们向我颁发了一张质地坚硬、闪闪发光的证书，上面写着我对当代的文化发展做出了"不可估量"的贡献。遗憾的是，"不可估量"这个词出了差错，由于违反了书写规则，又需更正。

有时，我也爱自我表现一下，比如在圣塞巴斯蒂安电影节上，我都搞不清楚此次是为哪位电影人举行"纪念"活动，对此我感到遗憾。茂瑙的好表现达到了顶峰。一天，他把记者召来，向他们宣布他要弃旧图新。

我喜欢遵守规律和去我所熟悉的地方。每当我去托莱多或者

《女仆日记》（1963）中的让娜·莫罗

塞维利亚时，我总是走同一条路线。我还会在同一个地方停下来，看着同样的东西。当有人向我提供到遥远的国家去旅行的机会时，例如去新德里，我总是拒绝着说："下午三点钟时，我在新德里会干什么呢？"

我喜欢油炸鲱鱼，就像法国烹制的那样。我喜欢卤沙丁鱼，就像阿拉贡人做的那种，是用橄榄油、大蒜和百里香腌过的。我也喜欢熏鲑鱼和鱼子酱。但总的来讲，我不是个追求口福的人。两个煎鸡蛋加上香肠就会使我觉得比所有的"匈牙利王后式龙虾"或者"钱伯德式的鸭子"都来劲儿。

我厌烦繁多的信息。阅读一份报纸是世上最折磨人的事。如果我是独裁者，我就只准出一份日报、一种杂志，而且对这两份刊物还需经过严格的审查，这种审查只针对信息，但应允许言论自由。报上所刊登的关于影视的信息是一种耻辱。使用的大标题——在墨西哥创下了破天荒的纪录——和那些在报道中喜欢用耸人听闻的手法的人让我作呕。关于对贫困的所有那些叫嚷无非是为了多卖点报纸！有什么用？再说，一则消息往往又排除了另一则消息。

例如，我在参加戛纳电影节时的某一天，我在《尼斯晨报》上看到了一条令人相当感兴趣的消息（至少我是如此）：他们要炸蒙玛特尔圣心教堂。第二天，我买了同一份报纸，要看看事情的起因和发展。我在报上找来找去竟连一句也没提起。他们用某架飞机被劫的消息取代了对圣心教堂的报道。报上再也没提及此事。

我对观察动物很感兴趣，特别是观察昆虫。但是，我对动物的生理功能及具体结构不感兴趣。我所喜欢的是观察它们的习性。

我后悔自己在年轻的时候只参加过为数不多的狩猎。

我不喜欢那些真理的拥有者，不论他们是谁。我觉得他们无聊，也让我害怕。我反对盲目的狂热。

我不喜欢心理学、心理分析和精神分析学。诚然，在精神分析学者中确有我的挚友。有些人借用他们的观点写文章来解释我的影片，而且确有其人。此外，毋庸置疑，弗洛伊德的作品和潜意识的发现为我年轻时提供了不少东西。

但，同样我也认为，心理学经常是一种随心所欲的训导，经常由人的行为予以否定，当用它为一些人治疗时，几乎一点作用都不起。我认为精神分析法就像对社会某个阶层，对某种类型的人进行的保守疗法，而我决不属于这个阶层。举一例以代冗述。

第二次世界大战期间，我在纽约现代艺术博物馆工作，当时我想要拍摄一部关于精神分裂症的影片，包括它的起由、变化以及治疗。我把这个设想和该博物馆的关心者施莱辛格教授讲了。他对我说：“在芝加哥有一座大型的由弗洛伊德的学生、著名的亚历山大博士领导的精神分析学中心，我陪你去那里。”

我们去了芝加哥。这座“中心”占据了一栋豪华大楼的三、四层。亚历山大接待了我们并对我们说：“今年对我们的资助将要结束，我们很乐意做些事以便能有新的发展。我们对您的建议很感兴趣。我们的图书馆和我们的医生听从您的安排。”

荣格曾看过《一条安达鲁狗》，并在该片中找到了对早期疯癫的一种有力的表现。因此，我答应亚历山大也给他一部该片的拷贝，他表示愿意接受。

我去图书馆时走错了门，我很有耐心地望着里面一位高雅的夫人正躺在长沙发上进行治疗。一位医生怒气冲冲地向我站立的门口冲过来，我立即把门又关上了。

有人告诉我，到这座中心来治疗的人仅限那些百万富翁和他们的夫人。例如，其中一位夫人在一家银行行窃时被发现，出纳员没有声张，只是偷偷地告诉了她的丈夫。于是，这位夫人被送进了精神分析学中心。

我回到了纽约。不久，我收到了亚历山大博士的一封信。他已看了《一条安达鲁狗》，并表示（用词极为准确），他吓得要命。他不想同这位路易斯·布努埃尔先生再有什么联系。

我不得不提出以下问题：难道这是医生的用语吗？是心理医生的用语？谁还愿意向一位被一部影片吓得半死的人去讲述自己的生活呢？真有那么可怕吗？

当然，我一直未能完成拍摄关于精神分裂症影片的计划。

我偏爱有些癖好。我考察了某些癖好。有时，我谈这种癖好，又谈那种癖好，癖好可以有助于生存。我可怜那些任何癖好都没有的男人。

我喜爱孤独，但条件是，要有一个朋友时常来看我，并同我聊聊天。

我特别厌恶墨西哥草帽。我想说的是，我讨厌的是那种有组织的、官方的民间习俗。我很喜欢在农村见到的墨西哥两轮马车，我无法忍受节日里在大厅的舞台上，演员用一顶相当大的草帽把佩戴的金色装饰品完全遮住。我这种感觉也适用于阿拉贡的霍塔舞。

我善待侏儒，敬佩他们的自信。我觉得他们和蔼、聪明，我喜欢和他们一起工作。绝大多数侏儒的条件都不错，我认识的那些侏儒丝毫也不想把自己变为正常身高的人。他们也有强烈的性功能。在《纳萨林》中扮演侏儒的那个人在墨西哥有两个正常身高的情人，她们两个人轮流照顾他。有些女人喜欢侏儒，也许因为她们要体验一下与侏儒交往得到的既是情人同时又是儿子的感觉。

我不喜欢死亡的场面，但同时这种场面又非常吸引我。在墨西哥的瓜纳华托的木乃伊是由于坟地的土壤所具有的特性造成的，死者的躯体令人惊奇地保存下来，这给我留下了十分强烈的印象。我们可以看到木乃伊上的领带、纽扣、指甲里的脏东西。好像人们可以去问候一位50年前死去的朋友。

我有一位朋友叫埃内斯托·加西亚，他的父亲原来是萨拉戈萨墓地管理人。这个墓地的无数具遗体安放在墙上的墓穴里。1920年的某天早上，为腾出空地，几名工人在迁一些墓穴时，埃内斯托见到一位修女的遗骸，骨架上还有修女服的残破布条。他还看到一个吉卜赛人的骷髅和他的手杖，两具骨架滚在地上，抱在一起。

我讨厌宣传，并尽力避开它。我们生活的社会完全是商业广告的天地。“那么，你为什么要写这本书？”准会有人问我，我首先要回答的是，我只写了这本书，其他什么也没写。另外，我还想说，我在无数的矛盾中相当舒适地过了整个一生，我并不想化解这些矛盾。无数的矛盾是自己的一部分，我本身也自然地具有捉摸不定的方面。

在《圣经·新约》的七宗基本的罪恶中，我真正憎恶的是嫉妒。其他几种并不侵犯任何人，只不过是个人的罪恶。有的时候，愤怒要排除在外。嫉妒则是一种不可避免地萌生希望他人死亡的意愿的罪恶，他人的幸福会使我们感到不快。

一个想象出来的例子：一位社会地位低微的邮递员每天给洛杉矶一位大富翁送报纸。在一个好日子里，这位邮递员没有来。管家告诉主人，邮递员中彩了，得了一万美元，他不再送报了。

富翁开始从他的心底里憎恨邮递员，他为一万美元而嫉妒他，甚至希望邮递员死。

嫉妒是西班牙民族最显著的罪行。

我不喜欢政治。在这方面，自40年前开始，我的幻梦就破灭了。我已经不相信政治。两三年前，在马德里的大街上我从左派示威者中穿过的时候，一条标语引起了我的注意：“过去反对佛朗哥时，我们的日子更有目标。”

布努埃尔回到西班牙：与母亲重逢

20 西班牙—墨西哥—法国 1960—1977

在影片中我看到的是一些人无法做他们想做的事：那就是走出一个房间。无法解释的、一个简单的欲望的落空。在我的影片中经常会出现类似的落空。

1960 年我回到了西班牙，这是我离开西班牙 24 年之后首次回国。

在此之前，有时为和家人相聚，我必须从自己住的地方动身到波市或者圣·安·德·路斯与亲人一起待上几天。我的母亲、妹妹、弟弟只能到法国来看我。这就是流亡者的生活。

1960 年我向西班牙驻法国领事馆申请签证，由于我在 10 年前就加入了墨西哥国籍，我毫不费事地拿到了签证。为防止发生意外或我被捕时能有人可以报信，我妹妹孔齐塔到布港来接我。可是任何事情都没发生。数月之后，两名便衣警察来访，他们礼貌周全地询问了我的生活来源。这是我同佛朗哥主义控制下的西班牙官方仅有的一次联系。

我在回马德里之前，先去了巴塞罗那，然后又到萨拉戈萨。我无须多述当我重新回到童年和青年生活过的地方时的那种激动心情。此时犹如 10 年前我回到巴黎那样，在经过这条街或那条街时，我无法控制自己的眼泪。

我第一次回国住了几个星期之后，弗朗西斯科·拉瓦尔[1]介绍我认识了一位杰出的人物，他是墨西哥人，名叫古斯塔沃·阿拉特里斯特，他后来成为我的制片人和挚友。

几年之前，我在《阿基巴尔多·德·拉·克鲁斯的犯罪生活》的拍摄场地同古斯塔沃见过一面，当时他是去会见一位女演员的。后来他同这位女演员结婚了，但之后又离异了，为的是和墨西哥歌星、女演员西尔维娅·皮纳尔另结良缘。阿拉特里斯特的父亲是斗鸡的组织者之一，他本人也特别爱好斗鸡。他从事多项商业活动，拥有两份杂志，有土地，有一个家具厂。不久前他又果断地决定投身于电影（目前，他在墨西哥拥有36家电影院，他已成为影片发行商、导演，甚至还是演员，用不了多久他就会拥有自己的制片厂）。他提出让我拍一部影片。阿拉特里斯特是一位行为不检与天真单纯兼于一体的令人惊异的人物。如在马德里的时候，他时而去做弥撒，意在让上帝能帮助他解决一些钱财的问题。一天，他非常严肃地向我提出了下面的问题："一位让人认出的公爵、侯爵或者男爵，有外在的标志吗？"我告诉他，没有标志，他好像对我的答复很满意。

他是位英俊、富有魅力、有办法弄到高档华贵礼品的人。他能为我们两个人——他知道我由于耳聋特别厌恶人多的地方——预订整个一间豪华餐厅，他还能为逃避付给一位女记者200比索而躲到办公室的洗手间里。他是政治家的朋友，他奢华但又很迷人。正是阿拉特里斯特这位对电影一窍不通的人让我拍一部影片。

---

[1] 弗朗西斯科·拉瓦尔（Francisco Rabal）：西班牙男演员，曾主演《纳萨林》《索那大》等影片。

我再补充一件颇具特色的事例：一天，阿拉特里斯特通知我，第二天他要从墨西哥来，并商定好我们俩在马德里的某个地方见面。直至三天过后我才偶然得知，他还滞留在墨西哥，其理由是无可指责的，那就是他被困在那里。由于他没有付该付的账而被限制出境。为此，在机场他企图收买检查员。他给检查员一万比索（相当于400或500美元）。这位检查员有8个孩子，他有点犹豫不决，但最后还是拒绝接受这笔钱。当我同阿拉特里斯特谈起这件事时，他承认确有此事，他还补充说，其实他被困时应付的钱一共也不超过八千比索，这比他要给检查员的钱少。

数年后，阿拉特里斯特提出每个月要付给我相当高的工资，以便能随时来听取我对电影和道德问题的建议，我拒绝了他这份礼品。但是，他一旦需要，可有权来免费听取我的建议。

《比里迪亚娜》

我在马德里住了一段时间之后，乘船返回墨西哥。在船上，我收到了菲格罗亚[1]发来的电报，他建议我拍一部我尚不知内容的有关热带丛林的影片，我拒绝了。因为阿拉特里斯特给了我绝对的自由——无可争议的自由——我决定写一个原来就有的故事，一个关于我称之为比里迪亚娜的女人的故事，以怀念从前我在萨拉戈萨中学读书时他们讲给我的关于一个鲜为人知的圣女的故事。

---

[1] 加夫列尔·菲格罗亚（Gabriel Figueroa）：享誉世界的墨西哥著名摄影师，主要作品有《珍珠》《被遗忘的人》《纳萨林》等。

我的朋友胡里奥·亚历杭德罗协助我拓展了一个关于我过去的情欲的幻想。这个我已讲过，就是靠麻醉剂我占有了西班牙王后的故事。我们把前一个故事掺合到这个故事之中。当剧本完成后，阿拉特里斯特对我说："我们去西班牙拍摄影片。"

他给我提了一个难题，我提出，必须和巴尔登的制片协会合作，否则，我不能接受这个建议。因为巴尔登的反佛朗哥主义专制的立场是众所周知的。尽管如此，居住在墨西哥的西班牙共和派侨民刚一得知我的决定，便发动了强烈的抗议。随即就有人攻击我、辱骂我，而这些攻击是来自与我同属一个群体中的某些人。

几个朋友维护我，为此开始了关于这个问题的一场争论："布努埃尔有权回西班牙拍片吗？这是不是一种背叛？"我记得，稍后伊萨阿克就画了一组漫画。在第一幅里，佛朗哥在西班牙等着我。我拿着《比里迪亚娜》的拷贝从美国到了西班牙。有一些人呼叫着辱骂："叛徒！""卖国贼！"第二幅画：佛朗哥热情地接待了我，我把拷贝送给他，那些喊叫依然不断……第三幅画：拷贝在佛朗哥的脸上爆炸了。

影片在马德里的制片厂和郊外一座美丽的庄园中拍摄。现在那个制片厂和庄园已荡然无存。当时我拥有足够的资金、优秀的演员以及七至八周的拍摄时间。我又见了弗朗西斯科·拉瓦尔，并且首次同费尔南多·雷依和西尔维娅·皮纳尔一起工作。几位上了年纪的演员是我在1930年代拍摄《与世不容的堂·金廷》以及其他影片时就认识的。他们在该片中扮演小角色。我对那个扮演半似流浪汉、半似疯癫的麻疯病人的古怪人物保持了特殊的记忆。当时允许他住在制片厂的院子里，他一点儿也不听导演对演员的指导。但是，我认为他在影片中的表演很出色。过了一段时间，有一天他坐在布尔戈斯的一条凳子上，两个看过这部影片的法国旅游者从他面前经过，他们认出了他并向他祝贺。他即刻收起了自己那点可怜的东西，把小包搭到肩上，开始往外走，他嘴里还嘀咕着："我要去巴黎，那里的人认识我！"

后来，他死在街头。

在我提到的关于我们童年的篇章中，我妹妹孔齐塔谈到了《比里迪亚娜》的拍摄情况，现我把她的话抄录如下：

在拍摄期间，我来到了马德里作为我哥哥的"秘书"。路易斯在马德里几乎过着隐士般的生活。我们住在首都仅有的一座摩天大楼的第17层。路易斯住在里面犹如苦行僧站在圆柱之上。

由于他的失聪日益严重，故此，他只接待非见不可的客人。他的房间里放有四张床，但路易斯却要睡在地上，盖一条被单毛毯，窗户大开。他时常离开工作桌子去观望风景：远处山峦起伏，近处是"田园之家"和皇宫。

他回忆起大学时代，幸福之感油然而生。他说马德里的光线是独一无二的。可是我从曙光观察到黄昏，却看到了光线发生了数次变化。

晚上七点钟我们用晚餐，这在西班牙是罕见的。我们吃水果、奶酪，喝上等的里奥哈酒。中午我们总是在高级的餐馆就餐，我们吃最爱吃的菜：烤乳猪。从那时起，我就忍受着这个食肉癖者。有时我梦见农神吞噬了自己的孩子。路易斯的耳聋经过治疗稍有好转，于是我们开始接待来访者，有老朋友、电影学院的年轻人、拍片工作需要见的人。我读了《比里迪亚娜》的剧本，我不喜欢。我的外甥让·路易斯对我说，他的父亲写成的剧本是一回事，而根据他的剧本拍出的影片是另一回事。事实确实如此。

我到现场看了他拍摄的几场戏，路易斯具有天使般的耐心，他心平气和。有必要时，他就重拍。

在影片中扮演穷人的12人中，有一个真是乞丐，他扮演“麻疯病人”。我哥哥得知这个“麻疯病人”的工资比其他人少三倍时，他为此事向制片人发火了。制片人尽力劝他别生气，答应他在影片的最后一天把钱都补给“麻疯病人”。路易斯更加气愤，因为他不能容忍该付的报酬变成了一种施舍。他要求让这个流浪汉也像其他人一样，每个星期都到出纳员那儿领钱。

影片中穷人穿的“衣服”全是真实的。为了寻找这些衣服，他们到郊区和桥洞下面，把新衣服送给穷人和流浪汉，换取他们那些破破烂烂的衣服。这些破烂经过了消毒，但不洗，目的是使演员们体会到真实的贫困。

我哥哥在摄影棚工作期间，我是见不到他的。他早上5点起床，8点以前出门，要过11或12个小时之后才回来。他刚好赶上吃晚饭。然后他即刻躺到地上，蒙头便睡。

但我们也有娱乐和游戏的时候，其中一种游戏是在星期日早上玩。我们从寓所的17层楼上向外投纸做的飞机。我们记不得如何叠飞机了。“飞机”飞起来又重又笨，而且怪模怪样。我们俩同时往外投。谁的“飞机”先出事“着陆”，谁就算输了。输者受罚要吃相当叠一架飞机用的纸，可以佐以调料品，最好是芥末，而我则加入糖和蜂蜜。

布努埃尔拍摄影片《比里迪亚娜》（照片提供：萨尔瓦多）

路易斯干的另一件事就是把钱收藏在一个不容易猜测和很难找到的地方。以这种方式，显然我得到了超过我当秘书的工资。

在拍摄期间，因为我们的弟弟阿方索在萨拉戈萨去世，所以孔齐塔必须离开马德里。后来，她经常来马德里的“塔楼”——那座拥有宽敞、明亮房间的摩天大楼——与我一起生活。可悲的是，这座大楼今天已改作办公楼了。我和孔齐塔以及其他朋友经常一起去一家名为“唐娜·胡里娅”的马德里高级酒店，品尝虽然简单但非常可口的菜。那时我认识了外科医生胡塞·路易斯·巴罗斯，至今他仍是我的挚友之一。

阿拉特里斯特把事情弄糟了。一天，他在付200比塞塔的账单时给了 800 比塞塔的小费，在下一次我去吃饭时，唐娜・胡里娅递给我一张数字令人瞠目的账单，这笔餐费数额巨大使我十分惊讶。但我什么也没说就照付了钱。后来，我把这件事告诉了帕科・拉瓦尔，他和女店主很熟悉。

帕科问女店主为什么结账时要收那么多的钱？这位女士十分天真地回答："因为他认识阿拉特里斯特先生，所以我以为他是百万富翁！"

当时，我几乎每天都去参加在"维也纳咖啡馆"的小圈子聚会，这是一个旧咖啡馆，也许是马德里的最后一个小团体活动的地方。我与何塞・贝尔加明、何塞・路易斯・巴罗斯、作曲家比塔卢加、斗牛士路易斯・米格尔・多明金以及其他朋友聚会。有时候，我一进门就向一些已经秘密地坐在那里，但从表情上可以看出来是同济会的人打招呼，但我从未是他们中的一员。在佛朗哥主义统治下的西班牙，他们聚会意味着具有一定的危险。

当时西班牙的电影审查机关以其爱纠缠琐事、搞形式主义而闻名。在影片的第一版结尾中，我只是想让比里迪亚娜去敲她表兄的房门，门开了，比里迪亚娜走进去，门又关上了。

电影审查机关批驳这个结尾，于是我就设想一个比前者更甚的结尾，因为正好可以表现人物的三角关系。比里迪亚娜的表兄正和另一个女人，即他表兄的情人玩牌，比里迪亚娜也加入其中一起玩牌。她的表兄对她说："我早就知道最终你会和我们玩牌的。"

《比里迪亚娜》在西班牙引起了轩然大波，这可以和当年的《黄金时代》相提并论。侨居在墨西哥的共和分子已宣告我无罪。实际上，由于在《罗马观察员报》上刊登了一篇含有敌意的文章，《比里迪亚娜》作为西班牙影片刚在戛纳电影节获得

“金棕榈”奖，情报旅游部立即提出要在西班牙禁演此片。与此同时，西班牙电影总局局长由于在戛纳登台领奖而被撤职。

事情越闹越大，佛朗哥看了此片。我认为他看了两次。据西班牙合拍片制片人告诉我的情况是，佛朗哥在影片中没有找到任何特别应受非难之处（说真的，这一切之后，影片应该是无罪的）。但是，他拒绝撤消旅游部的决定，《比里迪亚娜》在西班牙一直被禁映。

在意大利，首先在罗马上映了《比里迪亚娜》，情况尚好。后来又在米兰公映。米兰的总检查官禁映了这部影片。他开始运用法律程序来整我，对我判处：只要我一踏上意大利国土，就要坐一年牢。后来这个决定被最高法院撤销了。

古斯塔沃·阿拉特里斯特第一次看这部影片时，显得有些困惑，他没发表任何评论。在巴黎他又看了一遍，接着在戛纳看了两遍，最后一次是在墨西哥看的。当最后一次的放映结束后，这可能是他看的第五次或第六次，他高兴地朝我走来，并对我说：“看完了，路易斯，棒极了！我全都懂了！”

现在轮到我困惑不解了。我以为，影片叙述了一个极为简单的故事，有什么地方那么使人难懂？

维多里奥·德·西卡在墨西哥看完影片后，紧张而害怕地走出大厅。他和我的妻子让娜上了一辆出租车，准备去喝酒。在路上，他问我的妻子，我是否真的冷酷无情，在私下是不是打她。我的妻子告诉他：“要打死一只蜘蛛时，他都要来喊我。”

一天，我在巴黎所住的饭店附近看到了我的一部影片的海报，上面标着：“世界上最残酷的电影导演。”愚蠢的言行使我凄然。

《毁灭的天使》

有时，我为自己在墨西哥拍了《毁灭的天使》而惋惜。我原设想得很好，拟在巴黎或者伦敦拍摄，请欧洲演员，用一些华丽的服装及配套的用品。尽管墨西哥有漂亮的房子，我也尽力去挑选演员，而且他们的外貌也不一定会使人想到他们是墨西哥人，但很一般的餐巾使我觉得有些穷酸。例如：我只能拿一种样子的餐巾，而这是由女化妆师提供给我的。

同《比里迪亚娜》一样，电影剧本是原有的，所表现的内容是：某一天的夜晚，一些人在看完话剧之后到其中的某个人的家中去用晚餐。晚饭后，他们来到了客厅。由于一种难以解释的原因，他们无法走出客厅。最初片名定为《普路维登西亚大街的遇难者》。去年在马德里，何塞·贝尔加明告诉我，他想给一部话剧取名为《毁灭的天使》。我觉得这个名字特别带劲，我说："如果我在海报上看到这个名字，我准会马上进入剧场。"

我在墨西哥给他写了封信，询问关于他的作品以及作品名称的消息。他复信说：剧本尚未动笔，无论怎样，这个名字并不一定属于他，因为名字在"启示录"中出现过。他告诉我，我可以使用这个名字，这是毫无问题的。于是，我就用了这个片名，我向他致谢。

在纽约的一次大型晚宴中，女主人为使客人们感到惊奇和好玩，设想出一些噱头。比如：拿着托盘的侍者躺在地上成为一个真正的细节。结果我在影片中用了这个，客人们对此并不赞赏。于是，女主人又准备了一只熊和两只绵羊为噱头，但我们永远也不知道这是什么意思……这就使得一些对象征主义感兴趣的评论家，

《毁灭的天使》（1962）剧照

看到熊就联想到潜伏在资本主义社会的布尔什维克，而忽略了这个社会由于它自身的矛盾而停滞不前。

不管是在生活中还是在我的影片中，我总是被重复的事情所吸引。我不知道为什么，也不想解释。在《毁灭的天使》中至少有十多处出现重复。例如：在影片中可以看到两个男人相互被人介绍，互相握手说："很高兴认识你。"过了一会儿，他们重新又见面了，又相互介绍，好像素不相识。第三次相聚时，他们终于热情地致意，犹如老友相逢。

还有两处也出现了类似的情况。尽管我拍摄时高低的角度有所变化，但都可以看到走进前厅的客人和女主人在叫他的总管家。影片正在剪辑时，总摄影师菲格罗亚对我说："路易斯，有一件很麻烦的事。"

《毁灭的天使》中的西尔维娅·皮纳尔

“什么事？”

“进入屋里的镜头剪辑了两次。”

他根本就不应该认为他拍了两个镜头，要不，一个这么大的错误怎么可能逃过剪辑师和我的眼睛呢？

在墨西哥，人们认为该片的表演不好，我不这么看。尽管演员绝不是一流的，但总的来说，我觉得他们的表演相当出色。此外，我难以相信，他们说这部影片很有意思的同时又说演员表演得不好。

我很少再看自己拍摄的影片，《毁灭的天使》却属于极少次之一。每次看该片时，我都遗憾有前面提到的不足之处和拍摄时间的仓促。在影片中我看到的是一些人无法做他们想做的事：那就是走出一个房间。无法解释的、一个简单的欲望的落空。在我的影片中经常会出现类似的落空。在《黄金时代》中，一对情侣想在一起，但没做到。在《欲望的隐晦目的》中，表现了一个进入老年的男人的性欲望，但他从未得到过满足。《资产阶级的审慎魅力》中的人物要不惜一切代价聚在一起吃晚餐，但还是没吃成。或许还能找出其他的例子。

《沙漠中的西蒙》

《毁灭的天使》的首映结束时，古斯塔沃·阿拉特里斯特直接对我说："路易斯先生，这是一门重型炮，可我一点也看不懂。

一门重型炮的意思是：一件强有力的事情，一次冲击，一次巨大的成功。

两年之后，即 1964 年，古斯塔沃向我提供了在墨西哥拍摄一部关于苦行僧西蒙这位神奇人物的影片的可能性。西蒙是 4 世纪的隐修士，他在叙利亚沙漠的一根高耸的园柱顶端苦修了四十多年。

我很早就想到这个主题，从洛尔卡在大学生公寓给我朗读《金色的传说》时就开始了。当他读到，沿着高柱周围堆起的隐修士的粪便犹如一根根蜡烛时，便纵声大笑。事实是，由于隐修士主要吃放在大篮子里递上的一些生菜叶，因而他的粪便应该和山羊的小粪蛋差不多。

在纽约，有一天下着瓢泼大雨，我到位于 42 号街拐角处的图书馆去找资料，有关这类题材的书籍很少。下午 5 点我走进了图

书馆，查找要参考的书目卡片，其中菲斯迪杰埃尔神父写的书最有价值，但这张卡片却不在卡片盒里。我抬头见一个男人站在我旁边，他手里正拿着那张卡片，又是一次巧合。

我完成了这部长故事片的剧本。不幸的是，在拍摄期间，阿拉特里斯特遇到了一些经费问题，影片必须压缩一半。我已预先设计好的一个场景：在雪中，朝圣者们，包括拜占庭国王的一次来访（历史性的）我都必须删去，所以影片有一点儿突然收尾的感觉。

虽是如此，影片在威尼斯电影节仍获五项奖。我的其他的任何一部影片也没有出现过这种情况。我要补充的是，没有任何人去领取这些奖品。后来，这些事被编入奥逊·威尔斯的《一个永恒的故事》里。

今天，我认为《沙漠中的西蒙》可以同《银河》中两位前去圣地亚哥·德坎波斯特拉的朝圣者在曲折的路上相遇。

1963年，制片人塞尔日·西贝尔曼想见我，他在马德里的“塔楼”租了一套房间，并询问我的住址。恰巧我住的房间正好在他的房间对面。他来敲我的门，然后我们一起喝了整整一瓶威士忌，从那天起，我们之间所产生的亲密的友谊就从未中断过。

他建议我拍摄一部影片，我们一致同意改编奥克塔维·米尔博的《女仆日记》。很久以前我就熟知这本书。由于各种原因，我决定推移故事发生的年代，后移到更接近我们的时代，使之发生在我非常熟悉的1920年代

布努埃尔与让娜·莫罗在拍摄《女仆日记》期间留影（照片提供：佩罗尔）

末。这就使我能为了纪念《黄金时代》，让影片的结尾出现极右派的游行者高喊："夏普万岁！"

应该感谢路易·马莱，因为在他的影片《通往绞刑架的电梯》中向我们展示了让娜·莫罗走路的样子。走动的女人及她们的目光总是让我感到激动。在《女仆日记》有关靴子的那场戏中，我很高兴让她穿上靴子走动并把她拍摄下来。她行走时，脚在鞋跟上面微微颤动，使人觉得不稳。她是位天才的演员，在拍摄时我只能跟着她，几乎是跑着跟她。她向我展示了她对于角色的把握，对此我是相信的。

影片于1963年秋在巴黎靠近米利－拉森林地区拍摄，通过拍这部影片，我首次认识了几位法国合作者，他们从未背离我。他们是：比埃尔·拉里，我的第一助手；苏珊·笛雷贝尔热，卓越的女场记；剧作家让－克洛德·卡里埃尔，他在片中扮演牧师。我保留了一种祥和、井然有序、友好和谐地拍摄影片的回忆。

由于有了拍这部影片的机会，我认识了女演员莫尼，她突出的个性化的生活促使她成为一个独特的人物，从某种意义上讲，她成为我的吉祥物。她扮演女仆中最卑贱的角色，她问法西斯主义的教堂司事（这是我喜欢的对白之一）："您为什么总是说要杀犹太人呢？"

教堂司事问："您不是一位爱国者吗？"

"我是的。"

"那么还问什么？"

这部影片完成之后，拍摄了我在墨西哥的最后一部影片《沙漠中的西蒙》，因为西尔贝曼和他的合伙人建议我拍摄另一部影片。这次我挑选了孟克·路易斯的《修士》，这是英国黑色小说中

《沙漠中的西蒙》（1965）中的西尔维娅·皮纳尔和克劳迪奥·布鲁克

最著名的一本。超现实主义者们喜欢这本书。安东尼奥·阿尔达乌特翻译了该书。有几次我都萌生了把该作品改编成电影的欲望，包括几年前，我曾对钱拉·菲利普谈起过这本书，也谈起了让·吉诺好看的小说《屋顶上的轻骑兵》(关于流行病、各种瘟疫的题材过去就吸引着我)。可是菲利普却漫不经心地听着我的建议，他想拍一部更具政治色彩的影片。他决定参加《野心家》的拍摄，在我看来，这是一部题材庄重、拍摄精细的影片，但对于该片我没有更多的话好说。

《白日美人》

我放弃了《修士》的拍摄计划（几年后，阿土·九郎拍了这部影片），1966年，我接受了哈基姆兄弟的建议，决定改编约瑟夫·卡塞尔的《白日美人》。我觉得该小说很通俗，但结构很好。此外，我提出了可以加入女主角塞维莉娜——由卡特琳·德纳芙扮演——白日幻梦的一些影像，塑造了一个资产阶级的色情受虐狂的年轻女人的肖像。

我在影片中相当忠实地描写了性变态的几种情况。我对物恋的兴趣在影片《他》的第一组镜头和《女仆日记》中的靴子场面已可见端倪。但我必须声明，我从未经历过性变态，只是受到一种理论和外在的吸引。它使我觉得好玩和感兴趣，而我个人在性行为上绝无任何变态的表现。这一点令人意外。我也认为，一个变态者不喜欢在公开场合表现他的变态行为，只是悄悄地进行。

对这部影片我感到可惜的是，我原想在巴黎里昂火车站的餐馆拍摄第一组镜头，但是那里的主人断然拒绝了我。至今还有许多巴黎人不知道有这个地方存在，但对我来说，这是世上最美的地方之一。1900年，画家、雕塑家、美工师在这个车站的二楼开设了一个展览厅以纪念火车取得的荣誉和献给那些为我们运输物资的国家。我在巴黎时经常去那里，有时是独自前往。我总是固定地坐在靠近铁轨的那面吃饭。

继《纳萨林》和《比里迪亚娜》之后，我在拍摄《白日美人》时又和帕科·拉瓦尔在一起了。我喜欢这个演员，也喜欢这个人。我乐意听这个人称我“叔叔”，我也称他为“侄子”。在和演员们一起工作时，我没有任何特别的技术要求，一切都取决于演员在我面前所表现的素质。如果演员挑选得不好，那就得依赖我向他们说戏，及他们自身的努力。不管怎么说，导演对演员的指导是依据导演个人的感觉，这种感觉只有导演能找到，而且也不是所有的

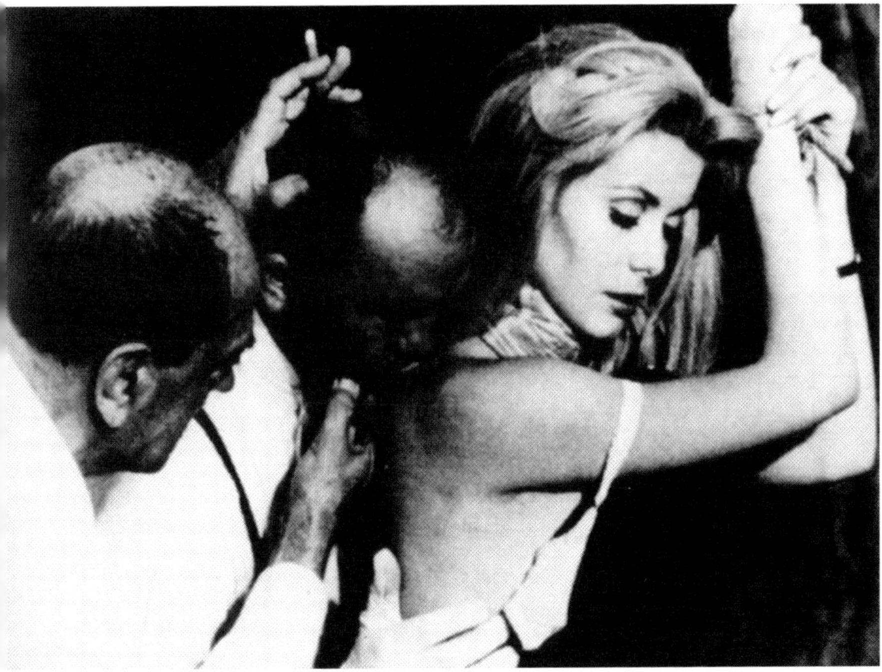

布努埃尔与卡特琳·德纳芙一起拍摄《白日美人》

时候都能解释清楚。

我很遗憾，由于审查机关的要求，对这部影片的几个地方做了愚蠢的删剪。特别是乔治·马沙尔和卡特琳·德纳芙的那场戏，卡特琳躺在棺材里，乔治叫她女儿。这发生在家庭的祈祷室里，在熠熠发光的基督复制品画像的下面刚刚做完了祈祷。基督受难的躯体总是令我为之感动。对这场祈祷的删剪明显地改变了这场戏的气氛。

在人们向我提出的关于这部影片的毫无意义的问题中，有一个问题提出的人最多、最爱盯住不放。一位亚洲的嫖客拿着一个小盒子来到妓院，他把盒子打开，让姑娘们看里面装的东西（我们什么也看不到）。姑娘们惊恐地喊叫着往后退，只有塞维莉娜表现得很感兴趣。我也弄不清人们向我提了多少次，特别是妇女们常问："盒子里装的是什么？"由于我也不知道，所以只能回答："您认为是什么就是什么。"

该片在圣·莫里斯制片厂拍摄（如今它已不复存在，但这个词就像口头语似的，在我这本书中一次又一次地出现），路易·马莱正在附近的场地拍摄《贼》，我的儿子胡安·路易斯是该片的助理导演。《白日美人》可能是在我一生所拍摄的影片中取得最大成绩的作品，但这不是由于我的工作，而应该归功于那些娼妓。

从《女仆日记》开始，我的生活实际上与我拍摄的影片混合在一起。正因如此，我要加快这个变得单调的叙述。我不了解工作中的严重问题，我的生活安排得很简单：住在墨西哥，每年去西班牙和法国待几个月写剧本或者拍片。我遵循自己的习惯：住在过去曾住过的旅馆，经常光顾以前常去的咖啡馆，而这些地方都已久存于世了。

通过我在欧洲拍摄的所有影片我了解到，欧洲的拍摄条件比在墨西哥提供的一般条件好很多。关于那些影片，每一部都已说了不少。

我现在只想用三言两语谈一谈那些影片，仅以此表示我的意见。

尽管我认为生产一部影片没有写一个好剧本重要，但我从来不是个能写的人。几乎在我的全部影片中（仅有四部除外），我都需要一位作家和一位编剧帮助我白纸黑字地写出故事和对白。这决不意味这位合作者只是像秘书一样负责记录下我所讲的话，真的不是这样，合作者有权利也有责任讨论我的构思并提出他们的建议。当然，归根结底还是我说了算。

在我这一生中共与18位不同的作家共事过。他们之中，我特别难忘的是从事话剧工作、精通台词的胡里奥·亚里杭德罗和路易斯·阿尔科里萨。后者是位体魄健壮、敏感的人，很长时间以来他就自编自导影片。我感到与我心心相印的人毫无疑问当属让-克洛德·卡里埃尔。自1963年开始，我们共同写了6部影片的剧本。

我认为，一个好剧本不能让观众的注意力有片刻的分散，剧本最基本的是要很好地展开剧情，并使观众产生兴趣。人们讨论一部影片的内容、它的美学（如果有的话）、风格和道德倾向，但绝不能让人们对你的影片感到厌烦乏味。

《银河》

我到墨西哥不久就产生了要拍一部关于异端教派的影片的想法。这要追溯到梅门德斯和佩拉尤的百科作品《西班牙异端教派的历史》。这本读物使我了解了许多过去自己不知晓的事情，特别是关于那些坚信自己已掌握真理的异端教徒们承受的磨难并不比基督教的教徒少的事例。异端教派这种追求真理的行为和某些奇异想法一直吸引着我。不久，我找到了布勒东的一句话，尽管这句话表现了他对宗教的憎恶，但他认为，超现实主义承认同异教徒的“某些观点是相通的”。

人们在影片中所看到的和听到的一切都是以真实文献为依据的。主教的遗体被挖出来当众烧毁（因为在他去世后，人们发现了他生前写的经文是被谴责为异端的经文），实际上这就是名叫卡朗萨的托莱多的主教的遗体。我们花了很多功夫研究波路盖特长老写的《异端教辞典》，后来，在1967年的秋天，我们在西班牙哈恩省的卡索尔拉旅馆写出了第一稿。当时，只有我和卡里埃尔住在安达鲁西亚的山上。公路到旅馆就终止了。天刚亮，几位猎人就出发，直到晚上才回来，他们手里有时拎着打死的嫩嫩的岩羚羊。我们总是整天地谈三位一体、基督的双重性格、三位一体的神秘。后来，西尔贝曼接受了这个计划，这使我们感到意外。1968年的二三月间，在圣·何塞·普路亚我们完成了剧本。影片拍摄时曾受到1968年“五月风暴”所设街垒的短暂威胁，整个夏季我们都在巴黎市郊拍片。保罗·弗朗克尔和洛朗·泰尔奇耶夫扮演了两位朝圣者，他们徒步去圣地亚哥·德·坎波斯特拉朝圣。时间和空间是自由的，在旅途中，他们碰到了一系列的人，而这些人让我们可以了解主要的异端教派。好像我们也参加了《银河》之路，在其他时候也叫《圣地亚哥之路》，因为它向来自整个北欧的朝圣者指明了西班牙的这个地方。这就是片名的由来。

拍这部影片时，我又和皮埃尔·克莱芒蒂、胡里奥·贝尔铎、克劳迪奥·布鲁克，以及忠实的米歇尔·皮科利在一起了。这是我首次和卓越的女演员德尔菲娜·塞里格一起工作，战争期间在纽约时，她曾坐在我的膝上。这是第二次——也是最后一次——我在银幕上表现了基督，基督由贝尔纳特·贝韦尔莱扮演。我想把基督表现得像正常人一样；他笑着，跑着，在路上迷失了方向。我让他也刮胡子，他与想象中的传统基督相去甚远。

既然谈到了基督，我认为，在当代宗教的演变中，同三位一体的另外两位相比，基督逐渐地占有了特权的位置。人们只是谈他。圣父依然存在，但他无所事事，太遥远了。至于不幸的圣灵，谁也不注意他，他沿着广场行乞。

布努埃尔拍摄影片《银河》

尽管影片题材是困难和奇特的，但由于报界和西尔贝曼的努力，影片没有引起争议，《银河》取得了值得称道的上座率。这是我所了解的对电影的最好推动。

而《纳萨林》就曾引起了极为复杂的反应。卡洛斯·富恩特斯[1]认为这是一部战斗的、反宗教的影片，而与此同时，胡里奥·科尔塔萨尔[2]却认为该片应得到梵蒂冈的奖励。

我对这些意见及争执越来越不感兴趣，在我看来，《银河》既不维护什么人，也不反对任何人。除了影片所表现的真实的状况

❶ 卡洛斯·富恩特斯（Carlos Fuentes）：墨西哥作家。

❷ 胡里奥·科尔塔萨尔（Julio Cortazar）：阿根廷作家。

和教义的论争之外，我认为影片首先表现的是一种狂热追求的道路，在这个过程中，每个人为了他的部分真理而固执己见，不向对方妥协，准备为真理而战或献出性命。我还认为，两个朝圣者所走的路可以适用于所有政治思想或者对艺术的观念。

当影片在哥本哈根首映时（这是事后亨利·卡尔逊讲给我听的，他拥有电影院），影片是法语对白，但配有丹麦文字幕。

刚放映不久的一天，有十五六位吉卜赛人来了，其中有男人也有女人和孩子，他们既不懂丹麦文也不懂法文。他们拿出电影票进入厅内看电影。过了半个多月，他们又来了，对影片非常感兴趣。卡尔逊想猜测出他们喜欢的原因，但无法做到，因为这群吉卜赛人不会讲丹麦语。后来，他免费请他们进入电影院。之后，他们没有再来。

《特丽斯塔娜》

虽然《特丽斯塔娜》这本书信体小说不是加尔多斯的上乘之作，但很久以来，唐·洛佩这个人物却一直吸引着我。同时，把发生在马德里的事情搬到托莱多的想法也令我萦怀，我想以此来表达我对该城的热爱。

最初我考虑请西尔维娅·皮纳尔和埃内斯托·阿隆索一起拍这部影片。后来，另一部影片在西班牙又启动了。我想到了在《比里迪亚娜》中表演杰出的费尔南多·雷依和我特别喜欢的一位年轻的意大利女演员斯特芬尼娅·萨德雷莉。《比里迪亚娜》引起的风波使得我的计划受阻。

1969 年禁令被解除了，我同意与埃杜瓦多·杜卡依和古路查

《特丽斯塔娜》（1970）中的卡特琳·德纳芙和费尔南多·雷依

加这两位制片人合作。

尽管我并不认为自己绝对属于加尔多斯的世界，但我很高兴与多次给我写信谈角色的卡特琳·德纳芙共事。影片的拍摄基本上都在托莱多进行——这是一座让我深切缅怀1920年代的城市——我们也在马德里的摄影棚拍摄，置景师阿拉尔孔准确地搭了一座索科多维尔咖啡馆。

诚然，该片像《纳萨林》一样，主要角色（我找了费尔南多·雷依，他杰出地扮演了这个角色）表现出了忠实于加尔多斯小说的原型，但我在作品的结构和气氛上做了相当重要的改变，犹如我在《女仆日记》所做的那样，在本片中我也把时间植于一个我熟悉的时代，在这个时代社会动荡不安。

在胡里奥·亚里杭德罗的协助下，我在《特丽斯塔娜》中加进了很多东西，这些使我终生都感到激动。比如，有托莱多的钟楼，卡特琳俯身面向达维拉红衣主教去世后的雕像。由于影片完成后我没有再看过，所以今天再谈它就很困难。但我仍记得，我喜欢影片的后半部分，就是年轻姑娘从外地回来了，她刚被截去了一条腿。我好像依然能听到她在走廊的脚步声、拐杖声，以及神父们围着热巧克力饮料所进行的冷漠的谈话。

如果不是记起了我和费尔南多·雷依开的一个玩笑，我就想不起当时的拍摄情况了。他是我最亲密的朋友，他会原谅我把这件事讲出来。正像许多演员一样，费尔南多也很看重自己的声望，他喜欢如此，这很正常。在大街上人们能认出他，跟随他。

一天，我告诉制片主任，让他到附近学校与一个班的全体同学联系好，让他们选择一个我和费尔南多在一起的时间，然后一个接一个地来要求签名，但只许找我签名，他照办了。

费尔南多和我肩并肩地坐在露天咖啡馆里。一个男孩过来请我签名，我高兴地给他签了，他甚至没看一眼坐在我旁边的费尔南多就走了。他还没走远，第二个学生又走来也要求我签名。

当第三个学生过来时，费尔南多纵声大笑，他明白了这是个玩笑。他猜出来的原因很简单：来的人只要我签名，不理睬他，他认为是绝不可能的。他这么想是有道理的。

《资产阶级的审慎魅力》

在《特丽斯塔娜》之后——遗憾的是该片在法国上映时是译

制的——我又与西尔贝曼聚在一起，因为我不想离开他。我回到了巴黎，又回到了我的蒙巴纳斯区，回到了“雏鹰”旅馆，住进了窗子朝向坟地的房间。我又恢复了在“拉·古波莱”或“画版咖啡馆”提前进午餐的习惯，还去“丁香园咖啡馆”，再次开始了我每天的散步和参加晚会。我是在西班牙拍摄两部影片的空暇时间来做这些事的，而且我还自己做晚饭。我的儿子让·路易斯同他的家人住在巴黎，他时常同我一起工作。

我已讲过《毁灭的天使》中的重复场面和对话令我着迷。在西尔贝曼告诉了我一件刚刚发生的事后，我们就开始寻找借口想再现一次重复的场面。西尔贝曼邀请了几个人到他家里吃晚饭，假设是星期二吧。但他忘记把这件事告诉妻子，还忘记了在同一天他要外出参加一个晚宴。他请的客人们手捧鲜花于晚 9 点应邀到达，可西尔贝曼却出去了。客人们看到西尔贝曼的妻子穿着睡袍，她什么都不知道，而且她已用过晚餐，准备睡觉了。

这个场面成为《资产阶级的审慎魅力》中的第一组戏。影片只是发展了这个场面，想象了各种情况，其中几个朋友想一起去吃晚饭，但没吃成。我们没有刻意去追求真实性。这项案头工作进行了很长时间，我们写了五种不同设想的剧本。我们必须要找出这些内容在现实中恰如其分的平衡点，即它们要合乎逻辑又合乎生活常理。

尽管要不断出现意想不到的障碍，但也不应该看上去是不真实的和过于离奇的。梦对我们有帮助，甚至还有梦中之梦。最后，我特别感到满意的地方是，能够在本片中推出我的干马提尼酒的配方。

拍摄过程给我留下了美好的回忆：因为在影片中经常谈到和

涉及吃，演员们，特别是斯特凡娜·奥德朗，他把食品和饮料给我们带到拍摄场地，让我们更有精力，送来的饮料使我们提神。一般到 5 点钟我们稍稍休息吃点东西，这大约要耗去 10 分钟的时间。

《资产阶级的审慎魅力》于 1972 年在巴黎拍摄，从这时起，我就习惯了用监视器来进行工作。随着年龄的增长，我已无法像以前那样敏捷、灵活地在摄影机前指挥排练，所以我就坐在电视监视器前，它能准确地向我提供与电影摄影机一样的画面形象，我坐在椅子上就可以选择画面和安排演员的位置。这种技术在很大程度上减轻了我的疲劳和节省了许多时间。

超现实主义者有个命名的习惯，那就是找一个意想不到的单词或是一句话，使得人们对一幅画或者一本书产生全新的视觉。我曾遵循这个方式给我的几部影片起名，如:《一条安达鲁狗》和《黄金时代》，当然《毁灭的天使》也不例外。

我们写剧本时，从来未想到资产阶级。在写剧本的最后一个夜晚——那是在托莱多的旅馆，这一天戴高乐去世了——我们决定取个片名。其中一个名字是我骤然想起来的，是受卡尔马诺的启发，可以用“不喜欢列宁或主保圣母”，另一个名字是“资产阶级的魅力”。卡里埃尔提醒我，这组词缺了一个形容词，于是在众多的形容词中选中了“审慎的”一词。我们认为用“资产阶级的审慎魅力”为片名，影片会具有与众不同的外衣，好像内容也会不同凡响，人们就会以一种不寻常的目光去看这部影片。

一年多之后，影片被提名，也就是被提名为奥斯卡最佳外语片，当时我们正在筹拍下一部影片。四位我认识的墨西哥记者找到了我们，并到“埃尔·保拉尔”与我们共进午餐。吃饭的时候，他们向我提问，然后记录下来。当然，他们是轮流向我提问:“您

《资产阶级的审慎魅力》(1972)中的费尔南多·雷依、德尔菲娜·塞里格、保罗·弗朗克尔和让-皮埃尔·卡塞尔

认为会获得奥斯卡奖吗？路易斯先生。”“是的，我坚信不疑，”我非常严肃地回答，“因为我已付了他们所要的25000美元。尽管美国人有他们的毛病，但他们是说话算数的。”

墨西哥记者没有发现我话中的一些蹊跷之处。四天之后，墨西哥报纸刊登文章，说我用25000美元买下了奥斯卡奖。洛杉矶一片哗然，电传一个接一个。西尔贝曼气呼呼地赶到巴黎，质问我发什么疯。我告诉他那是个善意的玩笑。

此后，事情平静下来。又过了三个星期，影片果真获得了奥斯卡奖，这使得我可以向周围的人再次说：“尽管美国人有他们的毛病，但他们是说话算数的。”

《自由的幽灵》

这个新的片名在《银河》中的一句话中已经出现过（“你们的自由不过是一个幽灵”），我想慎重地纪念卡尔·马克思，纪念他在《共产党宣言》中开始的那句话：“一个幽灵，共产主义的幽灵，在欧洲游荡。”影片第一组镜头表现的自由是一种政治和社会的自由（这个场景是受到真实事件的启发，西班牙人民由于憎恨拿破仑推行的自由思想，所以当波旁家族回来时，他们竟高呼“枷锁万岁”），但很快，这种自由的含义就演变为另一种不同的意思，即艺术家和创作人员的自由犹如上述的自由一样也是虚无缥缈的。

影片设想得很有气势，但写起来和动手拍摄时却感到困难，我觉得影片拍得不理想。某些片段不可避免地压倒了另一些片段。但是，尽管如此，它仍是我拍摄的影片中为我所喜爱的一部。该片的情节有趣，我喜欢姑母和侄子在客店的房间里做爱那场戏，我也喜欢寻找丢失的孩子那一段，当然，孩子又出现了（这是我很久以来幻想中的一个念头）。两位警官到墓地，回忆起遥远的圣·马丁的旧葬礼。影片结尾是动物园中鸵鸟坚定的目光，它好像戴着假睫毛。

现在想到这些时，我认为《银河》《资产阶级的审慎魅力》和《自由的幽灵》来源于三个独特的剧本，构成了同一种类型的三部曲，或最好是说，它们犹如中世纪三幅相关联的画。同样的题材，有时候甚至是相同的话语在三部影片中都出现过。他们谈到了寻找真理，但一个人刚刚找到了的时候，又必须回避；议论了社会上不可违反的宗教礼仪。他们讲述了必要的寻求，表明了个人的道德以及必须尊重的神秘。

我要补充一个小插曲，在影片开始时枪杀法国人的四个西班

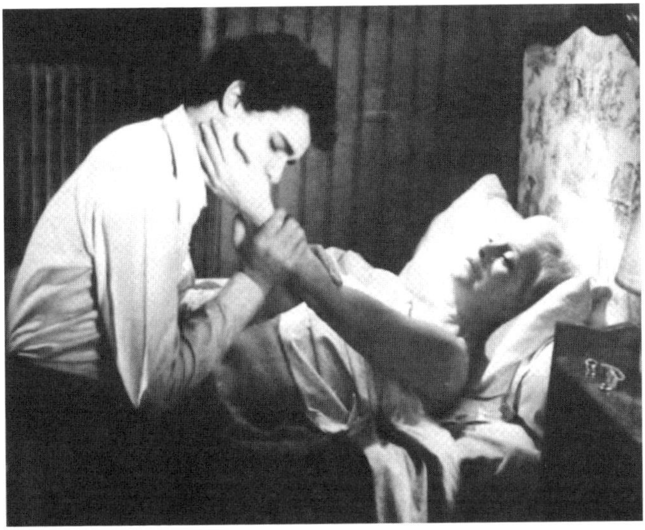

《自由的幽灵》（1974）中，侄子（皮埃尔－弗朗索瓦·皮斯托里奥）要看姑妈（埃莱娜·佩德里耶）裸体的镜头

《自由的幽灵》（1974）中，围在桌子周围的是六个打开盖的马桶，他们是要讨论人类每天要排出多少粪便吗？

牙人是由何塞·路易斯·巴罗斯（最胖的一个）、塞尔日·西尔贝曼（头上缠着绷带）、何塞·本哈明（神父）和我本人扮演的，我贴上了胡子，穿上僧侣的带风帽的斗篷。

《欲望的隐晦目的》

1974年拍摄了《自由的幽灵》之后（当时我已74岁），我考虑要彻底退休。我的难以割舍的朋友们坚持己见，特别是西尔贝曼请我重新开始工作。

我回到过去的计划，改编皮埃尔·路易的小说《女人与妓女》。1977年我终于同费尔南多·雷依以及两位扮演同一角色的女演员安赫拉·莫里娜和卡罗勒·布凯拍了这部影片。很多观众没有发觉同一个女人是由两位演员扮演的。

由皮埃尔·路易小说中的一句话“欲望的苍白目的”受到启发，影片定名为《欲望的隐晦目的》。我认为剧本写得相当出色，每一场戏都有开端、发展和结局，颇忠于原著。但是，在几个地方加入了某些东西之后，影片就完全改变了它的基调。结尾的一场戏，也就是最后爆炸之前的那场戏——一个女人正聚精会神地缝补一件沾有血迹、嵌着花边的破衣服。（这是我拍摄的最后一个镜头）——使我激动不已，但我说不出这是为什么，这将永远是神秘的。

这部影片与很久以前的《黄金时代》遥相呼应，讲述了对一个女人的身体无法占有的故事。我在影片中加进了谋杀和动荡不安的环境。我们大家都熟悉并生活在这种环境之中。1977年10月16日当旧金山的里奇影剧院正放映该片时，一颗炸弹爆炸了。

《欲望的隐晦目的》（1977）中的卡罗勒·布凯和费尔南多·雷依

四本拷贝被炸毁，墙上涂着辱骂性的口号：“这次你也太离谱了。”其中一个口号的签名是：米老鼠。种种迹象使我断定，这是几个有组织的同性恋者干的。另外，总的来说，同性恋者不喜欢这部影片。我一直也不明白这是为什么。

《欲望的隐晦目的》（1977），格林威治电影制片厂拍摄

21 天鹅之歌

在单调的、重复的、所有安排都有一定之规的生存之中，我在卡里埃尔的协助下撰写这本书，可算是一次短暂的变革。我满意这一点。因为这使我没有彻底关闭生活之门。

根据最新的报道，当前我们已拥有的为数众多的原子弹不仅能毁灭整个地球上所有的生命，而且还能使地球偏离原有的轨道，将其送入虚无缥缈的、寒冷的空间，随后消失在无边无际的宇宙之中。我觉得真妙；我差点要欢呼：太好了！有一件事是毋庸置疑的：科学是人类的敌人。因为教我们运用权利的本能而导致我们自取灭亡。一项最近进行的调查证明了这一点：当今在全世界工作的 70 万位具有“高学历资格”的科学家中，有 52 万人致力于改进死亡的手段，致力于毁灭人类。而力图保护我们、进行这方面的措施研究的科学家却只有 18 万人。

多年以来，启示录的号角已在我们跟前吹响，可我们却充耳不闻。这个新的启示录犹如传统的一样，四位骑士纵马奔驰，它们是：人口过剩（它冲在前面，是高举黑旗的主帅）、科学、技术和信息。其他袭击我们的各种有害因素都是这四种导致的结果。我坚决地在不祥的骑士中也加入了信息。我写的最后一个电影剧本——一直未能够拍摄——就是以三个同谋犯为内容的，它们是：科学、恐怖主义、信息。它们之中的最后一个通常是作为一个征服者、一个获益者，有时甚至作为一种“权利”出现的，实际上，它在我们的骑士中也许是危害最大的。因为它紧盯着其他三个骑士，而且只有它能给它们的衰败提供营养。如果它被一支利箭射倒，即刻它就会在我们的进攻中歇息了。

人口爆炸给了我强烈的印象，我常说——在此书中也提及了——我曾多次想象因一次行星的灾难使地球上减少了 20 亿人口，尽管我也在其中。我要补充的是，这种灾难如果来自自然的力量、地震、不为人知的流行病、毁灭性的病毒，以及其他不可战胜的东西，它就既无任何意义，也无任何价值。我尊重和敬佩自然的力量。但我无法忍受制造灾难的卑鄙小人，这种灾难导致每天都要在公用墓地增添新坟。可他们还说：“这实在没办法呀！”这是何等虚伪的罪行。

不难想象，对我来说，人生活的价值和一只苍蝇生活的价值是相同的。我确实尊重所有的生命，包括一只苍蝇的生命。苍蝇是一种神秘的、令人敬佩的动物，犹如一位神仙。

我孤独、年迈，无法想象灾难和混乱。我认为，一场灾难或一场混乱都是不可避免的。我清楚地知道，对于老年人来说，在他遥远的青年时代的太阳较现在更为炽热。我也知道，每个一千年在走完它的历程之时会自然地宣告它的终结。但我认为，这个世纪在走向不幸。毁灭和解体的力量获胜了。人类的精神丝毫没有向光明有所前进，也许还后退了。我们周围是软弱、恐惧和病态，或许有一天能够拯救我们的善良和智慧的珍宝能从什么地方出现？甚至我认为偶然也是重要的。

我出生在 20 世纪开端，有时我觉得不过是一瞬间的事。随着时光的流逝，一生很快就过去了。当我谈起青年时代的事情，仍觉得历历在目，但我只能说："那是 50 年或 60 年前的事。"有些时候，我也感到生活是漫长的。干完这个又干那个的孩子，这个小青年好像不是我自己。

1975 年，我在纽约见到了西尔贝曼，我把他带到了一家 35 年前我们常光顾的意大利餐馆。店主已去世，可他的妻子马上就认出了我。她向我问候，请我们入坐。我感觉像是几天前自己就曾在这里就餐。但时间并不是静止的。

至于说到从我第一次睁开眼睛起，世界已经发生了巨大变化，那当然没什么可说的了?

直到 75 岁时我并没有厌烦老年。我甚至在老年中找到了某些满足，一种新的安宁，我尊重性欲以及其他所有欲望的自然消失。我一无所求，没有要在海边弄一套别墅的念头，也不想要一辆"罗埃斯—罗伊斯"车，特别不想要艺术品。我自言自语，我背弃自己年轻时的口号："打倒痴爱！""友谊万岁！"

我 75 岁时，当我在街上或饭店的前庭中见到一位年迈、体弱的人时，便会对在我身边的朋友讲："你看到布努埃尔了吗?""难以置信！""去年我的身体还很结实呢……！""太可怕了！"

我反复阅读了西蒙娜·德·波伏娃写的《老年》一书，我觉得这本书值得称赞。由于年龄带来的羞愧，我不再穿泳衣在游泳池中表现自己。我旅行的次数越来越少，可是我的生活仍保持着积极与平和。77 岁时，我拍摄了我的最后一部影片。

近五年来，暮年真正开始了。各种疾病突然缠身，尽管不是很严重。开始时，我抱怨自己过去曾那么结实的腿；随后，又抱怨眼睛，还有头部（健忘、不灵活）。1979 年，由于胆囊的毛病，我只得在医院住了三天，他们给我用血清治疗。我对医院望而生畏，第三天，我拔掉插在身上的管线，回到家里。1980 年，他们给我做了前列腺手术。1981 年又患了胆囊的毛病。我的身体受到了威胁，我感到自己衰老了。

我能够毫不费力地进行自我诊断，那就是我老了，衰老是我的基本疾病。我只有待在家里，遵守我的每日习惯，这样才感到舒服。我起床后喝一杯咖啡，做半小时锻炼。然后梳洗，再喝一杯咖啡，还吃点东西。九点半或十点，我到街上转一圈。此后，直到中午我都感到无聊，我的眼睛无精打采。我只能用放大镜和一种特殊的照明看一会儿书，但很快我就感到疲倦。许久以来，由于失聪我无法听音乐。因此，我就等待、沉思、回忆，像发神经似的不耐烦，我不断地看时钟。

中午是喝开胃酒的神圣时刻，我在书房里细细地品着。午饭后，我坐在大扶手椅上打盹儿到 3 点钟。3 点钟至 5 点钟是我最感到无聊的时候。我看几行字，回封信，随手摸摸东西。从 5 点钟起，我不断举目看时钟，瞧一瞧离喝第二杯开胃酒还有多长时间。我总是 6 点钟喝。有时候，我像变戏法似的提早一刻钟喝。自 5 点钟起，我有时也接待朋友们，与他们聊天。7 点钟我与妻子进晚餐，很早我就上床睡觉。

我的视力不佳、我的听力衰退，我怕纷乱的交通和人群，四年来，我没进过电影院，我从不看电视。

有的时候整整一个星期没有一位客人来访，我觉得被人遗忘了。往往这样一来，就会有意想不到的客人登门。有些时候甚至我没见过面的客人也来了。次日，又会有四五位朋友同时来看我，坐上一个小时。在他们之中，有过去与我一起工作的、担任编剧的阿尔科里萨，有我们最优秀的话剧导演胡安·伊巴涅斯，他总是不停地喝白兰地；还有卓越的画家、雕塑家，及两部奇特影片的作者、多明我会会员胡瑞安神父。有几次我们一起谈论信仰和上帝的存在。由于是在我家里，他面对的又是一位彻底的无神论者，有一天他对我说："在认识您之前，有时我对自己的信仰有所动摇，但自从我们一起聊天之后，我的信仰更坚定了。"

我可以讲很多我的一些不信教的事。假如普莱苇和佩雷见到我和一位多明我会的会员在一起聊天，那他们……！

在单调的、重复的、所有安排都有一定之规的生存之中，我在卡里埃尔的协助下撰写这本书，可算是一次短暂的变革。我满意这一点。因为这使我没有彻底关闭生活之门。

一段时间以来，我在笔记本上记录了我已失去的朋友的名字。我把这个笔记本称为"死亡册"。我经常翻阅它。本子上已记录了许多的人名，我按字母顺序排列，一个一个地记下他们的名字。我只能记下那些与我有关系的人名，哪怕仅有一面之交，但必须是一次坦诚的相交。我还用红笔画成十字，标出超现实主义团体中死亡的成员。1977 年至 1978 年对团体来说是不幸的一年，在短短几个月中，曼·雷、卡德尔、马克斯·恩斯特和普莱维苇相继去世了。

我的一些朋友讨厌我的这个笔记本，无疑是害怕某一天他的大名也被记在上面。我和他们的想法不同。这个熟悉的名单让我记起了这个或者那个人，没有这个本子，大概他们的名字就会被遗忘。

有一次我搞错了。我妹妹孔齐塔告诉我，一位比我年轻许多的西班牙作家死了。不久，我坐在马德里一家咖啡馆喝咖啡时，我看到他进门并向我走过来。一瞬之间我以为自己要同一个幽灵握手了。

许久以来，我对死亡的考虑就不陌生了。从复活节期间骷髅在卡兰达的街上漫步，死亡就已成为我生活中的一部分。我不愿意忽视它，也不否定它。但也没想拒绝它。当一个人也像我这样是无神论者的时候，对于死亡他就不会有太多可说的。应该神秘地死去。有的时候，我对自己说，我应当知道，可是要知道什么呢？既不能知道死的过程，也不会知道身后之事。一死百了，什么都不存在。等待我们的是虚无，只有腐烂，永恒的甜蜜的气味。也许我要火化以避免如此。

但是，我质问自己关于死亡的方式。

有时候，纯粹为了消遣，我想到了我们古老的地狱。人们知道阴罚和海神的三叉戟已不复存在，对现代的神学家来说，这仅仅是失去了神的光芒。

我看到，我的躯体同我的一切在永恒的黑暗中飘浮着，需要等待我最后的复活。突然，在冥冥的地狱之中另一个躯体和我相撞，他是两千年前从一棵椰子树上掉下来摔死的暹罗人。他在幽暗之中又远去了。我想象又过了百万年，我感到背上受到一击，这回是拿破仑的随军女酒贩，就这样延绵不断。在一段时间里，我任这个新地狱中的痛苦和黑暗所摆布，随后，我又回到了人世我所待的地方。

对于死我没有什么幻想，有时我质问自己要采取什么方式死。还有时，我对自己说，突然死亡是令人羡慕的，就像我的朋友马克思·奥布，他在玩牌时突然死了。但是，总的来说，我更愿意一种非常缓慢的死，不是一下子夺去我的性命，这样允许我最后一次向所有我熟悉的生命告别。从几年前开始，每当我离开自己熟悉的、曾在那里生活和工作过的地方，并且它已成为我自身的一部分，像巴黎、马德里、托莱多、埃尔·保拉尔、圣·何塞·普路亚时，我都驻足向那个地方告别。我面对它们，比如，我会说："再见了，圣·何塞。我在此度过了幸福的时光，若是没有你，我的生活会有所不同，现在我要走了，不再来看你了，没有我，你依然存在，我要和你告别。"我还向所有的一切告别，向山川、向喷泉、向树木、向青蛙告别。

当然，有的时候我又回到自己已告别过的地方，但是没关系，在离去时我会再次向它致意。

这样一来好像我真想死，知道自己不会再来了。几年前就有人问我，为什么外出旅行越来越少了，为什么我不去欧洲？他们非常奇怪，我说："因为我怕死。"他们告诉我，在哪里都会有死的可能。我回答："总之，不是因为怕死，您不理解我。事实上，死亡对我已无所谓。可是我不愿意出门死在异乡。"对我来讲，最难以忍受的就是突然死在旅馆的某个房间里，我的皮箱敞着，证件乱扔一地。

还有一种同样令人难以忍受、也许比其他还要糟的方式就是用医疗技术拖延死亡时间，延缓最后的咽气。为了古希腊医生的誓言，把尊重人的生命放在万物之上。医生们创造了现代最完美的痛苦：那就是苟延残喘。我认为这是犯罪。为此，我竟然同情过佛朗哥，因为他在最后的几个月中是靠人工维持生命的，忍受着难以置信的痛苦，这又何必呢？虽然在一些场合医生确实帮助了我们，但绝大多数的时候是为了得到金钱，为金钱而顺从了科学和可怕的技术。既然时间已到，那就让我们死吧！最好还能帮我们一下，让我们快点了结。

在一段时间里我是确信这些的，我希望有一条法规，准许在某些条件下实施安乐死。若是为了一个人的去还是一些人的留而要让其导致长时间的痛苦，那么尊重人的生命就没什么意义了。

在我的最后叹息临近之际，我经常想象开最后一个玩笑。我把那些和我一样是无神论者的老朋友们找来，他们哀伤地守在我的床边，这时我派人叫的神父也到了。我的这些朋友们极为震惊，这时我忏悔，请求宽恕我的所有罪过并接受涂油礼。一切完结之后，我翻身转向另一侧咽气。

但是，在那个时候还有气力开玩笑吗?

有件事令我遗憾，那就是不知以后要发生的事。离开这个继续变化的世界，就像是中断了长篇连载小说。我相信，这种对死亡之后发生的事所产生的好奇心在这个不断变化的世界里不会持续很久，或者根本就不会产生。我承认：尽管我讨厌信息，但我还是愿意死后，每隔十年再从死人之中站起来，走到一个报亭买几份报纸。我别无他求。我腋下夹着报纸，脸色苍白，蹭着墙边回到墓地。在重新长眠之前，我看看世界上发生的不幸，然后心满意足地躲在坟墓幽静的隐蔽之处。

附 录

路易斯·布努埃尔
年　谱

1900　2 月 22 日路易斯 · 布努埃尔 · 波尔托雷斯出生于西班牙特鲁埃尔的卡兰达镇。

1906　进入萨拉戈萨圣心教会学校。

1907　转入耶稣会的萨尔瓦多学校。

1915　离开耶稣会的学校，进入中等教育学院。

1917　在马德里大学就读，住在著名的大学生公寓。在以后的几年里，他与加西亚 · 洛尔卡，萨尔瓦多 · 达利等人建立了友谊。

1920　爱好自然科学，在昆虫学家伊格纳西奥 · 玻利瓦尔的实验室工作。在大学生公寓创建了西班牙第一个大学生电影俱乐部。

1922　在拉蒙 · 戈麦斯 · 塞尔纳的影响下，发表了最早的文学作品。开始攻读哲学和文学。

1924　获得哲学史和文学史硕士学位。

1925　定居巴黎。认识了让娜 · 卢卡尔。

1926　在阿姆斯特丹首演了西班牙作曲家曼努埃尔 · 德 · 法亚的《蜂王佩德罗组曲》。布努埃尔担任艺术指导。看到了弗立兹 · 朗格的电影。进入让 · 爱泼斯坦电影学校。

1927　编写了关于戈雅的电影剧本。

1928　拍摄了《一条安达鲁狗》。创建西班牙电影俱乐部。

1929　参加超现实主义团体的活动。

1930　拍摄了《黄金时代》。该片的上映引起了丑闻。

1931 作为“米高梅”的观察员在好莱坞学习电影。后返回巴黎。

回到祖国时，正值西班牙第二共和国宣告成立。

1932 在西班牙拍摄了《无粮的土地》(又叫《拉斯乌尔德斯》)。

出现了耳聋的最早的症状。在巴黎为派拉蒙影业公司担任影片译制工作。

1933 疏远了超现实主义团体。第二共和国禁止上映《无粮的土地》。

1934 同让娜·卢卡尔结婚。在马德里为“华纳”公司担任译制片监制。他的长子胡安·路易斯出生。

1935 西班牙影片《痛苦的堂·金廷》和《胡安·西蒙的女儿》的执行制片。

1936 西班牙影片《谁爱我？》和《哨兵，警惕！》的执行制片。

西班牙内战爆发。布努埃尔被共和国政府派往巴黎任西班牙驻法国使馆的外交官，并多次为共和国完成了种种使命。

1937—1938 他和皮埃尔·尤尼克担任影片《武装忠诚的西班牙》的监制。仍在巴黎工作，多次去瑞士等国为共和国执行特殊任务。

1939 赴美国，在纽约现代艺术博物馆任总编辑。西班牙内战结束。

1940 他的次子拉法埃尔·布努埃尔出世。

1944 由于极右分子的压力，布努埃尔被迫辞去在纽约艺术博物馆的工作。迁居洛杉矶。为华纳公司担任译制工作。

1945 写了几个电影剧本，其中有《午夜情人》等。为罗伯特·弗罗雷导演的《五指怪兽》设计了一组精彩的镜头。

1946 定居墨西哥。根据米切尔·韦伯的小说《天堂的吼声》改编拍摄了影片《大赌场》。

1948 同胡安·拉雷阿共同编写了电影剧本《吹笛人的儿子》。

1949 导演《大傻瓜》，该片根据阿道夫·托拉多的喜剧改编，获得了很高的票房收入。

布努埃尔加入墨西哥国籍。

1950 拍摄了《被遗忘的人》，该片获得了戛纳电影节国际评论奖和最佳导演奖。

根据曼努埃尔·雷亚奇的故事改编，拍摄了《苏珊娜》(又译《魔鬼与肉体》)。

1951 《骗子的女儿》(《痛苦的堂·金廷》的新版)改编自卡洛斯·阿尼切斯和何塞·埃斯特雷梅拉的作品。

《一个没有爱情的女人》或叫《孩子们审判我们》，改编自莫泊桑的《皮埃尔和让》。

《升天》在戛纳电影节获最佳先锋影片奖。

1952 拍摄了《野蛮人》，该剧本是与路易斯·阿尔科里萨合写的。

根据根据丹尼尔·笛福的小说改编，拍摄了《鲁滨孙漂流记》。《他》改编自梅塞德斯·平托的小说。

1953 根据艾米莉·勃朗特的作品拍摄了《呼啸山庄》，又称《情欲深渊》。《电车上的幻觉》根据毛里西奥·德拉·塞尔纳的作品改编。

1954 《河流与死亡》改编自曼努埃尔·阿尔瓦雷斯·阿科斯塔的小说《黑岩石上的白墙》。

1955 根据鲁道夫·乌西格里的同名小说改编拍摄了《犯罪的尝试》，又称《阿基巴尔多·德·拉·克鲁斯的犯罪生活》。

回到欧洲导演了《这叫曙光》，根据埃马努尔·罗布莱斯的小说改编。

1956 根据诺泽-安德烈·拉库的小说改编拍摄了《花园中的死亡》。

1957 完成剧本《普罗比登西亚大街的遇难者》的第二稿，几年后拍摄成影片《毁灭的天使》。

1958 根据西班牙著名作家佩雷斯·加尔多斯的同名小说改编拍摄了《纳萨林》。

墨西哥大学杂志上刊登了布努埃尔的讲座:《电影：诗的工具》。

1959 《纳萨林》获得了戛纳电影节评委会特别奖。

根据亨利·卡斯卢泰的小说改编拍摄了《野心家》。

1960 《少女》获戛纳电影节特别奖，该片改编自彼德·马西森的《旅行者》。

西班牙政府给予布努埃尔临时入境签证，他在马德里拍摄《比里迪亚娜》。

1961 《比里迪亚娜》获戛纳电影节最佳影片“金棕榈”奖。

1962 《毁灭的天使》获戛纳电影节国际影评人协会奖和电影电视作家协会奖。

1963 根据奥克塔维·米尔博的同名小说改编拍摄了《女仆日记》。首次与让-克洛德·卡里埃尔共同编写剧本，并同制片人塞尔日·西尔贝曼合作。

1964 在卡洛斯·绍拉导演的《为强盗而哭泣》和阿尔贝托·伊萨阿克导演的《这个村庄没有贼》中扮演角色。

1965 《沙漠中的西蒙》获威尼斯电影节“银狮奖”。

1966 根据约瑟夫·卡塞尔的小说改编拍摄了《白日美人》，获威尼斯电影节“金狮奖”。

1968　与卡里埃尔编写了电影剧本《僧侣》。

1969　拍摄了《银河》。

布努埃尔的母亲去世。

1970　根据西班牙著名作家佩雷斯·加尔多斯的同名小说改编摄制了《特丽斯塔娜》。

1971　《资产阶级的审慎魅力》获奥斯卡最佳外语片奖。好莱坞的大师们在乔治·库克家为布努埃尔举行庆祝酒会。

1974　拍摄了《自由的幽灵》。

1977　根据皮埃尔·路易的小说《女人与妓女》改编摄制了《欲望的隐晦目的》。

1978　同卡里埃尔共同编写了剧本《天鹅之歌》，但未能拍成影片。

1981　马德里孔普鲁顿塞大学授予布努埃尔名誉博士的头衔。在这之前他友好地拒绝了哈佛大学授予他的同样的荣誉头衔。

他开始同卡里埃尔共同起草他的回忆录。

1982　布努埃尔回忆录《我的最后叹息》出版。

西班牙等国出版了一些关于布努埃尔及其作品的书籍，如《布努埃尔访谈录》等。

1983　7月29日路易斯·布努埃尔在墨西哥城去世。

路易斯·布努埃尔

作品目录

《一条安达鲁狗》Un chien andalou

法国，1929，黑白片，17 分钟，1960 年配上声音

导演：路易斯 · 布努埃尔

编剧：路易斯 · 布努埃尔，萨尔瓦多 · 达利

摄影：阿尔贝 · 迪维尔热

置景：皮埃尔 · 舍勒内

音乐：理查德 · 瓦格纳《特里斯坦和伊索尔德》的片段，阿根廷的一首探戈（舞曲）片段

剪接：路易斯 · 布努埃尔

主演：皮埃尔 · 巴舍夫，西蒙娜 · 玛勒伊，海梅 · 米拉比列斯，萨尔瓦多 · 达利，路易斯 · 布努埃尔

《黄金时代》L'Âge d'or

法国，1930，黑白片，61 分钟

导演：路易斯 · 布努埃尔

编剧：路易斯 · 布努埃尔和萨尔瓦多 · 达利

摄影：阿尔贝 · 迪维尔热

置景：皮埃尔 · 舍勒内

音乐：门德尔松、莫扎特、德彪西、瓦格纳的片段，以及乔治 · 冯 · 帕里斯的两步舞的片段剪辑

剪接：路易斯 · 布努埃尔

主演：丽亚 · 莉斯，加斯东 · 莫多特，卡里达 · 德 · 拉维尔德斯盖，马克斯 · 恩斯特，皮埃尔 · 普雷维尔

《拉斯乌尔德斯》（又名《无粮的土地》）Terre sans pain(Las Hurdes)

西班牙，1932，黑白片，27 分钟

导演：路易斯 · 布努埃尔
编剧：路易斯 · 布努埃尔根据莫里斯 · 莱汉德雷的文学作品改编
解说：皮埃尔 · 尤尼克，胡里奥 · 阿辛
摄影：埃利 · 洛泰尔
音响：查尔斯 · 格德布拉特
音乐：勃拉姆斯的《第四交响乐》
剪接：路易斯 · 布努埃尔

《大赌场》Gran casino（Tampico）

墨西哥，1947，黑白片，85 分钟

导演：路易斯 · 布努埃尔
编剧：毛里西奥 · 马格达莱诺和埃特蒙 · 柏克根据米歇尔 · 韦柏的浪漫小说《天堂的打击》改编
对白：哈维尔 · 马特奥斯
摄影：杰克 · 德雷柏
音响：哈维尔 · 马特奥斯
置景：哈维尔 · 托雷斯 · 托里哈
音乐：曼努埃尔 · 埃斯贝隆
剪接：格罗里亚 · 斯乔爱曼
主演：里维塔 · 拉玛尔盖，豪尔赫 · 内格雷特，梅塞德斯 · 巴尔瓦，奥古斯丁 · 依松萨，何塞 · 巴别拉，弗朗西斯科 · 汗布里纳，查尔斯 · 罗内尔

《大傻瓜》Le Grand Noceur(El gran calavera)

墨西哥，1949，黑白片，90 分钟

导演：路易斯 · 布努埃尔
编剧：路易斯与雅内 · 阿尔科里萨，拉克尔 · 罗哈斯根据阿道夫 · 托拉多的戏剧改编

摄影：埃塞吉列尔·卡拉斯克

音响：拉斐尔·鲁依斯·埃斯巴萨

置景：路易斯·莫雅，塔里奥·卡瓦那斯

音乐：曼努埃尔·埃斯佩隆

剪接：卡洛斯·萨瓦赫

主演：费尔南多·索莱尔，罗萨里奥·格拉那多斯，路本·罗霍斯，玛路哈·格里费尔，安德雷斯·索莱尔

《被遗忘的人》Los Olvidados / （Pitié pour eux / Les Oubliés）

墨西哥，1950，黑白片，90 分钟

导演：路易斯·布努埃尔

编剧：路易斯·布努埃尔，路易斯·阿尔科里萨与马克斯·奥伯和佩德罗·德·乌尔迪马拉斯合作

摄影：加夫列尔·菲格罗亚

音响：赫苏斯·贡萨雷斯·甘西，何塞·B. 卡洛斯

置景：爱德华·菲特拉尔德

音乐：阿道夫·哈尔夫特对古斯塔沃·皮塔卢卡的主题的讨论

剪接：卡洛斯·萨瓦赫

主演：埃斯德拉·因塔，米格尔·因格兰，阿方索·梅基亚，罗伯特·科沃，阿尔玛·德里亚·福恩特斯

《苏珊娜》（又名《魔鬼与肉体》）

Suzanna, démon et chair / Suzanne la perverse （Susana, demonio y carne）
墨西哥，1950，黑白片，82 分钟

导演：路易斯·布努埃尔

编剧：路易斯·布努埃尔和海梅·萨尔瓦多根据曼努艾尔·瑞奇的故事改编

对白：鲁道夫·乌西格里

摄影：何塞·奥蒂斯·拉莫斯

音响：尼格拉斯·德拉·罗莎

置景：甘德里·热尔索

音乐：劳尔·拉比斯塔

剪接：豪尔赫·布斯托斯

主演：罗西塔·金塔娜，维克托·曼努埃尔·门多萨，费尔南多·索莱尔，玛丽亚·亨蒂，路易斯·罗伯斯·索莫萨，玛蒂尔德·巴劳

《骗子的女儿》Don Quintín l'amer / La Fille de l'erreur（La hiya del engaño）

墨西哥，1951，黑白片，78 分钟

导演：路易斯·布努埃尔

编剧：路易斯与雅内·阿尔科里萨，根据卡洛斯·阿尼切斯与何塞·埃斯特雷梅拉的音乐喜剧改编，灵感来自卡洛斯·阿尼切斯的话剧《与世不容的堂·金丁》《哨兵，警惕！》

摄影：何塞·奥尔蒂斯·拉莫斯

音响：爱德华多·阿霍那，赫苏斯·贡萨雷斯·甘西

置景：爱德华·菲特拉尔德

音乐：曼努埃尔·埃斯贝隆

剪接：卡洛斯·萨瓦赫

主演：费尔南多·索莱尔，路本·罗赫，阿丽西亚·卡罗，南乔·孔特拉斯，费尔南多·索托，丽丽·安雷马尔，安帕罗·加里奥罗，阿尔瓦罗·马杜德，罗伯托·梅耶尔

《一个没有爱情的女人》

Pierre et Jean / Une femme sans amour（Una mujer sin amor / Cuando los higos nos juzgan）

墨西哥，1951，黑白片，84 分钟

导演：路易斯·布努埃尔

编剧：海梅·萨尔瓦多根据居伊·莫泊桑的小说《皮埃尔和让》改编

摄影：劳尔·马丁内斯·索拉雷斯

音响：鲁道夫·佩尼德斯

置景：甘德·热尔索

音乐：劳尔·拉比斯塔

剪接：豪尔赫·布斯托斯

主演：胡里奥·比里亚雷亚尔，罗莎里奥·格拉那多斯，蒂托·洪科，华金·科尔德罗，
海梅·卡尔贝，埃尔塔·佩拉尔塔

《升天》La Montée au ciel（Subida al cielo）

墨西哥，1951，黑白片，85 分钟

导演：路易斯·布努埃尔
编剧：胡安·德拉·卡瓦那、曼努埃尔·阿托拉吉雷和路易斯·布努埃尔根据曼努埃尔·阿托拉吉雷的故事改编
对白：胡安·德拉·卡瓦那
摄影：亚里克斯·菲里普斯
音响：爱德华多·阿霍那，赫苏斯·贡萨雷斯·甘西
置景：何塞·罗德里格斯·格拉那达，爱德华·菲特拉尔德
音乐：古斯塔沃·皮塔卢卡
歌曲：奥古斯丁·希梅内斯的《拉·萨马尔格尼亚》
剪接：拉发埃尔·波蒂略
主演：莉丽亚·普拉多，埃斯德万·马尔克斯，卡门·贡萨雷斯，莱昂诺尔·戈麦斯，
路易斯·阿塞贝斯·卡斯塔涅达，佩德罗·埃尔维罗·比多托，曼努埃尔·唐德

《野兽》El bruto（L'Enjôleuse / La Brute）

墨西哥，1952，黑白片，83 分钟

导演：路易斯·布努埃尔
编剧：路易斯·布努埃尔，路易斯·阿尔科里萨
摄影：奥古斯丁·希梅内斯
音响：哈维尔·马特奥斯，加尔蒂诺·桑皮埃罗
置景：甘德·热尔索
音乐：劳尔·拉比斯塔
剪接：豪尔赫·布斯托斯
主演：佩德罗·阿门达利斯，卡蒂·胡拉多，安德雷斯·索莱尔，罗西塔·阿莱那斯，
罗伯托·美耶尔，贝亚特里斯·拉莫斯

《鲁滨孙漂流记》Les Aventures de Robinson Crusoé（Adventures of Robinson Crusoe）

墨西哥—美国，1952，彩色片，89 分钟

导演：路易斯·布努埃尔
编剧：路易斯·布努埃尔和菲利普斯·安塞尔·罗尔根据丹尼尔·迪·福笛的小说改编
摄影：阿历克斯·菲利普斯
音响：哈维尔·马特奥斯
置景：爱德华·菲特拉尔德
音乐：路易斯·埃尔南德斯·布雷东，安东尼·科林斯
剪接：卡洛斯·萨瓦赫，阿尔贝托·瓦伦苏埃拉
主演：达恩·奥叶里伊，海梅·费尔南德斯，菲利佩·德·阿尔瓦，切尔·罗伯斯，何塞·查维斯，埃米里奥·加里瓦伊

《他》*Él*

墨西哥，1952，彩色片，89 分钟

导演：路易斯·布努埃尔
编剧：路易斯·布努埃尔和路易斯·阿尔科里萨根据梅塞德斯·平托的小说《想法》改编
摄影：加夫列尔·菲格罗亚
音响：何塞·德·佩雷斯，赫苏斯·贡萨雷斯·甘西
置景：爱德华·菲特拉尔德，佩德罗·加尔万
音乐：路易斯·埃尔南德斯·布雷东
剪接：卡洛斯·萨瓦赫
主演：阿图罗·科尔多瓦，德丽亚·加尔塞斯，路易斯·贝里斯坦，奥罗拉·沃克，卡洛斯·马丁内斯·巴埃那，曼努埃尔·唐德，费尔南多·卡萨诺瓦，拉发埃尔·班盖斯

《呼啸山庄》（又名《情欲深渊》）

Les Hauts de Hurlevent, abîmes de passion（Abismos de Pasión / Cumbres borrascosas）
墨西哥，1953，黑白片，90 分钟

导演：路易斯·布努埃尔

编剧：路易斯·布努埃尔，阿图诺·迈伍利，胡里奥·亚里杭德罗根据艾米莉·勃朗特的小说改编

改编：路易斯·布努埃尔，皮埃尔·尤尼克

摄影：奥古斯丁·希梅内斯

音响：爱德华多·阿霍那，加尔蒂诺·桑皮埃罗

置景：爱德华·菲特拉尔德，雷蒙多·奥蒂斯

裁剪：阿曼多·巴尔德斯·佩萨

音乐：劳尔·拉比斯塔根据理查德·瓦格纳的《特里斯坦和伊索尔德》的动机创作

剪接：卡洛斯·萨瓦赫

主演；豪尔赫·米斯特拉尔，伊拉塞玛·迪里安，莉迪亚·普拉多，埃内斯托·阿隆索，路易斯·阿塞佩斯·卡斯塔捏达，弗朗西斯克·雷克易拉

《电车上的幻觉》

On a volé un tram, l'illusion voyage en tramway （*La illusión viaja en tranvía*）

墨西哥，1953，黑白片，82 分钟

导演：路易斯·布努埃尔

编剧：路易斯·布努埃尔、路易斯·阿尔科里萨、何塞·雷维尔塔斯、毛里西奥·德拉·塞尔纳根据毛里西奥·德拉·塞尔纳的小说改编

摄影：劳尔·马丁内斯·索拉雷斯

音响：何塞·德·贝雷斯，拉发埃尔·鲁伊斯·埃斯帕萨

置景：爱德华·菲特拉尔德

音乐：路易斯·埃尔南德斯·布雷东

剪接：豪尔赫·布斯托斯

主演：莉迪亚·普拉多，卡洛斯·纳瓦罗，多明戈·索雷尔，奥古斯丁·依松萨，米格尔·曼萨诺

《河流与死亡》Le Rio de la mort （*El río y la muerte*）

墨西哥，1954，黑白片，90 分钟

导演：路易斯·布努埃尔

编剧：路易斯·布努埃尔和路易斯·阿尔科里萨根据曼努埃尔·阿尔瓦雷斯·阿科斯塔

的小说《黑岩石上的白墙》改编

摄影：劳尔·马丁内斯·索拉雷斯

音响：何塞·德·佩雷斯，拉发埃尔·鲁伊斯·埃斯帕萨

置景：甘德·热尔索，埃德华·菲特拉尔德

音乐：劳尔·拉比斯塔

剪接：豪尔赫·布斯托斯

主演：科伦巴·多明格斯，米格尔·托路克，华金·科尔德罗，海梅·费尔南德斯，维克托·阿尔克塞尔

《阿基巴尔多·德·拉·克鲁斯的犯罪生活》（又名《犯罪的尝试》）

Répétition d'un crime / La Vie criminelle d'Archibald de la Cruz（Ensayo de un crimen / La vida criminal de Archibaldo de la Cruz）

墨西哥，1955，黑白片，90分钟

导演：路易斯·布努埃尔

编剧：路易斯·布努埃尔，爱德华多·乌加德·巴赫斯根据鲁道夫·乌西格里的小说改编

摄影：奥古斯丁·希梅内斯

音响：鲁道夫·佩尼德斯

置景：赫苏斯·布拉乔斯

音乐：豪尔赫·佩雷斯·埃雷拉

剪接：豪尔赫·布斯托斯

主演：米罗斯拉瓦·斯德恩，埃内斯托·阿隆索，阿德里亚娜·瓦尔特，莉塔·玛塞多，何塞·马利亚·里纳雷斯·里瓦斯，安德列娅·帕尔玛，卡洛斯·里克尔梅，鲁道夫·兰达

《这叫曙光》Cela s'appelle l'aurore（Amanti di domani）

法国－意大利，1955，黑白片，102分钟

导演：路易斯·布努埃尔

编剧：路易斯·布努埃尔和让·费雷根据埃马努尔·罗布莱斯的小说改编

对白：让·费雷

助理：马塞尔·加缪，雅克·德雷

摄影：罗贝特·勒费夫雷

音响：安托瓦内

置景：马克斯·杜伊

音乐：约瑟夫·科斯马

剪接：玛格丽特·勒努瓦

主演：乔治·马沙尔，露西娅·鲍塞，贾尼·埃斯波西托，朱里安·贝尔托，内里·博尔热，让-雅克·德尔博，亨利·纳西耶，罗贝尔·勒福尔

《花园中的死亡》La Mort en ce jardin（La muerte en este jardín）

法国-墨西哥，1956，伊斯曼彩色，97 分钟

导演：路易斯·布努埃尔，路易斯·阿尔科里萨，雷蒙·凯内根据诺泽-安德烈·拉库的小说改编

对白：雷蒙·凯内，加布里埃尔·阿鲁

摄影：小豪尔赫·斯塔尔

音响：何塞·德·佩雷斯

置景：爱德华·菲特拉尔德

音乐：保罗·米斯拉基

剪接：玛格丽特·勒努瓦

主演：乔治·马沙尔，西蒙内·西尼奥雷，夏尔·瓦内尔，米歇尔·皮科利，路易斯·阿塞佩斯·卡斯塔涅达

《纳萨林》Nazarin

墨西哥，1958，94 分钟

导演：路易斯·布努埃尔

编剧：路易斯·布努埃尔，胡里奥·亚历杭德罗根据贝尼托·佩雷斯·加尔多斯的小说改编

对白：埃米略·科巴狄里奥

摄影：加夫列尔·菲格罗亚

音响：何塞·德·佩雷斯，加尔蒂诺·桑佩里奥

置景：爱德华·菲特拉尔德

服装：若尔热特·索莫哈诺

音乐：马塞迪奥·阿尔卡拉演唱《上帝从不会死》，卡兰达的鼓

剪接：卡洛斯·萨瓦赫

演员：弗朗西斯科·拉瓦尔，玛尔加·罗佩斯，莉塔·马塞多，赫苏斯·费尔南德斯，奥菲里娅·基尔曼，诺埃·穆拉亚马，路易斯·阿塞佩斯·卡斯塔涅达，伊格纳西奥·罗佩斯·塔尔索

《野心家》La Fièvre monte à El Pao（Los ambiciosos）

法国–墨西哥，1959，黑白片，97 分钟

导演：路易斯·布努埃尔

编剧：路易斯·布努埃尔，路易斯·阿尔科里萨，路易·萨潘，夏尔·多拉，亨利·卡斯卢泰根据亨利·卡斯卢泰的小说改编

对白：路易·萨潘（法语字幕），何塞·路易斯·贡萨雷斯·德·莱昂（西班牙语字幕）

摄影：加夫列尔·菲格罗亚

音响：维莱姆–罗贝·西韦尔，恩里克·罗德里格斯，罗伯托·卡梅乔

置景：豪尔赫·费尔南德斯

音乐：保罗·米斯拉基

剪接：雅姆·屈埃纳，拉斐尔·罗伯斯·塞瓦略斯

演员：钱拉·菲利普，玛丽亚·菲利克斯，让·塞尔维，米格尔·安赫尔·费里斯，劳尔·丹德斯，多明戈·索莱尔，维克托·洪科，罗伯托·卡涅多，安德雷斯·索莱尔

《少女》La Jeune Fille（The Young One / La joven）

墨西哥–美国，1960，黑白片，95 分钟

导演：路易斯·布努埃尔

编剧：雨果·巴特勒·阿迪斯根据彼德·马西森的小说《旅行者》改编

摄影：加夫列尔·菲格罗亚

音响：何塞·B. 卡雷斯，加尔蒂诺·桑佩里奥

置景：赫苏斯·布拉乔
音乐：赫苏斯·萨索萨（莱昂·比波演唱的歌曲《不信神的男人》）
剪接：卡洛斯·萨瓦赫
演员：扎卡里·斯科特，凯·梅尔斯曼，巴尼·汉米尔顿，格雷厄姆·登顿，克劳迪奥·布鲁克

《比里迪亚娜》Viridiana

西班牙，1961，黑白片，90 分钟

导演：路易斯·布努埃尔
编剧：路易斯·布努埃尔，胡里奥·布拉乔
摄影：何塞·F. 阿瓜约
置景：弗朗西斯科·卡内特
音乐：亨德尔的《弥塞亚》和莫扎特的《安魂曲》的片段，古斯塔沃·皮塔卢卡的选段
剪接：佩德罗·德尔·雷依
演员：西尔维娅·皮纳尔，弗朗西斯科·拉瓦尔，费尔南多·雷依，玛格丽塔·洛萨诺，维多利亚·辛尼，特雷西塔·拉瓦尔，何塞·卡尔沃，华金·罗亚，路易斯·埃雷迪亚

《毁灭的天使》L'Ange exterminateur（*El ángel exterminador*）

墨西哥，1962，黑白片，95 分钟

导演：路易斯·布努埃尔
编剧：路易斯·布努埃尔，路易斯·阿尔科里萨根据何塞·贝尔加明的话剧《幸存者》改编
摄影：加夫列尔·菲格罗亚
音响：何塞·B. 卡莱斯
置景：赫苏斯·布拉乔
服装：若尔热特·索莫哈诺
音乐：劳尔·拉比斯塔根据斯卡拉蒂、不同版本的《感恩赞》，以及帕里蒂西的一首奏鸣曲的片段配乐

剪接：卡洛斯·萨瓦赫

演员：西尔维娅·皮纳尔，杰奎琳·安德烈，恩里克·兰巴尔，奥古斯多·贝内迪科，路易斯·贝里斯坦，安东尼奥·布拉沃，克劳迪奥·布鲁克，塞萨尔·德尔·坎波

《女仆日记》Le Journal d'une femme de chambre

法国，1963，黑白片，98分钟

导演：路易斯·布努埃尔

编剧：路易斯·布努埃尔，让－克洛德·卡里埃尔根据奥克塔维·米尔博的小说改编

摄影：罗歇·费卢

音响：安托万·珀蒂让，罗贝·坎姆布拉基斯

置景：乔治·瓦赫维奇

服装：杰奎琳·莫罗

剪接：路易塞特·奥特克尔

演员：让娜·莫罗，乔治·热雷，米歇尔·皮科利，弗朗索瓦丝·吕加涅，让·奥藏内，达尼埃尔·伊韦内尔，吉尔贝特·热尼亚，贝尔纳·米松，让－克罗德·卡里埃尔

《沙漠中的西蒙》Simon du désert（Simón del desierto）

墨西哥，1965，黑白片，42分钟

导演：路易斯·布努埃尔

编剧：路易斯·布努埃尔，胡里奥·亚利杭德罗根据费德里科·加西亚·洛尔卡的题材改编

摄影：加夫列尔·菲格罗亚

音响：詹姆斯·L. 菲尔德斯

音乐：劳尔·拉比斯塔的《颂歌》，西班牙卡兰达镇圣周的鼓

剪接：卡洛斯·萨瓦赫

演员：克劳迪奥·布鲁克，奥顿西亚·桑多佩尼娅，赫苏斯·费尔南德斯·马丁内斯，西尔维亚·皮纳尔，路易斯·阿塞佩斯

《白日美人》Belle de jour

法国，1966，伊斯曼彩色，100分钟

导演：路易斯·布努埃尔

编剧：路易斯·布努埃尔和让－克洛德·卡里埃尔根据约瑟夫·卡塞尔的小说改编

脚本：苏珊·笛雷贝尔热

摄影：萨沙·维耶尼

音响：勒内·隆盖

置景：罗贝·克拉韦尔

服装：埃莱娜·努里

化妆：雅尼娜·雅罗，伊文斯·圣洛朗

剪接：路易塞特·奥特克尔

演员：卡特琳·德娜芙，让·索莱尔，米歇尔·皮科利，热纳维耶芙·帕日，弗朗西斯科·拉瓦尔，皮埃尔·克莱芒蒂，弗朗索瓦丝·法比亚，玛丽亚·拉图尔，弗朗西斯·布朗什，乔治·马沙尔，马沙·梅里

《银河》La Voie lactée

法国，1969，伊斯曼彩色，92分钟

导演：路易斯·布努埃尔

编剧：路易斯·布努埃尔，让－克洛德·卡里埃尔

摄影：克里斯蒂安·马特拉

音响：雅克·加卢瓦

置景：皮埃尔·居弗卢瓦

服装：杰奎琳·居约

剪接：路易塞特·奥特克尔

演员：保罗·弗朗克尔，洛朗·泰尔奇耶夫，阿兰·屈尼，埃迪特·索科伯，贝尔纳特·贝韦尔莱，弗朗索瓦·迈特雷，克劳德·塞瓦尔，米歇尔·皮科利，皮埃尔·克莱芒蒂

《特丽斯塔娜》Tristana

法国－意大利－西班牙，1970，伊斯曼彩色，105 分钟

导演：路易斯 · 布努埃尔

编剧：路易斯 · 布努埃尔，胡里奥 · 亚历杭德罗根据贝尼托 · 佩雷斯 · 加尔多斯的小说改编

摄影：何塞 · F. 阿瓜约

音响：何塞 · 诺格拉，蒂诺 · 弗朗塞迪

置景：恩里克 · 阿拉尔孔

服装：罗莎 · 加西亚

剪接：佩德罗 · 德尔 · 雷依

演员：卡特琳 · 德娜芙，费尔南多 · 雷依，佛朗哥 · 内罗，洛拉 · 高斯，安东尼奥 · 卡萨斯，赫苏斯 · 费尔南德斯，比森特 · 索莱尔，何塞 · 卡尔沃，费尔南多 · 卡夫里安

《资产阶级的审慎魅力》Le Charme discret de la bourgeoisie

法国，1972，伊斯曼彩色，105 分钟

导演：路易斯 · 布努埃尔

编剧：路易斯 · 布努埃尔，让－克洛德 · 卡里埃尔

对白：路易斯 · 布努埃尔，让－克洛德 · 卡里埃尔

脚本：苏珊 · 笛雷贝尔热

摄影：埃德蒙 · 里夏尔

音响：居伊 · 维莱特

音响效果：路易斯 · 布努埃尔

置景：皮埃尔 · 居弗卢瓦

服装：杰奎琳 · 居约

音乐：加拉谢 · 穆西格

剪接：埃莱娜 · 普莱米尼科夫

演员：费尔南多 · 雷依，保罗 · 弗朗克尔，德尔菲娜 · 塞里格，比勒 · 奥吉耶，斯特凡娜 · 奥德朗，让－皮埃尔 · 卡塞尔，朱里安 · 贝尔托，米歇尔 · 皮科利

《自由的幽灵》Le Fantôme de la liberté

法国，1974，伊斯曼彩色，103 分钟

导演：路易斯·布努埃尔

编剧：路易斯·布努埃尔，让－克洛德·卡里埃尔

脚本：苏珊·笛雷贝尔热

摄影：埃德蒙·里夏尔

音响：居伊·维莱特，让·拉布雷尔

音响效果：路易斯·布努埃尔

置景：皮埃尔·居弗卢瓦

服装：杰奎琳·居约

剪接：埃莱娜·普莱米尼科夫

演员：安德里亚娜·阿斯蒂，朱里安·贝尔托，让－克洛德·布里亚利，阿道弗·塞利，保罗·弗朗克尔，米夏埃尔·朗斯戴尔，皮埃尔·马格隆，弗朗索瓦·迈特雷，米歇尔·皮科利，克洛德·皮耶普吕，让·罗什福尔，莫妮卡·维蒂

《欲望的隐晦目的》Cet obscur objet du désir

法国，1977，伊斯曼彩色，105 分钟

导演：路易斯·布努埃尔

编剧：路易斯·布努埃尔和让－克洛德·卡里埃尔根据皮埃尔·路易的小说《女人与妓女》改编

摄影：埃德蒙·里夏尔

音响：居伊·维莱特，奥利维耶·维莱特

置景：皮埃尔·居弗卢瓦

服装：西尔维·德塞贡扎克

音乐：弗拉明戈舞曲及理查德·瓦格纳的作品片段

剪接：埃莱娜·普莱米尼科夫

演员：费尔南多·雷依（由米歇尔·皮科利配音），卡罗勒·布凯，安赫拉·莫里娜，朱里安·贝尔托，安德烈·韦伯，皮耶拉尔，贝尔纳·米松，米尼，亚克·德巴里

路易斯 · 布努埃尔担任助理导演的作品
LUIS BUÑUEL, ASSISTANT RÉALISATEUR

《莫布拉家族》Mauprat

法国，1926，黑白片，88 分钟

导演：让 · 爱泼斯坦

助理导演：路易斯 · 布努埃尔

摄影：阿尔贝 · 迪维尔热

置景：皮埃尔 · 基尔弗

演员：桑德拉 · 米罗瓦诺夫，莫里斯 · 许茨，尼诺 · 康斯坦丁尼，勒内 · 费尔泰，亚利克斯 · 阿兰，邦迪雷夫，让 · 蒂埃里，阿尔莫，利马 · 多雷

《热带地区的美人鱼》La Sirène des tropiques

法国，1926，黑白片

导演：亨里 · 埃蒂耶旺，马里于斯 · 纳尔巴

助理导演：路易斯 · 布努埃尔

演员：约瑟菲娜 · 巴克，皮埃尔 · 巴舍夫

《厄舍古厦的倒塌》La Chute de la maison Usher

法国，1928，黑白片，46 分钟

导演：让 · 爱泼斯坦

助理导演：莫里斯 · 莫尔洛，路易斯 · 布努埃尔

编剧：根据埃德加 · 爱伦 · 坡的作品改编

摄影：乔治 · 卢卡

置景：皮埃尔 · 基尔弗

服装：奥克利斯

演员：让 · 德布古，马格丽特 · 阿贝冈塞，夏尔 · 拉米，皮埃尔 · 奥特，富尔内 – 戈费特

《与世不容的堂·金廷》Don Quintín l'amer（Don Quintín el amargao）

西班牙，1935，黑白片

执行制作与监制：路易斯·布努埃尔

导演：路易斯·马吉那

编剧：路易斯·布努埃尔，爱德华多·乌加特根据卡洛斯·阿尼切斯的同名作品改编

摄影：何塞·玛丽亚·贝尔特兰

置景：马里奥·埃斯皮诺萨

音乐：哈辛托·格雷罗

剪接：爱德华多·G·马罗托

演员：阿方索·穆尼奥斯，安娜·玛丽亚·库斯托迪奥，路易希塔·埃斯德索，费尔南多·格拉纳达

《胡安·西蒙的女儿》La Fille de Juan Simon（La hija Juan Simon）

西班牙，1935，黑白片，69分钟

执行制作与监制：路易斯·布努埃尔

导演：何塞·路易斯·萨恩斯·德·埃雷迪亚

编剧：内梅西奥·索夫雷维利亚根据同名话剧改编

摄影：何塞·玛丽亚·贝尔特兰

置景：内梅西奥·索夫雷维利亚，马里亚诺·埃斯皮诺萨

音乐：丹尼尔·蒙托里奥，费尔南多·雷马查

剪接：爱德华多·G·马罗托

演员：安赫里略，皮拉尔·穆尼奥斯，卡门·阿马亚，曼努埃尔·阿尔沃，埃娜·塞德尼奥，佩斐罗·桑切斯及路易斯·布努埃尔（扮演）

《谁爱我？》 Qui est-ce qui m'aime? (Quién me quiere a mí?)

西班牙，1935，黑白片，85 分钟

执行制作与监制：路易斯 · 布努埃尔

导演：何塞 · 路易斯 · 萨恩斯 · 德 · 埃雷迪亚

编剧：恩里克 · 佩拉约和卡瓦列罗

摄影：何塞 · 玛丽亚 · 贝尔特兰

音乐：费尔南多 · 雷马查，胡安 · 特维比里亚

演员：利纳 · 耶格罗斯，玛丽－特雷及马里奥 · 帕切科，何塞 · 巴比埃拉，何塞 · 玛丽亚 · 里纳雷斯 · 里瓦斯

《哨兵，警惕！》 Sentinelle, alerte！ (Centinela alerta!)

西班牙，1936，黑白片

执行制作与监制：路易斯 · 布努埃尔

导演：让 · 格雷米约，路易斯 · 布努埃尔（匿名）

编剧：爱德华多 · 乌加特根据卡洛斯 · 阿尼切斯的作品《军营的快乐》改编

摄影：何塞 · 玛丽亚 · 贝尔特兰

音响：安托万 · F · 罗塞斯

音乐：费尔南多 · 雷马查，丹尼尔 · 蒙托罗

演员：安赫里略，安娜 · 玛丽亚 · 库斯托迪奥，路易斯 · 埃雷迪亚，尼娜 · 玛丽－特雷，劳尔 · 坎西奥

《武装忠实的西班牙》 Espagne 1937 (España leal en armas)

法国－西班牙，1937，黑白片，40 分钟

观点：路易斯 · 布努埃尔（汇集影片视觉素材的人）

出品："电影－自由"

评论：皮埃尔 · 尤尼克，路易斯 · 布努埃尔

摄影：罗曼 · 卡尔曼与两位西班牙摄影师

音乐选择：路易斯 · 布努埃尔（贝多芬的第七和第八交响乐）

剪接：让－保罗 · 德雷富斯

《意志的胜利》Triumph of Will

美国，1939，黑白片，9卷

出品：纽约现代艺术博物馆

导演：路易斯·布努埃尔

评论：路易斯·布努埃尔

根据如下两部影片剪接：莱妮·里芬斯塔尔的《意志的胜利》(1934)，以及汉斯·贝尔特拉姆的关于入侵波兰的《征服波兰》(1939)

图书在版编目(CIP)数据

我的最后叹息:电影大师布努埃尔回忆录/(西)路易斯·布努埃尔著;傅郁辰,孙海清译.—北京:商务印书馆,2018
ISBN 978-7-100-14441-4

Ⅰ.①我… Ⅱ.①路…②傅…③孙… Ⅲ.①路易斯·布努艾尔(Luis Bunuel 1900—1984)—回忆录 Ⅳ.①K835.515.78

中国版本图书馆CIP数据核字(2017)第147072号

我的最后叹息:电影大师布努埃尔回忆录
〔西〕路易斯·布努埃尔 著
傅郁辰 孙海清 译

商 务 印 书 馆 出 版
(北京王府井大街36号 邮政编码100710)
商 务 印 书 馆 发 行
山东临沂新华印刷物流集团有限责任公司印刷
ISBN 978-7-100-14441-4

2018年4月第1版 开本889×1194 1/32
2018年4月第1次印刷 印张12
定价:69.00元